福建省"十三五"
名校长丛书

智善教育的行与思

林 武 著

厦门大学出版社
XIAMEN UNIVERSITY PRESS

国家一级出版社
全国百佳图书出版单位

图书在版编目(CIP)数据

智善教育的行与思/林武著.—厦门:厦门大学出版社,2021.4
(福建省"十三五"名校长丛书/郭春芳主编)
ISBN 978-7-5615-8141-4

Ⅰ.①智…　Ⅱ.①林…　Ⅲ.①小学—校长—学校管理　Ⅳ.①G627.1

中国版本图书馆 CIP 数据核字(2021)第 049183 号

出 版 人	郑文礼
责任编辑	郑　丹

出版发行 厦门大学出版社

社　　址	厦门市软件园二期望海路 39 号
邮政编码	361008
总　　机	0592-2181111　0592-2181406(传真)
营销中心	0592-2184458　0592-2181365
网　　址	http://www.xmupress.com
邮　　箱	xmup@xmupress.com
印　　刷	厦门集大印刷厂

开本	720 mm×1 000 mm　1/16
印张	14.75
插页	2
字数	258 千字
版次	2021 年 4 月第 1 版
印次	2021 年 4 月第 1 次印刷
定价	58.00 元

本书如有印装质量问题请直接寄承印厂调换

厦门大学出版社
微信二维码

厦门大学出版社
微博二维码

◎ 总 序

　　"百年大计,教育为本;教育大计,教师为本。"教师队伍建设是教育质量提升的关键。2018年,中共中央、国务院印发《关于全面深化新时代教师队伍建设改革的意见》,吹响了新时代教师队伍建设改革的集结号,提出教师队伍建设改革的目标是"到2035年,教师综合素质、专业化水平和创新能力大幅提升,培养造就数以百万计的骨干教师、数以十万计的卓越教师、数以万计的教育家型教师"。福建省委、省政府牢记习近平总书记"福建没有理由不把教育办好"的殷切嘱托,以高度责任感、使命感,坚持教育优先发展,始终将建设一支师德高尚、业务精湛、结构合理、充满活力的高素质专业化教师队伍作为基础工作,出台了一系列政策措施,激发广大教师投身教育综合改革的积极性、主动性、创造性。福建省教育厅为打造基础教育高层次领军人才队伍,实施"强师工程"核心项目——中小学名师名校长培养工程,旨在培养一批在省内外享有盛誉的名师名校长,促进我省教育高质量发展。

　　"十三五"期间,福建教育事业紧紧围绕"新时代新福建"发展战略,坚定不移走以提升质量为核心的内涵发展之路,着力推动规模、质量和效益的协调发展,努力让教育改革发展成果更多地惠及民生,让人民群众有更多的获得感。2017年,省教育厅会同财政厅启动实施了"十三五"中小学名师名校长培养工程,在全省遴选培养100名名校(园)长、培训1000名名校(园)长后备人选、100名教学名师和1000名学科教学带头人。通过全方位、多元化的综合培养,造就一批师德境界高远、政治立场坚定、理论素养深厚、教学能力突出(治校能力突出)、教学风格鲜明(办学业绩卓越)、教育视野宽阔、富有开拓创新精神、在省内外有较大影响力的名师名校长,为培育闽派教育家型校长和闽派名师奠定基础,带动和引领全省中小学教师队伍建设,为推进我省基础教育优质均衡发展、办好人民满意教育,为"再上新台阶、建设新福建"提供有力的人才保障。

为扎实推进福建省"十三五"中小学名师名校长培养工程,保障实现预期培养目标,福建教育学院作为本次名师名校长培养工程的主要承担单位,自接到任务起,就精心研制培养方案,系统建构培训课程,择优组建导师团队,不断创新培养方式,努力做好服务管理,积极探索符合名师名校长成长规律的培养路径,确保名师名校长培养培训任务高质量完成,助力全省名师名校长健康成长,努力将培养工程打造成全省乃至全国基础教育高端人才培养示范性项目。

在培养过程中,我们从国家战略需求、学校发展需求和教师岗位需求出发,积极探索实践以"五个突出"为培养导向,以"四双""五化"为培养模式的基础教育高端人才培养路径。其中"五个突出":一是突出培养总目标。准确把握目标定位,所有培养工作紧紧围绕打造教育家型名师名校长而努力。二是突出培养主题任务。2017年重点搞好"基础性研修",2018年重点突出"实践性研修",2019年重点突出"个性化研修",2020年重点抓好"辐射性研修"。三是突出凝练教学主张(办学思想)。引导培养对象对自身教学实践经验(办学治校实践)进行总结、提炼、升华,用先进科学理论加以审视、反思、解析,逐步凝练形成富含思想和实践价值、具有鲜明个性的教学主张(办学思想)。四是突出培养人选的影响力与显示度。组织参加高端学术活动,参与送培送教、定点帮扶服务活动,扩大名师名校长影响。五是突出研究成果生成。坚持研训一体,力促培养人选出好成果,出高水平的成果。

"四双":一是双基地培养。以福建教育学院为主基地,联合省外高校、知名教师研修机构开展联合培养、高端研修、观摩学习。二是双导师指导。按照理论联系实际原则,为每位培养人选配备学术和实践双导师。三是双渠道交流。参加省内外及境外高端学术交流活动,积极承办高水平的教学研讨活动,了解教育前沿情况,追踪改革发展趋势。四是双岗位示范。培养人选立足本校教学岗位,同时到培训实践基地见学实践、参加送培(教)活动。

"五化"：一是体系化培养。形成"需求分析—目标确定—方案设计—组织实施—效果评估"的培养链路，提高培养专业化、精细化、科学化水平。二是高端化培养。重视搭建高端研修平台，采取组织培养人选到全国名校跟岗学习、参加国内高层次学术会议和高峰论坛、承担省级师训干训教学任务等形式，引领推动名师名校长快速成长。三是主题化培养。每次集中研修，都做到主题鲜明、内容聚焦，坚持问题导向和结果导向，努力提升培养的针对性和实效性。四是课题化培养。组织培养对象人人开展高级别课题研究，以提升理性思维、学术素养和科研水平，实现从知识传授型向研究型、从经验型向专家型的转变。五是个性化培养。坚持把凝练教学主张（办学思想）作为个性化培养的核心抓手，引导培养人选提炼形成系统的、深刻的、清晰的教育教学"个人理论"。

通过三年来的艰苦努力，名师名校长培养工作取得了显著成效，积累了丰硕成果，达到了预期目标。名校长培养人选队伍立志有为、立德高远的教育胸襟进一步树立，办学理念、政策水平和管理能力进一步提升，立功存范、立论树典的实践引领能力进一步提高，努力实现名在信念坚定、名在思想引领、名在实践创新、名在社会担当。名师培养人选坚持德育为先、育人第一的教育思想进一步树立，教书育人责任感、使命感和团队精神进一步强化，教育理论素养进一步提升，先进教育理念进一步彰显，教育教学实践和创新能力进一步增强，独特教学风格和教学主张逐步形成，教育科研和教学实践均取得了丰硕成果。一是专项研究深。围绕教学主张或教学模式出版了38部专著。二是成果级别高。84位名校长人选主持课题130项，其中国家级6项；发表CN论文239篇，其中核心16篇；53位名师培养人选主持省厅级及以上课题108项，其中国家级7项；发表CN论文261篇，其中核心81篇。三是奖项层次高。3位获2018年教育部基础教育国家级教学成果奖二等奖；15人获得2017年、2018年福建省基础教育教学成果奖，其中特等奖3位、一等奖7位、二等奖5位；1位评上国家级"万人计划"教学名师；34位培养人选评上正高级职称教师；13位获"特级教师"称号；2位获"福建省优秀教师"称号。四是辐射引领广。开设市级及以上公开课、示范课203节；开设市级及以上专题讲座696场；参加长汀帮扶等"送培下乡"活动239场次；指导培养青年骨干教师442人。

教育是心灵的沟通，灵魂的交融，思想的碰撞，人格的对话，名师名校长应该成为教育的思想者。在我省名师名校长培养对象即将完成培养期时,福建教育学院培养基地组织他们把自己的教学(办学)思想以著作的形式呈现给大家,并资助出版了"福建省'十三五'名校长丛书""福建省'十三五'名师丛书",目的就是要引领我省中小学教师进一步探究教育教学本质,引领我省中小学校长进一步探究办学治校的规律,使名师名校长培养对象成为新时代引领我省教师奋进的航标,成为办人民满意教育的先行者。结束,是下一阶段旅程的开始,希望我省名师名校长培养对象不忘立德树人初心,牢记为党育人、为国育才使命,积极投身新时代新福建建设,为福建教育高质量发展再建新功。是为序。

福建教育学院党委书记、教授、博士

郭春芳

2020 年 8 月

◎ 序

　　《智善教育的行与思》洋洋洒洒二十余万字,是福州市钱塘小学林武校长参加福建省"十三五"中小学名校长培养工程的毕业之作,更凝聚着他长期潜心教育事业积淀的丰富办学治校经验与智慧。对于这本书他是用了心,下了功夫的。《智善教育的行与思》基于丰富的教育实践,又不拘泥于一般的经验描述或局限于就事论事,既有宏观系统的理论思考,也有细致入微的实践分析,是对办学治校实践经验的理性升华和概括化的认识,是作为一名优秀校长教育智慧和创造才能的鲜活展示,也是校长对办学治校理论进行独特而完整建构的有益尝试,是作为一名教育思想者对教育理念、管理思维和教育价值观等诸多教育问题的深度思考和理性回答。

　　优秀的校长要努力成为一名思想者。校长首先是一名教育实践者,要立足实践,研究实践,丰富和创新实践,在教育实践中锤炼本领,提升办学治校能力和水平;校长也要强化理论学习,厚植理论根基,以更加宏观的理论视野,科学分析教育中的各种问题,为自己的实践提供理论导航、赋予理论生命,并从个性化的教育经验中凝练出具有普遍意义的对教育的深刻认识,努力成为一个会思想、有思想、总在思想的人,形成自己对教育、对学校管理、对办学治校的独到见解和系统认识,成为真正的思想者。大凡成功的、有影响力的校长均有自己鲜明的、独特的、坚定的办学思想。办学思想表现了校长"教育自觉"的程度,也是校长办学治校是否成熟、是否优质的重要标志。如果校长的办学治校只是局限于实践层面或者仅停留在一般见解的层次,而没有上升到思想的高度,就会缺少自己的灵魂和内核。从这个意义上讲,林武校长既是一位经验丰富的教育实践者,又是一位勇于探究教育真谛的真正思想者。他以服务学生发展为逻辑起点和最终目的,提出了"智善教育",从"智善"的文化缘起与渐变入手展开了深入系统的阐释,完整论述了"智善教育"深刻内涵、理论来源和实践依据,并赋予自己的新解,引经据典,视野开阔。同时,"智善教育"这一核心理念又深深扎根于学校的办学传统与丰富实践,是在长期的办学实践中探索形成的,具有强烈的内生性和生命力,体现了学校管理者、教师、学生对于"办什么样的教育、怎么办教育"这一问题认识的高度价值认同,也彰显了校长在造就学生、成就教师、发展学校的不懈追求与努力中充分展现出来的深厚教育情怀。"智善教育"强调学生的"权利本位",关注学生健康成长,倡导"止于至善"的育人目标,体现了教育的最终目的是促进并实现学生的发展的科学办学理念;"智善教育"的内涵也是与党的教育方针、德智体美劳五育并举的要求一致的,赋予"善"以丰富的内涵,"善"的要求充分体现了对德育、体育、美育和劳动教育的高度关注和重视。"智善教育"既是在丰富办学治校实践基础上的系统总结和理性思考,也是在新时代背景下落实立德树人根本任务的生动诠释。"智善教育"的系统建构,使校长实现了从一个教育实践者向教育思想者的转变和跨越。

办学思想是指引学校改革发展的指路明灯。思想决定方向,只要方向对了,就不怕路远,目标一定能够实现。在办学治校进程中,校长只会埋头苦干而缺乏科学思想引领和对办学的深刻思考,必然导致目标失焦、行动失据、方法失灵,管理起来手忙脚乱,学校发展找不到方向,无法用共同的价值追求和发展愿景来凝聚人心和力量。相反,校长一旦有了科学的办学思想、清晰的办学思路、明确的办学愿景、具体的工作举措,就能更好地营造发展环境,凝聚发展力量,推动学校事业高质量发展。在这一过程中,办学思想是起决定性作用的,它具有强烈的引领性,也具有鲜明的导向性。而在日常的教育管理实践中,常常会发现部分校长在办学治校过程中总是陷于琐碎无序的事务中茫然无措,甚至心力交瘁,办学成绩难以突破。这一现象的背后,实际上是校长缺乏明晰的核心办学理念,缺乏对教育价值的深刻思考和不懈追求,不能形成以办学理念为核心的学校治理逻辑链条。因此,在办学实践中,校长需要开展经常性的深刻反思,需要对管理中遇到的诸多问题抽丝剥茧,探寻问题背后的原因;需要广泛阅读教育经典、借鉴中外教育家教育思想,从中汲取理论的营养,提升理论和思考水平;需要将自己的办学实践摆进去,从宏观视角、文化内涵整体地把握学校的发展,实现理论引领,智慧地推动学校办学水平的全方位提升。这就是办学思想凝练过程中强调的研究真问题、解决真困惑、凝练真思想、推动真发展,而绝不是"为思想而思想"的故弄玄虚或无病呻吟。"智善教育"的提出和完善,必然也经历了去粗存精、改弊兴利的艰难过程,更要经过复杂的思想交融和价值认同的过程,才能成为广大师生员工共同的目标追求和自觉行动,成为凝聚人心凝聚力量的指路明灯。

办学思想凝练与实践的首要目标是落实立德树人根本任务。习近平总书记指出:"人无德不立,育人的根本在于立德。这是人才培养的辩证法。办学就要尊重这个规律,否则就办不好学。"凝练办学思想,要紧紧围绕立德树人根本任务,着眼于培养德智体美劳全面发展的社会主义建设者和接班人的育人目标,着眼于促进学生全面发展,要把立德树人成效作为评价办学治校水平、衡量办学思想是否科学的根本标准。同时,作为学校的领航者、办学思想的倡导者,校长要有更加严格的德性修养,真正做到"以德立身、以德立学、以德施教、以德育德",成为楷模和示范。因为校长的德识才学在办学治校过程中起着重要的引领作用,具有崇高道德品质追求的校长充满着人格魅力,他会从管人管事的行政思维中跳脱出来,尊重、信任、服务、激励师生,为他们提供自由施展和成长成才的空间,让他们充分释放自己的潜能。这样,办学思想就能成为学校发展的坐标系与指路明灯,激发教师和学生的主体意识和创造精神,引领广大师生为了共同的理想和目标,不断追求卓越、不断奋斗前行。

办学思想彰显了校长的意志品质。凝练办学思想,需要校长丰富的实践经验、扎实的理论基础、开阔的教育视野,更需要校长有强烈的担当意识与坚韧的意志品质。办学思想凝练过程,其实就是校长自我修炼、自我提高、自我完善的过程,也是校长办学思想与个人人格相融合的过程,追求的目标就是思想观念与人格特征的一致性、办学主张与办学行为的统一性。办学思想的凝练,也是一个不断完善和发展的过程,每一个办学思想的产生都不是随心所欲的结果,更不是拍脑袋形成的,必须有科学的理论指导、丰富的实践积淀、严谨的逻辑分析、有效的支持体系、完整的运行系统以及对教育实践的理论加工和升华，同时还要再回到办学治校的实践中进行检验和完善。这就是办学思想的发展性，思想的形成既不会一蹴而就，更不可能一劳永逸，需要随着实践的丰富而创新，随着观念的更新而与时俱进。这也是对校长意志品质的考验。从这个意义上讲，对"智善教育"的探索也是永无止境的，需要随着时代的变化和实践的深入不断完善和发展，这样才能使"智善教育"的办学理念真正"止于至善"。

福建教育学院党委书记、教授

郭春芳

2020 年 8 月 20 日

◎ 前　言

百年大计,教育为本。习近平总书记强调:"要坚持正确办学方向,落实党的教育方针,加强高素质教师队伍建设,培养有历史感、责任感、志存高远的时代新人,为实现中华民族伟大复兴提供有力人才支撑。"在深化教育改革的过程中,学校要更积极构建科学的办学思想体系,大力提升办学水平,为党育人,为国育才,办好人民满意的教育。

百年钱塘,不忘初心。受"智者乐水""上善若水"等先哲传统理念的启迪,基于悠久的办学历史和丰富的教育管理经验,基于对教育价值观的深刻思考和对新时代教育改革发展方向的追问,福州市钱塘小学教育集团将优秀传统文化与现代教育思想进行创造性地巧妙融合与升华,提炼出"智善教育"的办学理念,形成"智求博雅　善贵乐行"的办学思想内涵,努力构建德智体美劳全面培养的教育体系,形成更高水平的人才培养模式,并在教育中不断探索创新和实践,着力营造"人人皆可成才、人人尽展其才"的教育氛围,开启了学校又一个跨越式发展的新征程。

本书的写作立足学校校情,厚植"智善教育"办学理念,追溯学校办学文化,回顾百年办学历程,提炼集团化办学思考与实践,彰显智善教育品牌化办学特色。着重阐述智善教育的内涵与价值、时代意义以及中外古今经典理论溯源,从孔子的有关学说到古希腊对善的定义,都可以感受到"智善"的研究价值和时代意义;从严复、蔡元培对教育的定义到洛克、斯宾塞的教育思想,都对智善教育的深度研究提供了翔实的理论依据。本书还围绕学校观、文化观、教师观、课程观、教学观、学生观、制度观等方面详述智善教育的理论体系,为完善办学思想架构找到实践的主脉搏,从而抓住重点,突出亮点,提供强有力的支撑。

车尔尼雪夫斯基曾说:"实践是思想的真理。"主题化、生态化、信息化的创新性实践探索,有力地突显学校"智能育人、启蒙智善;环境育人、烘托智善;活动育人、践行智善;实践育人、深化智善;管理育人、展示智善;协同育人、拓展智善"的办学效能。智善教育的实践不仅有顶层设计,更有接地气的具体实践与探究,从而凝练了办学思想,提升了办学品位,突显了智善润泽生命的办学宗旨。近年来,学校在智善教育办学理念的引领下,努力践行着将智善教育与校园文化相融合、与课程改革相结合、与立德树人教育相契合、与师资队伍建设相整合的办学思路,探索形成了一条五育并举培养建设者和接班人的可行路径,成功地塑造了特色化集团办学品牌,赢得了社会的广泛好评和良好赞誉,成为老百姓口口相传的"名校""优质校"。

《智善教育的行与思》一书,试图在学校办学思想领域突出创新价值,期许对现代素质教育改革起到方向标作用。素质教育的精髓就是全面提高人的基本素质。习近平总书记提出的"五育并举",深刻诠释着要培养"全面发展的人",而"智善教育"办学思想的本质也正是聚焦提升学生的核心素养,培养面向未来的人终身发展的能力与品格,培育出适应未来社会所需的人才。"智善教育"不仅强调对学生个人知识和能力方面的培养,更强调在发展学生智力的同时丰富学生的情感体验,帮助学生形成积极健康的态度价值观,落实以人为本的素质教育理念。有鉴于此,智善教育突显了素质教育、核心素养教育的核心理念,追求智善不悖,智善并举,智善相融,从而让智善教育有效促进师生的双向成长。这与党的教育方针要求是高度一致的,也符合新一轮基础教育课程改革的要求。

他山之石,可以攻玉。愿此书能助力基础教育的发展,助推素质教育遍地开花。衷心希望随着时代的进步与发展,本书中承载的智善教育的内涵与外延能得到不断的丰富与延展,形成更加丰富的科学性探索,为教育事业发展贡献独特的钱塘智慧!

林 武

2020 年 7 月

目　录
CONTENTS

第一章

智善教育的内涵与价值

理念有根——挖掘"智善教育"内涵，
提升办学思想价值

福州市钱塘小学始于 1912 年的"勤业学堂"，至今走过百余年历程。近年来，学校以智善教育为核心，引领学校全局，围绕"智求博雅 善贵乐行"的办学思想，秉承"以智启智 以善育善"的办学理念，坚定"育智善学子 塑智善教师 办智善学校"的办学目标，遵循"智善润泽生命"的办学宗旨，不断积极探索与实践，逐步形成学校善育、教师善教、学生善学的颇具影响力的智善学校。

"智"的意思就是智慧见识。孔子曰："智者乐水""知（智）者不惑"。孟子又提出"仁、义、礼、智"，把"智"提升为四种道德规范要求之一。在古希腊，"智"更是被推崇到了一个无上的地位，"尚智"成为古代希腊思想中最突出的文化特性。

"善"，跟"恶"相对，指人的言行心性善良，没有恶意。许慎在《说文解字》中曾道："善，吉也。"老子的《道德经》有云："上善若水，居善地，心善渊，与善仁，言善信，正善治，事善能，动善时。夫唯不争，故无忧。"可见"善"是一种最高最美好的自然之道。孟子更是认为"人性本善"，而古希腊的苏格拉底则表述得更直接："美就是善"。

如今，经济在发展，社会在进步，知识的掌握速度甚至能够决定着个体发展程度与社会地位，这就导致了急于求"智"而忽略甚至牺牲"善"的倾向滋生。即重智育轻德育,导致学校人才培养目标偏失。针对这种状况,"智善教育"的提出就显得尤为重要。在基础教育的培养中,首先是对人"智"的培养。有了"智"才能"不惑",有了"智"才有作为。与此同时,求"智"的过程,也不能放弃对品性德行的修炼。而"智善教育"强调智善不悖,智善并举,智善相融。人的发展既要有"智"的增长,又要有"善"的获得。因为:智给人提供学习、生活的基础,智的缺失直接导致生存基础的崩塌;善是一种指引、一种导向,给人提供处世之道,教人向善、求善、为善,使人与人相处更融洽、社会更和谐。"智"与"善"相辅相成,相互促进,大智要求善先行,因为懂得为善才能成为真正的"智"者;而要领悟、践行"善",缺少"智"的支撑,是无法实现的。因此,深刻把握智善的内涵与价值,对指导开展好智善教育的办学思想有着举足轻重的作用。

第一节 "智"与"智育"的概念界定

"智",最早出自甲骨文,本义是聪明,智力强;引申义有智慧、智谋、计谋、策略、智慧的人等。"智育"是指教育者有目的、有计划、有组织地向学生传授系统的文化科学知识和技能的教育活动。深刻剖析与理解这两个词的内涵对学校更好地实施智善教育有一定的指导作用。

一、"智"语义学解读

"智"作为中西哲学思想中的重要范畴,在人类文明伊始就有关于智的论述。"智"本义是聪明、见识,现在泛指人的智力。作名词时,有智慧、计谋、策略、知识等义。作动词时,通"知",意为知道、认识。早在中国商周时期就有关于"智"的记载,从当时的甲骨文、金文中可知,"智"是由"知"分化出来的观念。段玉裁《说文解字注》曰:"知、智义同","古智、知通用"。也就是说,在古代,"智"和"知"意义基本相同,常常互相假借。而真正具有现代意义的"智"出现在春秋战国时期,尤以当时对中国传统文化影响很深的儒家关于"智"的论述为主。具体来说,"智"的意思包含两个方面:一是道德品质与规范之智,二是知识、智力、智慧之智。

"智"作为儒家"五常"之一,历来受到人们的重视。孔子首先将"智"视为君子必备的品德之一:"君子道者三,我无能焉:仁者不忧,知(智)者不惑,勇者不惧。"(《论语·宪问》)孔子又曰:"智者乐水,仁者乐山。智者动,仁者静。智者乐,仁者寿。""智者乐水",你看那水,浩浩荡荡,横无际涯,激发人的雄心,荡涤人的思绪,教人创新,教人自由,教人忍耐,教人解放思想,放眼世界。《礼记·中庸》继承和发展了孔子的思想,认为"好学近乎知,力行近乎仁,知耻近乎勇"。西汉戴圣将"仁、智、勇"三者并称为"三达德"。"达"即"大"的意思。此后,孟子又提出"仁、义、礼、智"四德,后世学者把"仁、义、礼、智"称为"四基德"。至汉代董仲舒提出"夫仁、谊(义)、礼、知(智)、信五常之道"(《汉书·董仲舒传》)。从以上文献可见,"智"不单纯指科学知识,更重要的是指道德领域的明辨是非能力,也就是要知道什么行为是对的,什么行为是错的,怎么做行为才会符合"礼",才能做到"仁义"。《论语·为政》中所讲的"三十而立,四十而不惑,五十而知天命"一语,可知孔子所谓的"不惑"主要是由于"知礼""知命",即知书达礼,了悟人生的命运,进而通事理,明白人生的价值和意义所在,从而行事不迷惑,这就是智。孟子曰:"是非之心,智之端也。"(《孟子·公孙丑上》)人一旦有了是非之心,就能明辨、判断,就能正确地处理生活中遇到的困难,也就拥有了智。"智"和仁、义、礼一样,是人固有的品德,如果没有是非之心,就不能称其为人。因此,"智"其中一个方面的意思指对道德的认识,即对是非善恶的判断和道德知识的积累。

荀子继承了孔孟"智"的思想,也主张"是是非非谓之知(智)"(《荀子·修身》)。但与孔孟不同的是,荀子所谓的"智"不仅是道德之智,还包括知识之智。《荀子·正名》:"所以知之在人者谓之知,知有所合谓之智。"意思是,人所固有的认识外界客观事物的本能叫作知,这种本能与所认识的事物相符合就叫智慧。《管子》亦云:"四时能变谓之智。"即按照时令的变化而变化,这就叫作有智慧。所以,智的另一个意思指认识世界的才智、能力,即聪明、智慧。

西方关于"智"的学说产生也很早。在古希腊,"智"被推崇到了一个无上的地位,"尚智"成为古代希腊思想中最突出的文化特性。古希腊哲学中的"智"观念重知识和理性的主体性,习惯用理性、科学、逻辑的方法解决世间的问题。在这种"智"观念的影响下,西方热心知识的获取、科学的探求,注重理性活动和经验外求。近代欧洲启蒙运动便是以"理性"为核心,其实追根溯源便是对"智"的追求。

综上关于"智"的认知,我们可以发现,先秦关于"智"观念的探讨以人生哲学为核心内容,致力于建立"成德""成人"的主体价值,以求善求美为目的;而西方"智"的观念注重研究纯粹的认识问题,探索外在的真理,揭示宇宙和天地的奥秘,对"智"的追求以求真求知为目的。

二、"智育"概念解读

智育指开发智力的教育,是教育者有目的、有计划、有组织地向学生传授系统的文化科学知识和技能的教育活动,是全面发展教育的重要组成部分。

智育的历史源远流长。据《周礼·地官》记载,中国早在西周时期已有六艺之教;其后,自汉武帝"独尊儒术"到宋代程朱理学兴起,都是以儒家经典为主要教育内容。在西方,古希腊哲学家亚里士多德认为人具有理性的灵魂,为此需要有与之相适应的智力教育。因此,古希腊雅典的教育中,以语法、修辞、逻辑(或辩证法)以及算术、天文、几何、音乐等作为奴隶主学校的智育内容。欧洲文艺复兴时期,学校智育进入一个新时期,增加了许多新学科。17世纪以后,英国思想家F.培根、捷克教育家J.A.夸美纽斯提出传授百科全书式的科学知识的泛智教育,主张把一切知识教授给一切人。19世纪英国教育家斯宾塞在《教育论》(1861)中明确提出包括智育、德育、体育的教学体系,并将智育置于首位,提出了一个以自然科学为主要内容的学科体系。20世纪以来,人类文明进入新技术革命时代,各种传统劳动力密集型和资本密集型的生产方式逐渐被现代科学技术所取代,因此发展智力为主的智育愈发显得重要。随着教育的发展和普及,世界各国在智育理论问题上积累了丰富的经验。20世纪50年代以来,由于科学技术和社会的飞速发展,世界各国对发展智力的智育的重视有增无减,并日益重视发展智育。正如朱光潜在《谈美感教育》中所说:"智育叫人研究学问,求知识,寻真理。"智育在人类发展进程中的作用举足轻重。

中国特色社会主义学校智育的基本任务是:向学生传授系统的现代化科学基础知识和技能,大力提高学生的科学文化水平并培养科学态度,为学生奠定比较完全的知识基础;积极发展学生的智力,尤其是创造性思维能力和培育勇于探索的精神,发展学生多方面的兴趣和才能。

第二节 "善"与"善育"的概念界定

许慎在《说文解字》中曾道:"善,吉也。从誩,从羊。"①"善",本义为吉祥,后引申为善良、圆满、美好等意。"善育"即培养人的善心良知,教人崇善,并施以善行,播撒善的种子。开展智善教育其中一个很重要的目标就是知善、行善。因此,透过"善"的表面,挖掘"善"背后的寓意,对我们智善办学思想的指导有重要作用。

一、"善"语义学解读

在古汉语中,善可以作动词和副词之用。作为动词,"善"字具备"技能上的擅长和高超"②的内涵,由动词之善演化出副词的善,即"善于、擅长于",意思相近,皆表示人具备某项特殊的技能或本领。如"善邻"之"善"指长于外交、具备外交才能;"善政"之"善"指具备政治或管理的本领或能力。由此引申出名词之"善",其主要指动作完成以后的状态,即能力的完备。《诗经·桑柔》:"凉日不可,覆背善詈。"郑玄《笺》云:"善,犹大也。我谏止之以信,言女所行者不可。"③善即完备。又如《论语·八佾》中载孔子曰:"韶,尽美矣,又尽善也。谓武,尽美矣,未尽善也。"尽即穷尽。"尽善"即彻底地完成,即圆满。

至孟子提出"性善论","善"在儒家哲学中含义更进一步,孟子将"善"与"性"紧密联系在一起,性即人所具备的良知、本心。《孟子·尽心上》提出:"穷则独善其身,达则兼济天下。"不得志的时候要能够独自地完善本性,顺利的话要让众人也能够彰显、完善本性。善即本性完善与圆满。所以,儒家所谓的"善",指良知、本心的成长与圆满。

① 焦国成."善"语词考源[J].伦理学研究,2013(2):58.
② 焦国成."善"语词考源[J].伦理学研究,2013(2):58.
③ 十三经注疏整理委员会.毛诗正义[M]//十三经注疏.北京:北京大学出版社,1999:1192.

道家所言的"善"即至高的自然之道，老子的《道德经》有云："上善若水，居善地，心善渊，与善仁，言善信，正善治，事善能，动善时。夫唯不争，故无尤。""上善"似水，水可浸万物，以不变呈万态，凭渗透性强而滋润生物。水无常形，不故步自封，与时俱进。水处天地之间，或动或静，动则为涧、为溪、为江河；静则为池、为潭、为湖海。善要有一颗平常心，滴水久之可以穿石。水最具包容性、渗透力、亲和力，它通达而广济天下，奉献而不图回报。这些都是"上善若水"中水文化带给我们的启示，也是善的品质内涵，可见"善"是一种高尚美好的自然之道。

与中国古代儒家、道家相比，西方人更热衷于思考善的概念。在古希腊，人们对善的认识同我们的祖先基本上是一致的。善不仅有好、有益的意思，还有幸福的含义。苏格拉底就认为：对于任何人有益的东西对他来说就是善。他甚至将善的知识称为"一种关于人的利益的学问"，而"一切可以达到幸福而没有痛苦的行为都是好的行为，就是善和有益"。希腊文中的"善"本来就有好、优越、合理、有益、有用等含义。苏格拉底认为"美德就是善"。善是至高无上的宗教，是指导人们思想和行为的唯一东西，人们应该认识什么是善行。而亚里士多德详细讨论了善的内涵，指出："通常认为，所有的技艺和探讨，以及所有的行为与理性选择，皆指向某种善。因此善可以被视为所有事物的目标。"

不管中西方，人性自然是趋善，善即儒家的本性完善与圆满，道家的品性高尚与美好，宗教的诸恶莫作，西方的事物发展的目标。

二、"善育"概念解读

毛泽东在《关于正确处理人民内部矛盾的问题》（五）中指出："我们的教育方针，应该使受教育者在德育、智育、体育几方面都得到发展，尤其是德育，成为有社会主义觉悟的有文化的劳动者。"德育是教育者按照一定的社会或阶级要求，有目的、有计划、有系统地对受教育者施加思想、政治和道德等方面的影响，并通过受教育者积极地认识、体验与践行，以使其形成一定社会与阶级所需要的道德品质的教育活动，即教育者有目的地培养受教育者道德的活动。而道德则是以善恶评价的方式调整人与人之间及个人同社会之间关系的行为规范的总和，倡导人们求善弃恶。因此，善是道德教育的核心，善育是德育的重中之重。

何为善育呢？善育即培养人的善心良知，教人崇善，并施以善行，播撒善的种子。孔子曰:"人之初,性本善。"人的天性是善良的,后天的教育是成才的关键。作为教育主体,善育就是培养学生做人的根本教育,是立足于学生可持续发展的关键教育,是为学生一生幸福奠定基础的良心教育。善是一种指引、一种导向,给人提供处世之道,善育则教人向善、求善、为善,使人与人相处更融洽。在教育中坚持把"友善待人,友善待己,友善待物"的善育理念贯穿到学校教育实践的始终,固本强基,夯实教育发展,为师生的幸福成长打下坚实的基础。

第三节 智善教育的价值意涵

不论中国还是西方,"智"和"善"都是人类哲学的重要范畴,在人类思想中占据重要的一席,离开"智"和"善",人类社会与文明将会停滞不前。

"智善"一词引申到教育中,有智慧且善良,满足学生知识、智力的发展需求、擅长策略、掌握方法、认识善良、感悟善良,追求智慧圆满、才艺圆满、德行圆满等内涵。"智善"具体到教育中,指教育者要根据受教育者的身心发展规律及认知水平,有目标有目的地进行引导和培养。具体而言,教育者需要达到以下引导:"智"指向"启智、明智、展智",即启迪智慧、开拓思维、发展潜能;"善"指向"知善、向善、行善",即心存善意,与人为善,践以善行。

一、"智善"之道德价值

在儒家学说中,无论是"三达德""四基德",还是"五常"的说法,"智"都在其中,这表明"智"在中国传统道德谱系中居于不可或缺的地位。兵家之祖孙武也在《孙子兵法》中明确提出为将的五种重要品德:智信仁勇严。对于战争而言,无论是运筹帷幄、军队交战还是外交纵横捭阖,都需要"智"去谋划,所以兵家把"智"列为将的五德之首。千百年来,人们对"智"有着不懈的追求,诸葛孔明更是被塑造成智慧的化身,让我们尊崇和膜拜。毕竟无论我们感悟道德修身也好,安身立命也罢,离开"智"什么都谈不上。

而"善"在中国思想史上,不论人们对此看法是多么的对立,但有一点是共同的,那就是论善者都共同使用着"善"这一语词。这个共同使用的语词"善"之中,凝结着善的最抽象的意义,它是千百年来人们形成的文化共识的体现。就像孟子在孔子人性学说的基础上创立了性善论思想。他认为,每个人都有内在的"不忍人之心",这一善性要上升为道德要求,有赖于后天的培养,且容易失去;人们应该守好自己的道德本心,并不断地提升道德修养,才有可能成为像尧舜一样的圣人。这一论断启发人们对于"善"的自我道德完善的自觉性认识,并提供了更多的道德教育思想和实践方法,有利于大家从内外两方面进一步增强道德教育的效果。

因此,"善"的语词之中包含着中国文化最稳定的善观念,占据人们道德思想中非常重要的位置。智善并举,有利于人们提升个人道德行为,为现代伦理道德体系建设提供思想源泉和精神动力。

二、"智善"之育人价值

孔子的"智者乐水,仁者乐山",说的是仁爱之人则和山一样平静,一样稳定,不为外在的事物所动摇,他们以爱待人、待物,宽容仁厚,不役于物,也不伤于物,不忧不惧。《老子》的"上善若水,水善利万物而不争"意思是说,最高境界的善行就像水的品性一样,恩泽万物而不争名利。在小学教育中提出"崇善"的德育要求,旨在让小学生培养自身如水一般待人以善、理解他人、对万物进退有度的道德品质和人生态度。

科技快速发展,知识日益更新,我们面临"信息爆炸"新时代。在当今知识经济社会中,知识的掌握速度,以及知识的掌握程度甚至能够决定着个体发展程度与社会地位,这就导致了急于求"智",而忽略了甚至牺牲了"善"的倾向滋生,重智育轻德育导致学校人才培养的偏颇。针对这种状况,"智善教育"的明确提出就显得尤为重要,它表明智善不悖、智善并举,"智""善"紧密结合,融为一体是促进人的发展和培养人才的必由之路。人的发展既要有智的成长,又要有善的导向,智给人提供了学习、生活的基础,智的缺失直接导致生存基础的崩塌;善是一种观念指引、一种价值导向,它给人提供的是处世之道,与人为善、与人为乐,在善的引导下,人与人之间相处更融洽、社会更和谐。"智"与"善"在实质上是互为要求的,大智就要求大善的存在,要求善先行,因为懂得为善才能成为真正的"智"者;而要领悟、践行"善",缺少"智"的支撑,是无法实现的。"智"与"善"相辅相成,相互促进,所以"智善"对人的发展具有极为重要的意义。

三、"智善"之处世价值

上善之人处世总是像水那样安于卑下,心胸像水那样沉静深邃,待人像水那样爱亲,言谈像水那样守信真诚,为政像水那样有条理,处世像水那样灵活圆通,行动像水那样相机而动。这即人生处世"七智"。智,出于细,藏于慧,善用自己的聪明,就是大智。有智慧的人不会急于表达自己的观点,大智融于无言,在千变万化的社会,能够自如地应付问题,在困境面前不怕困难,不怕挑战,在任何不利的时刻,有智慧、绝对的自信,就有能力应战。

老子曰:"居善地,心善渊,与善仁,言善信,政善治,事善能,动善时。夫唯不争,故无尤。"这"七善"概括了一个人的态度、言语、行为、为人、处世、决策、管理七个方面的内容,这七个方面不仅教会了我们为人处世的深刻道理,而且也是我们成为一个高尚的人、一个有成就之人的必备要素。"居善地",其实是要我们正确面对困难,保持乐观的生活态度,保持积极进取的工作态度,站好自己的位置;"心善渊",就是不管为人,还是处世,都要如水一样具有内容,遇事平静、冷静,心胸要开阔,胸怀天下,要包容万象;"与善仁",就是要有仁爱之心,要懂得关爱他人,作为"本善"的人与人之间,应该靠爱心去维系,这是人的本性使然;"言善信",就是说话要讲诚信,答应了别人的事一定要做到。

"智"源于知,"善"源于心,"智"与"善"相互促进。"智育"教人研究学问、求知识、寻真理;"善育"教人心存善良,对人,要与人为善;对己,要善心常在。智善表现了容人、容事、容天下的气度,为国为民之心迹,是广阔的襟怀。智善教育有利于学生道德品质的发展,形成善的道德品质、道德境界,从而具有崇高的思想道德境界。"智善"二字并举,既是目的,也是手段,即以智启智,以善育善。

第四节　智善教育的目标重塑

一直以来,我们教育方针的核心、教育的最终目的,或者说教育理想就是能"培养全面发展的人",从最初德智体"三好学生"、德智体美劳"五育并举",发展到现在的"全面素质提高",德育和智育在其中的分量都比较重。但是,在知识经济时代,有些地方的素质教育发展,距离全面发展的目标还有相当大的距离,特别是急于求"智"而忽略甚至牺牲"德"的问题相当严重,造成学校培养人才的目标偏失,影响了学生的全面发展和健康成长。

一、教育现状

纵观当前的小学教育,虽然大力推行素质教育改革与实施,但是,应试教育的模式仍然普遍存在,多多少少制约了素质教育的发展。

(一)重知识轻能力

尽管从理念上看,学校要培养全面发展的人,但实际上,即使在小学阶段,以考试为中心的现象也很普遍。测验命题死纠知识的细枝末节,忽略了记忆以外高层能力的评定,从而在一定程度上助长了死记硬背的学风。其后果是学生学习负担沉重,影响了多元能力的发展。

(二)片面追求分数

分数仍旧是指挥棒,是方向盘,成为最终检验学习成果的唯一标准,这不利于激发学生的内在求知动机。从教育心理学观点看,学生的学习动机有内在动机和外在动机两种。外在动机是为了获得外在奖励而激发出的学习动机,比如为了获得高分而努力学习。内在动机是因为喜欢、有兴趣或活动本身的原因而激发起的学习热情。考试使很多学生为考试而学习,抑制了内在求知动机的发展。仅仅用测验分数评价学生,也容易挫伤困难学生的积极性。国外研究显示,那些比较聪明的学生在有评分学校里学习态度更为积极,而那些学习比较慢的学生在不评分学校里学习更积极有效。在小学低年级,分数对差生的不良影响尤为明显。

(三)影响学生心理健康

目前,学生的心理健康不容忽视。在学习方面,许多家长"望子成龙""望女成凤"心切,对孩子的期望过高,忽略了孩子们的心理承受能力,导致个别孩子反应迟缓、厌倦考试,甚至出现逃学现象,产生"厌学"心理。在日常生活方面,个别小学生受到家庭和自身条件的限制,始终认为自己"后进",导致孩子对外界敏感,胆小怕事,不思进取,性情孤僻,产生"自卑"心理。在家庭生活方面,当今家庭独生子女多,孩子生活在父母的庇护溺爱中,自理能力差,自私心理重,做事拈轻怕重,经常半途而废,产生"柔弱"心理。在沟通交流方面,个别学生缺乏沟通能力,遭遇批评、委屈、挫折时,思维狭窄,不能客观对待,不懂理解宽容,心理承受能力较差,产生"逆反"心理。

二、原因分析

可以看到,很多家长都只是督促子女好好学习,同时也把这些认为是家庭教育第一位的职责。作为家长,孩子的学习(成绩)状况常常是他们关注的焦点,也是最为敏感最能引起情绪波动的事情。在家庭中,多见的情况是,家长对子女有意识的家庭教育往往把精力毫无保留地放在子女学习活动的管理上。更为严重的是,对"智力发展"的强调要远大于对"善行"的引领,使得二者失衡。更有甚者,对"智"的不断强化最终导致了"智"的极端,失去了"智"本身所应有的内涵,更加趋向于"技能"的概念。不少家长忽视孩子个性、精神和良好品德的形成,把教育理解为纯智育,把家庭教育残缩为纯智育,又把智育残缩为提高学习成绩(分数)。他们把大量时间和精力都放在督促子女背课文、做习题方面,而极少关心或无暇顾及孩子思想和心理方面的发展变化。作为对照的方面,一些传统的优良品德遭到家长态度上的"冷遇",比如,"艰苦朴素""爱劳动"等品德的培养。许多家庭极为忽视子女的劳动教育,甚至在青少年的自我服务方面,代劳型的家长所占的比例很大;在农村家庭中,即使是中学生也很少干农活。在当前青少年的家庭教育中,这些品德得不到普遍的鼓励和培养,这正是家庭德育的缺陷,其导致青少年思想品德面貌的缺陷。家长忽视对子女的思想品德教育,忽视事业心、责任感、义务感的培养,相反,个人主义、拜金主义、讲图实惠的思想意识就会充斥于潜移默化的家庭教育中。

三、目标重塑

经济在发展,社会在进步,这对我们的教育提出了新要求。如何在智育与德育间寻求平衡点,培养德才兼备的学生?我们认为,在基础教育的培养中,首先是对人"智"的培养,有了"智"才能不惑,有了"智"才有作为人的基本理性。与此同时,求"智"的过程,也不能放弃对品性德行的修炼。向上、向善,人要育美德,存善念,将"智""善"二者结合,不偏智,不轻善,因为离开智的善只是愚善,离开善谈智,社会将变得功利隔阂。智善并举,是个人健康成长的需要,是社会时代进步的要求,更是国家长久发展的奠基石。

第五节　智善教育的理论溯源

追溯有关智善的教育理论,我们不难发现,国内外的教育大家、学者都有精辟的论述,他们为我们顺利开展智善教育研究与探索提供了丰富而又翔实的理论支撑。从中国近代启蒙思想家严复,到现代教育家陶行知,从古希腊的哲学家、教育家苏格拉底,到英国教育家洛克等,他们对教育的理论和实践都做出了卓越的贡献,对后世教育的发展起到了决定性的指导作用。

一、智善教育理论形成的国内教育思想溯源

(一)严复的智育观及其意义

严复,福建侯官(后并入闽县,称为闽侯,今福州市)人。中国近代启蒙思想家、翻译家。将其智思想归纳起来,可以概括为:"智高于仁"的智育观。他提倡"广知识,开心智"的智育培养目标,采用西学为主兼顾中学的课程结构,实施实验教学法与讲授法相结合的教学方法体系。

第一,冲破传统"以仁统智"的思想,提出"智高于仁"的智育观。智育观是严复整个智育论体系的基础,也是其教育思想近代化的根本标志。正是在"智高于仁"的智育观指导下,严复展开了其整个智育思想体系的建构,他的智育观是通过对中国传统智育思想的批判和对西方智育思想的宣扬展现的。

第二,重知识更重能力的智育培养目标。严复在智育论指导下,认为科学知识在教育中有不可替代的作用,"以中国前此智育之事,未得其方,

是以民智不蒸,而国亦因之贫弱。欲救此弊,必假物理科学为之"。而严复所讲物理,并非我们现在所讲的物理学,而是包括物理、化学、动植物、天文、地质、心理等学科的科学知识。因此,科学知识的传授就是智育的任务或目标。

第三,从"全盘西化"到"西学为主兼顾中学"的课程结构。确立了"智高于仁"的智育论核心,教育内容就是重视自然科学知识,兼顾社会科学和伦理道德。

严复借斯宾塞以民之智、德、力来解释国盛衰进退的理论,对1901年之后的教育论产生了深远影响。他虽未有"德育""智育""体育"的提法,但他的分法,一方面为国人接受德、智、体的说法提供了支持与呼应;另一方面,自从国人接受中文的"德育、智育、体育"之后,自动将严复民智、民德、民力的塑造归于智育、德育、体育,并加以发扬。

因此,用于"强国"的德育、智育、体育的三育论普及之后,与严复所倡"鼓民力,开民智,新民德"殊途同归,共同为国人提供了由教育到"强国"的逻辑链条。

1902年,蔡锷在《新民丛报》创刊号上发表题为《军国民篇》的著名政论文,其中提到"严子之《原强》,于国民德育、智育、体育三者之中,尤注重体育一端。当时读之,不过谓新议奇章,及进而详窥宇内大势,静究世界各国盛衰之由,身历其文明之地,而后知严子之眼光异于常人,而独得欧美列强立国之大本也"。并且,凡议及"教育"如何为"强国"做贡献的文章,其逻辑思路都多多少少受《原强》的影响。比较典型的是1906年初《大公报》刊登的一篇题为《强国之本果何在?》的论说:"有国家即有竞争,有竞争即有强弱。弱肉强食、优胜劣汰,此天演之公例,莫能或逃者也。强国之道不外立宪法、开议院、复民权。而国之本在民,民之本在学,学之美恶、教育之优劣基之焉。夫所谓教育者,涵有德育、体育、智育三端,故欲国民之高尚,国力之强盛,非于民智、民体、民德三者求之不可。"

"强国之根本果何在? 曰在于优美之教育是也。教育者,实一国政治风俗之元素也,具经天纬地参赞化育之功。……今我执政当权诸公不欲国强则已,果欲国强,则必须宏布教育,广铸国民。划除其劣根性,培植其新道德,务使通国之人皆具真实技能、勇毅气魄。如以上所谓智体德三者之教育兼备,始可庶物振兴,百废俱举,共登二十世纪之舞台也。"

文章以进化论的眼光,将"德育、智育、体育"置于"强国—强民—强智、体、德—智育、体育、德育"的竞争链条中。三育的普及程度可见一斑。

可以看出,严复确立的"智高于仁"的智育论核心,就是要求教育内容既要重视自然科学知识,更要兼顾社会科学和伦理道德。

(二)朱熹发展"性善说"到"心性论"思想

朱熹,南宋理学家,程朱理学集大成者,人们尊称朱子。开创理学,研究哲理。

宋明理学,又名性理之学或心性之学,它是一套理论概念,一套思想。理学家所研究的都是形而上学的理论,他们围绕"气、理、太极、无极、心"进行研究。中国自古代以来的哲学不仅是推理的系统,也是一种修为之道。理学家把心和性做成了修为的平台。

儒家哲学极重心性,从孟子起就一直把"人性善恶"问题提到重要的位置,他建立的"四心"说把人的主体价值自觉地完全凸现出来,他的"性善"论构成了儒家价值理论的基本内容。关于性的具体内容,朱熹和孟子具有一致的解释,那就是仁义礼智。

朱熹继承了二程"性即理也"的性论思想。二程认为,"理"体现在人身上就是"性",朱熹采取二程和张载的观点把"性"区分为"天命之性"和"气质之性"。他认为从人之生来讲,"理"构成人的性,具有"天理"的人性叫作"天命之性";"气"构成人的形体,"理"与"气"相杂的人性叫作"气质之性"。因此他说:"天下无无性之物,盖有此物,则有此性;无此物,则无此性。"(《朱子语类》卷四)这就是朱熹所谓的"人人有一太极,物物有一太极"的本体论在人性论问题上的贯彻。

"天命之性"相当于"理","理"是没有"形影"的,它只是一个清静空阔的世界,所以"性"也是没有"形影"的,因此"天命之性"必须借助于"气质之性",才有它安顿停留的地方。但他又对张程的理论给予了修正,主张天命之性是纯粹至善的理,而气质之性则是理与气相互交杂而言的。因此,天命之性纯善无恶,而气质之性则有善有恶,后者是恶的根源。朱熹把人性区分为"天命之性"和"气质之性",以为这样就最完满地解决了长期以来争论不休的人性善恶问题。他说:孟子讲"性善论"是从本原上说"天命之性",而不讲"气质之性",因此不能从理论上说明"恶"从哪里来的问题。荀子讲"性恶",只讲"气质之性"而不知道有至善的"天命之性",所以他们的观点都是片面的。朱熹发展了张、程的人性论,认为"理"是最高最完美的,是形而上的。因此,具备了"理"的"天命之性"无疑是至善的,完美无缺的。然而"气"有清浊、明暗的差别,所以"气质之性"有"善"有"恶"。"人之性皆善,然而有生下来善底,有生下来便恶底,此是气禀不同。"(《朱子语类》卷四)朱熹进一步认为,人们不仅生下来就有"善恶"之分,而且由于人所禀受的"气"的清浊明暗不同,所以人生来还有贫富、贵贱等区别。

与"天命之性"和"气质之性"有联系的,还有"道心、人心"的理论。"心"是朱熹理学体系的核心概念,他把"心"提到很高的地位,在继承二程"道心""人心"二分基础上又把二者有机地贯通起来,使"道心"和"人心"合二为一。朱熹讲的心,有两层含义。一是感觉之心,即"知觉运动"或"灵明"之心,它是形而下的;二是"本心"或"义理之心",即先验的道德意识观念,它是形而上的。朱熹认为"道心"与"人心"为一,只要"人心"符合道所思所想并且有道理便是"道心";只要心不离道,保持"人心"的单一纯净,那么"人心"与"道心"就是同一的。

朱熹认为"道心"是出自天理或性命之正,本来是禀受仁义礼智之心,发而为恻隐、羞恶、是非、辞让则为善。"人心"出于形气之私,是指饥食渴饮之类。他认为"道心"与"人心"的关系既矛盾又联系,"道心"需要通过"人心"来安顿,"道心"与"人心"有主从关系,"人心"须听命于"道心"。朱熹从心性说出发,探讨了天理人欲问题,他认为人心有私欲,所以危殆;道心是天理,所以精微。因此朱熹提出了"存天理,灭人欲"的主张,他把破坏封建道德伦常的个人过度欲望叫作"人欲","灭人欲即天理",朱熹认为人欲和天理是绝对对立不可并存的,必须"革尽人欲",才能"复尽天理"。

朱熹认为心是身体的主宰,心体只有一个,心是唯一的,在心之外没有另外的心,心接应万物而不被万物所迫,用心体观物,则物之理自然能深刻理解。朱熹认识到心之体对人有重大意义,心正则身正,心邪则人不善。儒佛在心性论上的根本不同是,儒家以"善恶"论人性,而佛教以"清净"论佛性,要求明心见性。在心性情关系上,朱熹主张性体情用,而佛教最终走向去情复性。

理学家们所讲的心性问题对于今天的现实社会也有十分重要的意义,今天的我们被物欲纵横的环境影响着,很难达到古代哲人那种修心养性的心态。今天的我们为了追求功名利禄,不惜牺牲一切代价,使人生观、价值观和道德观逐渐沦丧,人们的私心愈发严重,社会公德现象罕见。为此,在现实生活中,我们一定要树立正确的人生观、价值观,注重道德修养,提高自身素质,以德为本,淡泊名利,做到人心向善,使"人心"不离开"道心"。只有这样,社会大环境才能得以改善,国民素质才能得以提高,和谐社会才能得以构建。所以我校提倡的"智善"文化,在提出重视"智"的培养的同时也十分重视"善"的修行,并且将它和"智"看得一样重要。钱塘的校训"个性、负责、勤业、超越"中的"负责"也体现了"善"。钱塘教育厚德载物,为每一个孩子撑起责任的天空,播下担当的种子。对自己负责,对社会负责,便是"心性"学说的发展,追求人生的价值和社会相结合,自身价值的实现和社会价值相互依存、相辅相成。

(三)梁启超、张之洞等人的三育分法教育观

中国近代以来流行的新概念、新名词,它们的含义,往往与中国的社会历史情境、时代问题紧密相连,它们的流行,往往是蕴含其中的新意义、新内涵所带来的影响力的社会化。现在,如果仅仅从理论层面进行学理化的辨析,并不足以充分解读这些饱受古今中外影响的"老概念"。回到中国近代的社会历史情境、语境,方能读出其中独特的中国含义,建立中国的教育学概念体系。

1.承接"我前事之师"的"德育""智育""体育"

虽然自古以来中国并没有所谓的"德育""智育""体育"等词,但就三育的实质内容德、智、体来看,远在上古,儒家教育的六大项目礼、乐、射、御、书、数的性质,恰恰完全包含三育宗旨。礼、乐是培养德性,射、御是锻炼体魄,书、数是教导智能。西汉戴德纂的《大戴礼记·保傅》中有云:"昔者周成王幼,在襁褓之中,召公为太保,周公为太傅,太公为太师。保,保其身体;傅,傅其德义;师,导之教训,此三公之职也。"三公之职,即在分掌太子的德、智、体三育。清末时国人亦认同,"夫我中国德育之说,则固自邃古以降,范围曲成,世守其法,不敢变而号为地球道德教育之正宗。然智与体之宗旨,孔子亦尝发明之。有勇知方,则体育实功也;博文约礼,则智育极诣也"。

虽然如此,我们仍不能勉强说德、智、体三育创自中国古代,只能就实在情形说,中国古代教育项目的六艺完全符合三育的内容。也许是由于古代的"思想铺垫",到了近代,中国人对于介绍进来的德智体观念与其意旨范畴,是普遍接受而没有任何排拒的,认为是"礼失求野",并自觉以三育思想来比附、裁断传统典籍。1903年7月,在科举考试经济特科的试题中,有这样一道题目:"《大戴礼》:保,保其身体;傅,傅其德义;师,导之教训。与近世各国学校德育、体育、智育同义论。"以此可见,国人对从日语中借来的"德育""智育""体育"颇意领神会,欣然接受,并以之比附"我前事之师"。

2.作为学校教育法的"德育、智育、体育"

与来自日本的兴学经验相对应,国人每论及具体的教育问题,尤其是小学教育,"德育、智育、体育"也是理所当然的切入口。1901 年,梁启超在《南海康先生传·教育家之康南海》中回忆康有为在万木草堂的教学,"其为教也,德育居十之七,智育居十之三,而体育亦特重焉";在按照《长兴学记》的"纲领旨趣"制作的"学表"里,他将当年长兴学舍"学纲"的 18 项课程分别归纳为德育、智育、体育三类,理所当然地用三育论分析康有为在万木草堂①的课程设置,用以凸显康有为教学的"科学性"和"合理性"。

《钦定学堂章程》《奏定学堂章程》这两个学制章程,均吸收了日本经验,将学校教育分为德育、智育、体育三方面视为理所当然的前提,但在重要性方面,强调附带着国家意识形态控制的"德育"重于其他二育。"中国圣经垂训以伦理道德为先,外国学堂于知育体育之外,尤重德育",外国学堂于智育体育外,尤重德育,中外无二理也。

1904 年,张之洞亲自撰写了《学堂歌》,第一段即阐发"德育—智育—体育"的要旨,刊印一万五千份,颁发至各学堂,令学生"熟读歌唱,以资感发",务须人给一纸,不可遗漏。其歌唱曰:

天地泰,日月光,听我唱歌赞学堂。圣天子,图自强,除去兴学别无方。教体育,第一桩,卫生先使民强壮。教德育,先蒙养,人人爱国民善良。孝父母,尊君上,更须公德联四方。教智育,开愚氓,普通知识破天荒。物理透,技艺长,方知谋生并保邦。

张謇亦十分信服三育在学校教育中的作用,1902 年开办的通州师范学校教员室里,悬有"求于五洲合智育体育,愿为诸子得经师人师"的对联,1904 年他在为扶海垞家塾拟定的章程中指出:"谋体育、德育、智育之本,基于蒙养,而尤在就儿童所已知,振起其受教育之兴味,使之易晓而直觉。"

基于梁启超、张之洞、张謇等人的宣扬,加之《奏定学堂章程》的制度保障,"德育、智育、体育"的三分法,俨然成为办理学校教育的指导思想和操作方法。1904 年,《东抚周中丞蒙学简要教条三则》亦是以"东西各国学校德育与智育、体育并重"为依据,分"立德育之基""立体育之基""立智育之

---

① 梁启超.南海康先生传[M]//梁启超.饮冰室合集(一)(饮冰室文集之六).北京:中华书局,1989.

基"三则,引证古今中外先贤对蒙养教育提出建议。另有论者在讲求普及教育法时设想如何落实三育论:"普及教育之方法:德智体三育,有分教法,有合教法。合教即广设小学堂,是分教则随时演讲,勉人以公私之道德,略似西人讲教。中国乡约是德育也;设立体育会,练身体习兵操是体育也;设半日学堂或夜学堂教授应用之国文、书算以便作工子弟乘间学习是智育也。"即便论证强调某一育的重要性,也必以学校教育的三育分法为前提。1904年12月28日《大公报》有《论体育》一文,开篇提出"教育之方法有三,曰智育、德育、体育。体育者,智育德育之基础也"。

以上种种表明,20世纪初,国内知识阶层已经达成以下共识:"所谓教育者,必体育、智育及德育三者兼备,然后谓之为完全教育,三者缺一,则教育之义有未圆。"

3.进入教科书的"德育""智育""体育"

1904年,德育、智育作为教育学课程的主要内容被写入《奏定师范学堂章程》,成为后来规范教育学内容的主要依据:"教育原理,当讲明心理学之大要,及中国现在教育之宗旨,及德育智育之要义,并讲辨学(日本名论理学)及教授法之大要。"

自明治维新起,日本教育学界多崇尚赫尔巴特及其学派的教育学,许多教育学研究者把赫尔巴特及其学派的教育学融入自己的教育学著述中。清末国人所翻译的教育学讲义、教科书大多都是赫尔巴特教育学的"目的—手段"模式的思路,极少以"德育""智育""体育"为体系。偶有教科书单论各育,如立花铫三郎讲述、王国维翻译的《教育学》(国人引进的第一本教育学的全译本),第二编为"教育之原质",共三章:体育、智育、实际教育。其涉及体育、智育,却未及德育。亦有教科书兼论数育,包含此三育,如1903年由北京大学堂官书局出版的《垤氏实践教育学》("垤氏"系奥地利教育学家 Lind-ner,Gustav Adolf,现译为林德纳),像陈黻宸在序中所言:"垤氏此书列篇凡六首,二篇论体育,三篇论智育,四篇论情育美育,五篇论德育,六篇论教育通则,而于智育、情育、美育三者反覆指陈,而恐其为德累,则垤氏又注重德育者也。"这两种情况并不多见,其影响也远不如三育论。

1906年3月,学部咨文各省,"本部拟将中小学堂各种教科书及教授法参考书等详加审定,择其善者颁发各省,以便画一学制。凡书肆已印成之本及私家编辑稿本均可随时邮寄本部呈请审定",建立教科书审查制度。而"教育学我国向无专家教科之书,亦无审定颁行之本",所以,教育学教科书的审查,除了《奏定学堂章程》的规定,审查人员认定的"公论"就显得极为重要。1910 年,《学部官报》发布《商务印书馆经理候选道夏瑞芳呈初级师范学校教科书教育学等四种俟改后再呈审定批》:"查初级师范学校教科书《教育学》所论甚是,唯直译东文处,词句多欠修饰,应加删改。又自来教育学家多分体育、心育为二大部,心育中更别为德育、智育两门,故亦有分养护、训练、教授为三者。唯海尔巴特派之学说,不言体育。此书于体育未一言及,或即本之海氏。然为普通参考或教科书起见,自以兼言三育为宜","俟改正后再呈审定"。商务印书馆的这本初级师范学堂教育学教科书,应为吉田熊次著、蒋维乔译的《新教育学》。这时学部对于教育学教科书中应讲授内容的评判,已经不单单是以《奏定学堂章程》中的规定去规范,而有了学理依据,对教育学流派也就有了一定了解。学部以体育、德育、智育的三分法为正宗,以"养护""训练""教授"能与其对应而给予"合法地位"。

至此,德育、智育、体育三育论在中国已经获得了在官方、民间乃至学界毋庸置疑的"公理"地位。

与上述各种因素相应,20 世纪初国人对德育、智育、体育理解和使用比较复杂。用德育、智育、体育论说教育问题的人,并不见得读过斯宾塞或对教育理论有什么深刻的了解,这么说、这么用的人,可能是读过斯宾塞,可能是直接受日本兴学经验影响,可能是真心以为是"我前事之师",可能是道听途说、人云亦云。不管其思想资源构成如何,在"救亡图存"的压力之下,"德育""智育""体育"以其字面意思凭个人理解流行于世,传播的人无论是深有所感或道听途说,都颇以为然,此六字便也逐渐成为国人言说教育问题的流行话语。于是,三育论不仅成为"强国"的一环,也是国人理解、议论、分析教育问题的理论工具,同时,还是实施教育的方法。这种情况并没有得到及时的澄清,反而在实践中得到强化。

(四)蔡元培的五育教育观

蔡元培,教育家、革命家、政治家;民主进步人士,国民党中央执委、国民政府委员兼监察院院长;中华民国首任教育总长。

蔡元培一生信守爱国和民主的政治理念,致力于废除封建主义的教育制度,确立我国新式教育制度。为教育事业奋斗 40 余年,十分重视教育的价值关怀和独立意义,追求"完美人格",提倡"五育并举",即军国民教育、实利主义教育、公民道德教育、世界观教育和美感教育,堪称"学界泰斗、人世楷模"。

1."五育并举"提出的背景

辛亥革命胜利后,中国的教育正处在一个重要的历史转折关头,缺乏明确的指导思想和新的教育宗旨。蔡元培深知教育是关系国本的重大问题,他继承和发挥资产阶级革命派在辛亥革命中形成的教育经验,顺应时代趋势,并积极汲取德法资产阶级教育学说,主张对清末学部制定的"忠君、尊孔、尚公、尚武、尚实"的教育宗旨加以修正,因为"忠君与共和政体不合,尊孔与信仰自由相违",提出"民国教育应以养成共和健全之人格为根本方针"。1912年2月发表的《对教育方针之意见》一文中,对"完全人格"教育做出了详尽的阐释,即军国民教育、实利主义教育、公民道德教育、世界观教育和美感教育五个方面,提出五育并重、和谐发展的教育方针,对中国近现代教育产生了重大影响。

2."五育并举"内容及当代教育改革

(1)军国民教育。

军国民教育,即体育。"体育者,循生理上自然发达之趋势,而以有规律之人工补助之,使不致有所偏倚。又恐体操之使人拘苦也,乃采取种种游戏之方法,以无违于体育之本义者为准。"

由此可以看出,蔡元培认为发展体育应顺应人自身生长发展的规律,应该开展多种多样的体育运动项目,当然也包括各种游戏。显然,这是一种生理心理共同发展的教育。通过适量而科学的运动,促进人的身体健康发展,而且还可以培养人的道德水平、审美水平和智力水平,可以培养竞争团结、合作、奉献的意识,懂得集体的利益就是个人的利益。

现今,孩子进入学校后体育运动时间往往被学业"征用",课间十分钟基本都要打折扣。回家之后要做家庭作业,有的还有家教、特长班在等候,剩下的时间基本都交给了网络和电视。这种重技能轻体能的问题严重阻碍了青少年身体素质的提高。上海市原副市长沈晓明曾说:"青少年健康问题,主要表现在肥胖、近视和睡眠不足,这三个问题直接导致体质下降。"他认为,这是一个现实而紧迫的问题,从国家的角度看,20年或者30年后,整整一代人的体质问题将影响民族的前途。韩国有学者在2011年亚洲杯结束后,指出中国队小组未出线的根本原因是中国实行了计划生育,独生子女缺乏团结合作精神,这在一定程度上也指出了目前我国体育发展的不平衡。

面对这一实际情况,我们首先要认识到体育运动不是浪费时间的玩耍,而是强身健体,有利于身心全面健康发展的重要途径。有一个好身体,学习才能有效进行。

（2）实利主义教育。

实利教育，即智育。"以人民生计为普通教育之中坚。其主张最力者，至以普通学术，悉寓于树艺、烹饪、裁缝及金、木、土工之中。"这是把实用科学技术知识授之于人，用知识武装学生，发展学生的智力。

长期以来，中国遭受西方列强和中国封建主义的双重压迫，各种实业在夹缝中艰难发展，经济远远落后于世界，国家贫困，人民失业。通过智育教育，人们掌握先进科学知识和技术，国家培养出更多的科学家、工程师、技术员等人才，他们再将知识转化为真正的生产力，开矿办厂，大兴实业，并且提供更多的就业岗位，把国民经济现状改良，使国富民强。"实现强民富国之途径，必须实行实利主义教育，'实利主义教育，固亦当务之急者也'。"

"我不喜欢这个世界。学习压力真的很大，让我喘不过气来。……我希望你们都能够好好读书，考个好大学，有个好的将来，不要像我竟输给了学习。所以，我必须选择离开。"2004 年 3 月 11 日下午，重庆市忠县拔山镇的两名女高中生陈薇和陈艳玲在写下上面这些遗言后，拥抱着从楼顶跳下。学生为升学而读书，为考试而读书，道德缺失，人格不健全，成为考试机器和作业机器。我曾在陕西眉县槐芽中学读过高中，其间每天早上 5 点40 起床，6 点 20 上早操，晚上 10 点 40 下自习课，11 点 20 熄灯。学校规定早餐 30 分钟，午餐 45 分钟，晚餐时间较长，1 个小时，4 周放 2 天假，而且建议同学早操跑步时手里都要拿小册子学习，学生压力能不大吗？

如何改变这种应试教育下的智育？首先，改变老师是至高无上的权威的观念、老师的话就是命令的模式，加强师生之间情感交流，建立和谐融洽的关系。在一个愉快气氛中学习，给学生思想减负，最大限度提高学习效率。其次，要让学生把知识运用到实践当中去，结合实际问题，培养学生用所学知识解决问题、发现问题的能力，感受到知识的力量真实存在。最后，学校要因材施教，不能千篇一律对待每一个学生，及时发现学生的特长，并加以引导教育，使其最大限度发挥潜力，成人成才。

（3）公民道德教育。

公民道德教育，即德育。"何谓公民道德？曰法兰西之革命也，所标揭者，曰自由，平等，亲爱。道德之要旨，尽于是矣。"

在宣扬西方资产阶级道德观念时，蔡元培并没有完全否认中华传统美德。他曾为绍兴成章小学题赠校训"义恕仁"，并且还有一段跋文："威武不能屈,富贵不能淫,贫贱不能移,是谓义;己所不欲勿施于人,是谓恕;己欲立而立人,己欲达而达人,是谓仁。"这样,将中国传统文化和西方资产阶级道德相融合,"顺应了国人的民族情感,使人认同中国传统文化蕴藏的精神财富,又巧妙地宣扬了西方资产阶级新道德,使之深入人心,成为中国百姓的内在需求"。德育的成败关系到一个民族道德水平的高低,一个民族道德水平的高低决定着民族和国家的命运。从当前情况看,人类未来面临的最大挑战是德育问题。过去的20世纪以科学技术迅猛发展的骄人业绩而载入史册,同时又以人类道德的极严重滑坡而令人汗颜,直至目前这一趋势并未得到制止。我们的德育和智育失衡,老师以考试为纲,学生以分数为命。德育口头上讲首位,实际上不到位;教育最重要的任务是教会学生做人,一位好老师回头看留给学生的,并不是他课堂上说教的那些知识或者怎样解答某个问题,而是他的言行、他的人格魅力和道德影响力,他潜移默化地教导孩子成为一个什么样的人,尤其在这个社会中应坚守什么样的是非观念和道德判断力。老师必须是一个道德良好的人,在课内外都是楷模,以身作则,言传身教,潜移默化。

(4)世界观教育。

世界观教育,盖指认识和把握世界的新哲学教育。蔡元培,受到康德哲学的影响,把世界分为现象世界和实体世界两部分。进行世界观教育就在于培养人对现象世界的超然态度,对实体世界则抱积极进取的态度。"至提出世界观教育,就是哲学的课程,意在兼采周秦诸子、印度哲学及欧洲哲学以打破二千年墨守孔学的旧习。"

经过这一新的世界观教育,对于破除孔学旧习和观念更新有巨大作用。蔡元培指出人类的前途是合作,不是竞争:"是犹同舟共济,非合力不足以达彼岸,乃强有力者以进行为多事,而劫他人所持之棹以为己有,岂非颠倒之尤者乎。"

人的一生是短暂的,而人们总是试图超越"人"去追求无限、永恒的人生,追求价值意义上的人生,"人不满足于现实世界而追求超越现实世界,这是人类内心深处的一种渴望"。但我们在进行世界观教育时,往往只讲马克思主义世界观,对其他哲学观点排斥否定,这样阻碍了中外文明的交流和中国传统文化思想的继承和发展。我们的世界观教育要站在超越现实世界的高度,脱离功利和政治的束缚。

(5)美感教育。

美感教育,即美育。"美育者应用美学之理论于教育,以陶养感情为目的者也。"这里的美育,是一种非常广泛的范围,不局限于美术、音乐、文学等,而是一种普遍的美,凡有美化的程度者,均在其中,美育是具有超越性的,能超越现世之观念,无空间时间之可言。蔡元培说:"宫室可以避风雨就好了,何以要雕刻与彩画?器具可以应用就好了,何以要图案?语言可以达意就好了,何以要特质音调和诗歌?可以证明美育的作用,是超乎利用的范围的。"而各种宗教都拘泥于陈腐主义,用来维持着人们的生活,这完全是凭借外力侵入个人的精神世界。所以,"在宗教专制之下,审美总不是很自由"。美育又是进步的,蔡元培认为,美育是不断发展的,"一时代有一时代的美育",而宗教则不然,百年千载固守其旧,"无论什么样尊重科学,一到《圣经》的成语,便绝对不许批评。"蔡元培主张,美育普遍性。"美,保守对某个人显其美,是对任何人显其美;美,不是一时期形成其美,是历久而仍能不失其美。所以美具有普遍性。"名山大川,人人得而游览;夕阳明月,人人得而赏玩;公园的遗像,美术馆的图画,人人得而畅观,"这都是美的普遍性的证明"。宗教则不然,不仅有基督教、佛教、伊斯兰教等之别,各教又有派别之分,各有界限。

中国人一直以来崇尚修身养性,其本质就是修养美感。欣赏诗词文赋,看风景,听音乐,尊老爱幼,道德高尚,都是美育。同时,我们又会模仿,并在模仿的过程中加入自己的东西,从而又创造出了新的美,这样,带动人们的智慧和道德不断进步。

提高学生对美的感受能力、鉴赏能力,形成正确的审美观,可以从以下几个方面进行:首先,家长和老师要在孩子幼年时期通过引导,让孩子被动感受自然之美和社会之美,如去赏花、爬山,去看工人劳动农民种庄稼,在参与和观看的过程,家长加以讲解,在孩子脑海中形成对自然对劳动的热爱等。其次,在孩子入学之后,老师的作用是最重要的,老师在和学生交流过程中对孩子的潜移默化,例如老师的仪表仪态、语言、教学风格等都起作用,在平等和谐的气氛中激发孩子们的兴趣。最后,要对学生进行专业的美学教育,比如开设美术、音乐等相关课程,定期参观美术馆、博物馆等。

综上所述,在确立钱塘小学智善教育办学思想的历程中,得到严复、朱熹的理论启发,以及与蔡元培提倡的五育思想有不谋而合之感,都提倡对学生开展"德智体美劳"全面教育。于是,我们在思考智善办学思想的同时,不仅摒弃了唯分数论的教育思想,而且更注重师生的幸福感,全面发展了幸福学说,即"兴趣比分数重要,成长比成才重要,幸福比成功重要"。

二、智善教育理论形成的国外教育思想溯源

(一)洛克的教育思想

约翰·洛克,是英国伟大的思想家、哲学家。约翰·洛克的思想对后代政治哲学的发展产生了巨大影响,他被广泛视为启蒙时代最具影响力的思想家和自由主义者。他的著作也影响了伏尔泰和卢梭,以及许多苏格兰启蒙运动的思想家和美国开国元勋。他的理论被反映在美国的独立宣言上。

1.教育的作用

"我敢说,平常的人之所以有好有坏,之所以或有用或没用,十有八九都是教育造成的。人与人之间所以千差万别,都是出于教育的不同。"洛克高度评价教育在人形成中的巨大作用,教育的社会意义在于可以促进国家的幸福和繁荣;个人作用体现于教育对每个人幸福、事业、前途的影响。

2.教育的目的

主要体现为绅士教育的目的论:将贵族子弟培养成为身体强健,举止优雅,有德行、智慧和才干的事业家。

3.教育的途径

就英国当时的社会背景,洛克认为教育正面作用的发挥场所不在被恶习熏染的学校,主张绅士的培养决不能通过学校教育,而只能通过良好的家庭教育来进行,倡导家长及优秀导师对儿童进行适应其个性的指导,发展其个性,塑造人格,促进其以后的发展。"导师较之学校里的任何人必定更能使他的儿子举止优雅,思想刚毅,同时又能知道什么是有价值的,什么是合适的,而且学习也更容易,成熟也更迅速。"积极肯定家庭教育对绅士培养的重要作用。

4.教育的意义及影响

《教育漫话》一书,集中体现了洛克的绅士教育思想体系,是洛克教育思想最集中的表现。洛克在《教育漫话》中所表述的教育思想是在概括并总结了自文艺复兴以来在英国业已形成的绅士教育的教育实践基础上提出来的,它较之宗教色彩十分浓厚的夸美纽斯的《大教学论》更富有时代感和实际意义,更适合当时英国资产阶级新贵族对绅士培养的要求,因此,《教育漫话》在近代教育史上占有重要的地位。

5.洛克的"绅士教育"

绅士教育的理论来源于经验唯物主义认识论、资产阶级功利主义伦理观、自由主义的宗教观和社会契约论的政治主张。绅士教育的目标是培养身体健康、精神健全的各种社会活动家和企业家,即绅士。"绅士需要事业家的知识,合乎他的地位的举止,同时要能按照自己的身份,使自己成为国内著名的和有益国家的一个人物。""我觉得每个绅士,他为儿子所求的事情,除了留给他财产以外,都包括在四件事情里面,就是德行、智慧、礼仪和学问。"洛克认为绅士应当具备德行、智慧、礼仪和学问四种品质,这一教育思想提出的人才培养理念适应了英国资产阶级发展过程中对人才的需要,满足了英国资本主义经济、政治、社会发展需要,有利于促进资本主义的发展,成为当时英国教育界的主流思想。

(1)德育。

三育体系中,洛克十分重视德行教育。他认为德行是一个绅士必须具备的最重要的品质。绅士教育的目标是要造就能按这些道德规范行事的有绅士风度的人。洛克认为,人类在各个年龄阶段有各种不同的欲望,应该使自己的欲望接受理智的规范和约束。因此,一切德行与美善的原则当然在于能够控制自己的欲望。这种克制能力的获得和改进,要靠习惯,靠早期实践养成。洛克把听从理性的指导、克制自己的欲望看成一切道德与价值的重要标准及基础。"我觉得一般人教养子女有个巨大的错误,就是对这一点没有及时加以充分的注意;精神在最纤弱、最容易支配的时候没有习于遵守约束,服从理智。"教育者应从理性的角度出发去约束儿童,早期进行严格而理性的管教,从小培养儿童节制的美德和刚毅勇敢的个性。所以洛克较为注重儿童早期的家庭教育,教育者早期教育对其后的绅士培养具有基础性的作用。

(2)智育。

智慧是"使得一个人能干和有远见,能去处理他的事物"。洛克将智育放在最后,认为知识只是"作为辅导更重要的品质之用",以知识来发展理性,锻炼能力。同时洛克认为知识教育的目的是发展理解能力、思维能力,为进一步学习打下基础。"不是把世上可以知道的东西全都教给学生,而在使学生爱好知识,尊重知识,在使学生采用正当的方法去求知,去改进他自己。"让学生自由地学习知识,在学习中自我反思,增益其所不能。

"在全部教育上面,大部分的时间与努力都应花在日后在青年人的日常生活里面最有结果、最常利用的事情上面。"洛克强调注重生活常识的学习,学习可为生活服务的技能,学习有用的知识以更好地将为社会服务与实践相结合。

同时洛克认为还应培养学生的良好学习态度,提高他们的学习能力。教育方法上,洛克重视兴趣、直观、循序渐进、好奇心、注意力等方面的培养,以此来提高学生的自学能力。

(3)体育。

"健康是对于人世幸福的一种简短而充分的描述。凡是身体精神都不健康的人就不必再有什么别的奢望了;身体精神有一方面不健康的人,即使得到了别的种种,也是徒然的。"洛克认为,我们要能工作、要有幸福的前提是拥有健康,要想成为伟大的人物,必先学会承受,承受的基础是拥有健康的体格。每个绅士的身体必须适应一个实业家在外开拓活动中可能遇到的艰苦环境。针对当时英国的贵族家庭提出:要忍耐劳苦,不要娇生惯养,多去户外活动骑马射箭、多呼吸新鲜空气、多运动、多睡眠、食物要清淡、药物要用得极少最好是不用、衣服穿得不可过暖过紧。从小养成良好的饮食、起居等方面的行为习惯,为以后强健体魄打下坚实的基础。

6.洛克的"白板说"

基于笛卡儿提出的天赋观念论受到怀有野心的宗教支持者的鼓吹,宣称上帝观念天赋说,洛克提出"白板说"——"我们的全部知识是建立在经验上的;知识归根到底都是导源于经验的"。其极力批驳了天赋观念说,"人们单凭运用他们的自然能力,不必借助于任何天赋的印象,就能够获得他们所拥有的全部知识;他们不必有任何这样一种原始的概念或原则,就可以得到可靠的知识"。其所宣扬的原则实际上都是从后天经验中获得的。"人的心灵是一张白纸,上面没有任何记号,没有任何观念,一切观念和记号都来自后天的经验。"

"白板说"是主张认识来源于经验的一种哲学思想。白板,原指一种洁白无瑕的状态。西方哲学家用它比喻人类心灵的本来状态像白纸一样没有任何印迹。古希腊哲学家亚里士多德在其《论灵魂》中认为,灵魂如同蜡块一样,从外物接受印纹。洛克继承和发展了这个思想,认为人出生时心灵犹如白纸或白板,对任何事物均无印象;人的一切观念和知识都是外界事物在白板上留下的痕迹,最终都导源于经验。

强调经验是知识和观念的唯一来源,把经验分为感觉和反省两个方面,提出了"双重经验论"。洛克把经验看作是知识的唯一来源,认为儿童的天性就像没有痕迹的白板,因此他特别强调儿童的后天教育在人的身心发展中的重要作用。

7.教育启示

洛克的《教育漫话》中的教育观,绅士教育—体育、智育、德育三体系的教育思想,白板说,对我国当今的教育具有重要的借鉴意义。主要包括以下几方面:

(1)注重儿童早期教育。

完美描绘儿童这一洁白无瑕的"白板",为其树立良好的榜样作用,引导儿童培养正确的认识观,树立正确的生活态度,积极影响儿童,理性约束儿童,使其形成良好的行为方式,注重与儿童的情感沟通,重视儿童的学习阶段,全方位进行教育。

(2)完善教学方法。

注重培养学生的良好学习态度,提高学习能力,重视兴趣,顺其自然发展个性,循序渐进,因材施教,培养好奇心,重在培养学生的自学能力。重视理论与实践的统一,提高学生的实践能力。

(3)重视健康教育对个体发展的影响。

培养人的健康体魄及吃苦耐劳的精神,学校教育要树立健康第一的指导思想,切实加强体育工作。重视体质与体能的锻炼。开展和普及健康教育,加强学生体质和体能训练,促进学生养成健康的生活方式,最终使"体育是教育之基础"和"身体健康是一切之基础"的观念深入人心。

(4)改进知识教育,重视发展学生思维能力。

教师的作用在于使学生热爱知识、尊重知识、掌握正确的方法。要在注重书本知识教学的基础上,立足于素质教育,努力强化学生的科学文化素质,重视培养学生思维能力的发展;重视培养学生的创新精神,根据学生的兴趣,充分发挥他们各方面的优势。发展学生分析问题、解决问题的能力,并能够灵活运用到实际工作中,用自己的知识更好地为社会服务。

(5)加强道德教育,改进道德教育方法。

在学校德育中应该转变观念,承认合理利己,鼓励学生通过正当、合法的渠道获取自己的利益,承认学生的权利,维护学生的权益;在享受自己的利益与幸福时考虑别人的利益与幸福,尊重他人的权利和利益,维护社会、集体的利益。

(二)斯宾塞的"三育论"思想

赫伯特·斯宾塞,英国社会学家。他的著作对很多课题都有贡献,包括规范、形而上学、宗教、政治、修辞、生物和心理学等。

西方近代德、智、体的思想并非源于斯宾塞,就其思想渊源而论,可追溯到亚里士多德。1905 年,陕西高等学堂学生尹钧在习作《德育智育体育论》中,便认为三育分法起源于亚里士多德。他在文中提道:"西儒之讲教育者,以亚利斯托尔(即亚里士多德)为巨子,尝分德育、智育、体育为三学期",毛塔耶尼氏(Michel de Montaigne,现译蒙田)认为"徒积知识无益实际,其教育之宗旨在启发德育、才力,熏以德育置于教育之最先",而斯宾塞尔(即斯宾塞)"则注意物理,有偏重智育而轻德育之风"。① 现在也有学者提出,西方近代"三育并举"的教育思想并非始于斯宾塞,而是洛克等许多教育家的共同主张,但当斯宾塞将其论述三育的几篇文章合编成《教育论》(Education)一书出版时,的确反映出他本人提倡"三育并举"的教育观点。因此,斯宾塞虽非西方近代"三育并举"教育思想的开创者,但在某种意义上可称其为集大成者。

在中国,德育、智育、体育"三育论"是斯宾塞的主要教育思想,这一观点在民国时期或者更早就成为教育学者的共识。雷通群在 1934 年出版的《西洋教育通史》中提到斯宾塞派及其影响时说:"现在中国的教育界,关于教育方法上分为智育、德育、体育等,是受斯宾塞的教育影响,亦犹管理、训练、教学等的分类,是受海尔巴脱的影响也。"吴俊升在 1935 年出版的《德育原理》中提道:"在教育学中教育之三分法之确定,殆始于斯宾塞,彼尝著书名 Education:Intellecthal,Moral and Physical","昔日之教育学,多循斯宾塞尔之旧法,分论三育"。当代的教育学者,也大抵如此认为,"把教育划分为智育、德育和体育,大抵以斯宾塞为开创者"。

斯宾塞关于智育、德育、体育的思想主要体现在《教育论》中,其中包括四篇论文:《什么知识最有价值》(What knowledge is of most worth)、《智育》(Intellecthal)、《德育》(Moral)、《体育》(Physical)。斯宾塞提出"智育""德育""体育",主导思想是提高科学在教育中的地位,确认智育的固有价值。他谈三育跟裴斯泰洛齐的教育目的理论有一定的渊源。裴斯泰洛齐宣称初等教育应"依照自然法则,发展儿童道德、智慧和身体各方面的能力;而这些能力的发展,又必须照顾到它们的完全平衡"。既力求发展儿童道德、智慧和身体三方面能力,相应地实施德育、智育与体育也属顺理成章,三育划分的意义大抵也限于此。但是,斯宾塞谈论智育、德育、体育,并

①　尹钧.德育智育体育论[J].秦中官报,1905(5).

不涉及学校教育,也没有对三育的划分提供什么理论依据。他的《教育论》是四篇论文的结集,其中未提及三育之间的关系。《德育》一文只论及家长对子女的教育,未涉及学校中的德育。尽管如此,从那时起,三育的划分确成为教育思想的定式。

首先向国人介绍斯宾塞及 *Education* 的是时任圣约翰书院学监的颜永京。

1882 年,他以"肄业要览"为题翻译了《教育论》的第一篇《什么知识最有价值》。当时"教育"一词并未流行,也未与 Education 对译,在中英文对照的序言中,他将 Education 译为"肄业",相应地,书中并未出现智育、德育、体育的提法。

1903 年,严复在《京师大学堂译书局章程》中的"教科分门"中,分别提到德育和体育,并未提智育。他明确见诸文字的德育、智育、体育并列的提法是 1906 年题为《论教育与国家之关系》(在环球中国学生会的演说词)的文章中,提到"考五洲之历史,凡国种之灭绝,抑为他种所羁縻者,不出三事:必其种之寡弱而不能强立者也;必其种之暗昧,不明物理者也;终之必其种之恶劣,而四维不张者也。是以讲教育者,其事常分三宗:曰体育,曰智育,曰德育。三者并重,三者并举,顾主教育者,则必审所当之时势而为之重轻"①,并阐发智育重于体育、德育重于智育的观点。此时德育、智育、体育的三分法早已成为流行的教育话语。在这种情况下说"严复把教育分为德育、智育、体育三部分,这在中国近代教育史上是最早的"是不合适的。

还有的学者提出,"1922 年胡毅用白话文重译出版了斯宾塞的《教育论》。从此,斯宾塞的智育、德育和体育的'三育'思想在中国教育界广为传播"。实际上,早在 20 世纪初的中国,"三育"思想已经得到大范围的传播——虽然不是直接来源于斯宾塞。

但这也为我们学校教育提供了借鉴,在"智善"教育体系中,不仅重视德智体美劳全面发展,而且为其发展提供了丰富多彩的平台和途径,这从一定意义上来说是在途径和实施方法上的发展和完善。

(三)霍布斯的伦理思想

霍布斯,毕业于牛津大学,政治家、哲学家。他创立了机械唯物主义的完整体系,指出宇宙是所有机械运动着的广延物体的总和,提出了"自然状

---

① 曾业英.蔡松坡集[M].上海:上海人民出版社,1984:23.

态"和国家起源说,指出国家是人们为了遵守"自然法"而订立契约所形成的。他于1651年出版的《利维坦》,为之后西方政治哲学发展奠定了根基。

作为现代伦理学和政治哲学的代表人物,霍布斯主张利己主义的道德契约论思想。因此,他对美的强调和分析容易被人忽视。将霍布斯的美德与传统的古希腊美德比较,在经历了现代性转变之后,霍布斯美德的地位也已经产生了一些实质性的变化,我们称之为"霍布斯式的"。

亚里士多德曾这样评价美德——"既可以产生幸福,也因为自身就是善的","只有那由自身而被选择,而永不为他物的目的才是最完满的。不论我们选择的是荣誉,是快乐,是理智,还是所有的德性,都通过它们自身(即或一无所得,我们还是选择它们中的一个)"。亚里士多德很清楚,各种人类美德对生活幸福和繁荣会产生巨大助益。但他仍然强烈表明,任何一种美德即使脱离了它们所产生的社会助益也是值得拥有的。也就是说,亚里士多德明确区分了,出于实现幸福之目的而选择美德与出于美德自身之缘故而选择美德自身,而且指出任何一种美德有价值是因为以上两个理由。同样,柏拉图在《理想国》第二卷中借用格劳孔与苏格拉底的对话谈到了三种善:"首先,因为自身的缘故,人们都乐于拥有;其次,不仅因其自身,而且因为它能产生的东西人们才喜好这种善;最后,还有一种善,我们愿意选择它不是因为它自己的缘故,而是为了报酬和其他种种随之而来的利益。"苏格拉底在这里将正义等美德归于第二种善:"正义是最好的一种,一个人想要快乐,就得爱它——既因为它本身,又因为它的后果。"从对德性的评价来看,柏拉图和亚里士多德产生了三个层次的解释。但是霍布斯只是提到了第三个层次,德性的价值仅仅是因为它所产生的社会利益。

在霍布斯这里,一个正义秉性的价值就在于,它在别人心中确立了一个信念,这将保证一种意义更加深远的善,即和平与共同合作。因为,这些性格来自别人对你的了解。"使一个人受到许多爱戴或畏惧的任何品质或其声誉都是权势,因为这是获得许多人帮助或服务的手段。"这说明,在某种情况下,他人不可能直接从一种个性上的正义受益。比如说,一个人尽管是正义的,但没人相信这一点,那么他的正义品性就不会提供任何可以认可的益处。霍布斯认为,这些美德之所以使我们愉悦是因为它们令他人愉悦,并且主要的原因在于,我们从根本上认为它们愉悦的根源在于它们的社会有用性。同样,无论荣誉还是尊严都可以用一种价值兑现,这种价值就是他人根据我们具有的能力而加于我们自身的一种评判。在这一说法中,正义的意义就仅仅在于能力的另一种面向,它来自拥有能力的声誉。

回过头来，人们必须相信这个人在进行可靠的正义的行动，那么要想使人们相信这一行为，好的方式就是不断地展示这样行动的倾向。

此外，要成为正义的人就必须做正义的事，仅仅因为它们是正义的行为。这一个命题与另一种说法相似，那就是，正义的性格之所以有价值，在于这种性格产生的后果。第一个命题表明，一个行为者能够评价他的正义性格与行动，原因在于他们是正义的。尽管行为者可以继续评价他的正义行为，但是当他人认为他是不正义的时候，他为什么有理由继续做正义之事，这一点并不明确。

这就是我们对霍布斯的美德解释感到不满意的地方。霍布斯虽然注意到了人的品性、美德的养成对于形成正义社会的作用，但失去了古希腊美德背后宏大的共同体意义。他的美德只是每个孤独个体所附有的品性和能力，只有与最终的效用挂钩才得以发挥作用，因此退而成为一种后天培养出来的有条件的、工具化的个人能力。因此，无论是戴上这枚戒指还是拥有权力，他都可以在很长一段时间内侥幸避免对个人不正义行为的处罚。而且，被发现的可能性依赖于他本人在一个地方待多久，或者依赖于他和多少聪明人打交道等等。如果愚人愿意承认不正义的品德往往会不自觉流露出来并被旁人察觉，那么霍布斯就提出了一个显著的理由去告诫他不要冒险。但这一点无法解释，在某人的德性不再具有维护他人合作的工具价值后，是否还需要培养美德。

相比之下，柏拉图和亚里士多德主张，即使在个人得不到社会利益的情况下，美德本身也具有价值。在他们看来，愚人是本身正好缺乏这样一种价值，因为他没有人类的卓越品性。在我们看来，如果我们打算在道德思想中为美德寻找一个特殊位置，那么我们这样做并不仅仅因为美德是践行某种行为进行某种选择的倾向，而是应该保留这一观点，那些使美德有价值的东西其中一部分是它们的优秀之处，它们使德性呈现为一种个人成就，从这一点来说，美德是内在价值和直接的外部利益的结合。

霍布斯提出的"善"、"理性"和"美德"、"智善"是相通的。首先，霍布斯认为"善""美德"是一种选择，理性的选择，"智善"教育也认为善是一种理性的智慧选择，强调"勿以善小而不为，勿以恶小而为之"。其次，"理性"就是一种智慧，也是"智"的体现，"善""美德"本身就是"善"，它们的内涵相契合。最后，霍布斯强调"善""美德"的社会功用，同样的"智善"教育也强调社会功用，强调包容、渗透、亲和力，强调通达而广济天下，奉献不图回报。

霍布斯的"善""理性""美德"和"智善"也有不同之处。首先，霍布斯主要强调"善""美德"的社会作用,而"善"除了社会作用,还强调"善"本身,"善"也是自身的一种修为,是人言行心性善良,是自然之道。其次,霍布斯强调的"善""美德"是一种选择,是刚性的,而"智善"强调的"善"是自然的、灵动的、与时俱进的,不故步自封,富于变化,是千姿百态的,是"柔性的"。最后,霍布斯的"美德""善"强调先天拥有,而"智善"教育更强调后天干预。学校确立了以"善"为核心的学生德育目标,以丰富多彩的活动为载体,努力打造钱塘小学"善"主题教育品牌,培植善心,乐说善言,多行善举,争做善人。

以上种种表明,无论是洛克的绅士教育的培养问题,他的白板说理论,还是斯宾塞的"三育"论,或是霍布斯提出的"善"、"理性"和"美德"概念,在当今看来其实就是一个完美的人的形象的缩影,一个德智体各方面全面发展的高素质的人。

探究这些国内外教育学家的观点,追溯智善教育理论形成的国内外思想溯源,对"智善"办学思想的确立都有借鉴和发展作用。"智善"教育就是要求做学问方面注重求智,做人方面重在导善。钱塘精神教育孩子"向善向美 求质求真",坚持做学问做人并重,脚踏实地,秉承传统,不懈追求,将成功成才的基本行为准则植入孩子的心中,让卓越的品格影响孩子的一生。

第六节　智善教育与当代教育相结合的理论依据

一、教育方针要求与智善教育

教育方针是党和国家在一定历史阶段提出的有关教育工作的总体方向和指针,是教育基本政策的总概括。它确保了教育事业的整体发展方向,是指导整个教育事业发展的基本原则和行动纲领。不同的历史时期有不同的教育方针,相同的历史阶段也因时代发展的需求不同,导致教育方针的侧重点不同,表述也会有所不同。

1957年2月,毛泽东在《关于正确处理人民内部矛盾的问题》中提出:

"我们的教育方针,应该使受教育者在德育、智育、体育几方面都得到发展,成为有社会主义觉悟的有文化的劳动者。"邓小平在 1978 年 4 月召开的全国教育工作会议上重申了这一方针:"我们的学校是为社会主义建设培养人才的地方。培养人才有没有质量标准呢?有的。这就是毛泽东同志说的,应该使受教育者在德育、智育、体育几方面都得到发展,成为有社会主义觉悟的有文化的劳动者。"

面对 21 世纪的挑战和素质教育要求,党和国家在坚持教育与包括生产劳动在内的社会实践相结合的同时,把"美育"纳入教育方针。1999 年召开的全国教育工作会议提出:"坚持教育为社会主义为人民服务,坚持教育与社会实践相结合,以提高国民素质为根本宗旨,以培养学生的创新精神和实践能力为重点,努力造就'有理想、有道德、有文化、有纪律'的,德育、智育、体育、美育等全面发展的社会主义事业建设者和接班人。"强调学生健康的重要性,重申了教育要与生产劳动和社会实践相结合的原则。①

党的十九大报告指出,要"优先发展教育事业。要全面贯彻党的教育方针,落实立德树人根本任务,发展素质教育,推进教育公平,培养德智体美劳全面发展的社会主义建设者和接班人",提出了我国的教育性质、目的、任务、功能及其实现途径的总要求。②

习近平总书记于 2018 年 9 月在全国教育大会上明确指出:"在党的坚强领导下,全面贯彻党的教育方针,坚持马克思主义指导地位,坚持中国特色社会主义教育发展道路,坚持社会主义办学方向,立足基本国情,遵循教育规律,坚持改革创新,以凝聚人心、完善人格、开发人力、培育人才、造福人民为工作目标,培养德智体美劳全面发展的社会主义建设者和接班人,加快推进教育现代化、建设教育强国、办好人民满意的教育。"将劳动教育纳入新时代"培养什么人"这一"教育首要问题"的总体要求之中,把劳动教育的地位和意义提到了前所未有的高度。③

回顾我国教育发展的历程,尽管不同时期的教育方针在内容和表述上不同,但本质上都揭示了我国社会主义教育的性质特点,总体反映了时代

---

① 谢梦菲.辛勤劳动、诚实劳动、创造性劳动[EB/OL].(2019-01-31)[2019-12-30].http://theory.people.com.cn/n1/2019/0131/c40531-30600791.html.

② 王政淇,常雪梅.新征程 代表谈[EB/OL].(2017-10-23)[2019-12-30].http://cpc.people.com.cn/19th/n1/2017/1023/c414305-29602167.html.

③ 谢梦菲.辛勤劳动、诚实劳动、创造性劳动[EB/OL].(2019-01-31)[2019-12-30].http://theory.people.com.cn/n1/2019/0131/c40531-30600791.html.

的需求,规定了我国基础教育培养的总目标,以及实现培养目标的措施。简要地说,教育方针向我们诠释了教育"为谁服务""培养什么样的人""如何培养人"等三个最基本问题。①

我国的教育方针总目标是要培养德智体美劳全面发展的社会主义事业建设者和接班人。我国教育目的遵循着马克思主义关于人全面发展的理论,着眼于提高个人的基本素质。一个人的基本素质应当包括思想政治素质、科学文化素质、身体心理素质和审美修养素质和劳动锻炼。为了提高人的基本素质,必须实施德育、智育、体育、美育和劳育。以思想政治教育为主要内容的德育,着眼于解决个人的世界观、人生观和价值观的问题;以科学文化知识教育为主要内容的智育,是为了提高个人的知识修养以及获取知识和应用现实的解决能力;以身心方面的教育和训练为主要内容的体育,是为了解决人的身体健康和心理健康问题;以美学知识教育和审美实践活动为主要内容的美育,是为了提升人的审美观及审美感受力、审美鉴赏力和审美创造力问题。以学生树立正确的劳动观点和劳动态度为主要内容的劳动教育,是为了培养学生进行劳动的观念和技能。这五个方面各有侧重、相互联系、相互渗透,相互之间不能代替。德育是教育前进的航向标,智育是教育实施的核心要求,体育是教育发展的基础,美育是教育的升华,劳育是最好的生活教育。

智善教育的目标紧紧围绕着党的教育方针要求,突出强调对学生智育和德育。"智善教育"是以发展受教育者的智力和善行为核心,"智"给人提供学习、生活的基础,善是一种指引,教人向善、求善、为善,使人与人相处更融洽、社会更和谐。"智"与"善"相辅相成,相互促进。"智善"是人发展的两个方面,"智"侧重于知识、技能等生存基础和对事物的理性认知,教人学问与知识;"善"侧重于培养个人的情感态度与价值观,教人心存善念,与人为善,常存善心。强调教育过程"智""善"相辅相成、和谐发展的教育,其实质是培养学生德、智、体、美、劳等方面全面发展。"德",不仅是品德,更是培养学生正确的人生观、价值观,培养学生形成正确的思想方法。"智",不仅是授予学生系统的科学文化知识、技能,更是发展他们的智力和与学习有关的非智力因素。"体"不仅是授予学生健康的知识、技能,发展他们的体力,增强他们的体质,更是培养他们的意志力。"美"不仅是培养学生

① 王元杰.解读党教育方针 争做当代优秀校长[EB/OL].(2018-09-19)[2019-12-30].https://max.book118.com/html/2018/0919/6021031101001220.shtm.

的审美观,发展他们鉴赏美、创造美的能力,更是培养他们的高尚情操和文明素质。"劳"则是培养学生劳动观念和劳动技能。因此,"智善教育"就是以促进学生全面和谐发展为根本要务,与党的教育方针和素质教育的根本目标完全吻合,也是社会主义核心价值观在学生学校生活中的重要体现。

二、素质教育精髓与智善教育

素质教育是一种以提高受教育者诸方面素质为目标的教育模式。它重视人的思想道德素质、能力培养、个性发展、身体健康和心理健康教育。

素质教育是一种着眼于发展、着力于打基础的教育,其根本任务是为每一个学生今后的发展和成长奠定坚实而稳固的基础。这里的"基础"内涵十分丰富,包括思想品德素质、科学文化素质、身体心理素质、劳动技能素质、审美素质在内的广泛而全面的基础。人的素质是一种"以先天禀赋为基础,在教育和环境影响下形成和发展起来的相对稳定的身心组织要素的总和"。而素质教育凭借着人类历史上积累起来的优秀文化成果来形成学生的全面素质,发展学生健康的个性,必然要求教育的目标、内容、方式等相对保持稳定。人的素质既有相对稳定性,也有时代性。因而要求学校教育在保持相对稳定的基础上,根据时代发展和社会需要,适当吸纳最新科技、文化成果,调整、充实和完善教育目的、内容和方法,以适应现代社会和未来世界多方面的挑战。

我国自改革开放以来,党和国家始终把提高全民族的素质作为关系社会主义现代化建设全局的一项根本任务。李岚清指出:"素质教育从本质来说,就是以提高国民素质为目标的教育。"素质教育以提高国民素质为目标,必然要面向全体学生,面向每一位未来的国民,强调教育者发挥创造精神,从学校实际出发设计并组织科学的教育教学活动,促进受教育者在自主活动中将外部教育影响主动内化为自己稳定的身心素质。[①]

素质教育是我国改革开放以来教育事业发展的一大重要成果。真正的素质教育,就是以全面提高人的基本素质为根本目的,注重开发人的智慧潜能,注重形成人的健全个性为根本特征的教育。"以人为本"是科学发展观的核心,也是素质教育的精髓。"以人为本"就是对一切与人有关的事

---

① 素质教育[EB/OL].(2019-10-18)[2019-12-30].https://baike.so.com/doc/5381204-5617514.html.

物的评价和判断,都应该将人作为评判的出发点,正如古希腊智者派的代表人物普罗泰戈拉所说:"人是万物的尺度,是存在者存在的尺度,也是不存在者不存在的尺度。"素质教育与"以人为本"在思想内涵上具有高度的一致性,二者都更加关注个人价值的实现,关心人的身心需要,开发人的内在潜能,并把社会发展的需要与个人发展有机统一起来。教育的根本目的就是帮助学生实现人生的价值。基于此,教育工作者顺应时代要求转变个人传统的教育思想观念,在教育过程中重新对人的价值和尊严予以审视。

"智善教育"的育人意义也在于以学生为教育教学的本体,倡导教育工作者能"智教慧学",做一名具有教学智慧的教师,具有从善的人格、创新的思想、智慧的方法和灵动的特色,能因学定教,在不断变化的教育情境中采用灵活的教学方法,传授专业知识的同时,挖掘蕴含在知识这一载体之中的思维方法和价值内涵,深化专业知识与人文精神的交融,更加注重激发学生的思维创造能力,丰富并升华学生的精神境界。教师应尊重和发展学生的个性,培养学生的创造性,鼓励人才的多样化发展。

三、核心素养研究与智善教育

进入 21 世纪,人类社会迈入信息时代,社会信息膨胀,这种情况与 20 世纪的工业时代形成鲜明对比。新时代的新特点对当下的教育也提出了挑战,核心素养概念应运而生。

学生发展核心素养,主要指学生应具备的,能够适应终身发展和社会发展需要的必备品格和关键能力。研究学生发展核心素养是落实立德树人根本任务的一项重要举措,也是适应世界教育改革发展趋势、提升我国教育国际竞争力的迫切需要。

核心素养是党的教育方针具体化,是连接宏观教育理念、培养目标与具体教育教学实践的中间环节。十八大和十八届三中全会都提出将立德树人的要求落到实处,2014 年教育部研制印发的《关于全面深化课程改革落实立德树人根本任务的意见》提出:"教育部将组织研究提出各学段学生发展核心素养体系,明确学生应具备的适应终身发展和社会发展需要的必备品格和关键能力。"

中国学生发展核心素养以培养"全面发展的人"为核心(如图 1-1),分为文化基础、自主发展、社会参与三个方面,综合表现为人文底蕴、科学精神、学会学习、健康生活、责任担当、实践创新等六大素养,具体细化为国家认同等 18 个基本要点。各素养之间相互联系、互相补充、相互促进,在不同情境中整体发挥作用。①

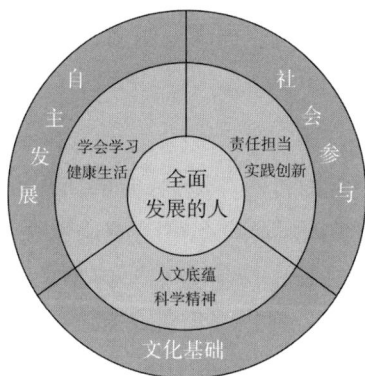

图 1-1 中国学生发展核心素养

学生发展核心素养指学生能够适应终身发展和社会发展需要的必备品格和关键能力,是关于学生知识、技能、情感、态度、价值观等多方面要求的综合表现。它是知识、能力、态度或价值观等方面的融合,既包括问题解决能力、探究能力、批判性思维等认知性素养,又包括自我管理、组织能力、人际交往等非认知性素养。核心素养的内涵广泛且符合社会发展需求,包括基础知识和基本技能为核心的知识内容,解决问题过程中所获得的基本能力,以及在学习过程中通过认识、体验及内化而逐步形成的相对稳定的思考问题、解决问题的思维方法和价值观。基础教育的核心要义应该是培养有修养、有智慧的人。核心素养体系的构建,成为顺应国际教育改革趋势、增强国家核心竞争力、提升我国人才培养质量的关键环节。

以“智善”为主的学校教育,除了强调对学生个人知识和能力方面的培养,还强调在“发展学生智力的同时丰富学生的情感体验,帮助学生形成积极健康的态度价值观”。聚焦学生发展核心素养,科学设计学校的课程,精心选择教育教学内容,推进基于核心素养发展的教学改革,落实以人为本的素质教育理念,建立从知识向能力、从能力向素养不断提升的发展水平等级标准,借以对学生发展核心素养进行观察评估,实现对学校教育教学行为的有效反馈与指导。

---

① 中国学生发展核心素养[EB/OL].(2018-08-05)[2019-12-30].https://baike.so.com/doc/24396081-25220490.html.

第七节 智善教育的现实考量

地域文化是指在一定的自然环境、特定的历史背景和独有的文化积淀等条件下形成的一种亚文化,其具有很强的地域性、传统性和独特性。它在研究学校办学思想的过程中扮演着重要的角色。特别是为学校的学科建设、文化引领功能的实现,提供强有力的精神指导和文化资源。探究地域文化,了解学校所处地理位置的历史与变迁,对更好地定位学校的办学思想有着不可估量的作用。

一、福州冶山文化溯源

学校地处福建省福州市鼓楼区中心城区冶山附近。冶山,被誉为"闽都之根",是福州历史最悠久、最具代表性的城市文化名片。清林枫《榕城考古略》:"闽之有城,自冶城始,至晋太康始改迁,旧址遂不复可稽。"[①]"冶山文化"书写着福州2200多年历史的恢宏画卷。

《史记》载:"闽越王无诸及越东海王摇者,其先皆越王勾践之后也,姓驺氏。秦已并天下,皆废为君长,以其地为闽中郡。……汉五年,复立无诸为闽越王,王闽中故地,都东冶。"[②]在公元前202年,汉高祖刘邦灭秦统一全国后,越王勾践的后裔无诸因佐汉灭楚有功,被封为"闽越王"。闽越王无诸建立了闽越国,并于东冶(今福州)建都冶城(地处今福州市鼓楼区鼓屏路、钱塘巷一带),这也是福州的第一座城池。因在"冶山"而得名,可谓是福州城发展的根基与起源。直至唐朝开元十三年(725年),闽州府更名为福州府,府治设于州城内,"福州"这一称谓才正式沿用,蕴含"有福之州"的意思。

《三山纪略》记载:"冶山者,古冶铸之地,闽越王都于前麓。"[③]在闽越国

---

① 林枫.榕城考古略[G].福州市文物管理委员会,1980:11.

② 司马迁.史记[M].北京:中华书局,1982:2979.

③ 林枫.榕城考古略[G].福州市文物管理委员会,1980:11.

92 年(前 202—前 110 年)的统治时期,各区域经济发展迅速,国家实力迅速增长。后因与汉代朝廷相处不恰,后者驻军攻打,致使国家走向覆灭。而在闽越国复国之后,闽越王励精图治,十分关注国家经济发展,推崇冶炼技术,推广使用铁器具,倡导发展生产。据记载,闽越国大力制造𦥑、锄、犁、镭等铁制农具,锯、斧、锤、环首刀、曲形铁条等铁制工具,还有剑、矛、匕首、镰刀等兵器。此外,闽越国的纺织业、建筑业、造船业等,也蒸蒸日上,军事力量更不容小觑,仅甲卒数量,就有 10 万有余。闽越王乐观向上、勤勉执政、兢兢业业的治国态度,以民生为本的治国理念,一直流淌在福州人的血液里,成为福州人爱国护家、和睦上进的精神指引,也向世人传递着"乐观积极、勤勉担当"的"冶城精神"。

福州古话有云:三山藏,三山现,三山看不见。冶山即"三山藏"之一。在春秋时期,著名的冶炼家欧冶子选择在冶山的池畔起炉淬炼,铸造名剑。传说,欧冶子为越王勾践铸造了五柄宝剑——湛泸、巨阙、胜邪、鱼肠、纯钩,而这五把名剑均位列中国七大名剑排行之中。而今"欧冶池"胜地亦声名远扬,它是福州历史发展的见证。

唐代末年,闽王王审知将冶山南麓的唐代都督府作为衙署。宋代末年,端宗将之更名为垂拱殿。北宋熙宁年间,郡守程师孟在冶山修建欧冶亭。在冶山的山上有一天泉池,故冶山又名"泉山",有着"曲水流觞"等著名景点以及 30 多处摩崖石刻,传递出精妙的书法底蕴,气势雄浑,蕴含着浓厚的人文底蕴。此处山水相依,人杰地灵,吸引了诸多文人墨客驻足于此,他们或挥毫泼墨,或吟诗作对,或镌刻文字,留下了许多名作,如《冶山赋》。这些诗词文赋至今保存于冶山的"泉山摩崖题刻"。在冶山最高处,为"山阴亭"题刻,记录着"唐刺史裴次元建,昆陵刘博修,侯官张治国书,闽侯欧阳英重建"。冶山上的摩崖石刻书法遒美健秀,神妙绝伦,意趣兼备,气势恢宏,传递着冶山文化浓厚的人文底蕴。

为缅怀历史文化,印刻地域文化烙印,现如今,冶山春秋园中,冶山遗址博物馆、欧冶亭、观海亭、"无诸开疆"浮雕景墙等汇聚闽越王朝符号的历史建筑被予以重建与修缮,呈现出冶山在汉、唐、宋、明、清、民国等不同时期的文化风貌。北宋熙宁初,程师孟于福州建欧冶亭,并撰写时代佳篇《欧冶亭记》。此碑文虽仅仅 100 余字,却充分呈现出北宋时欧冶池的地理风景与人文景观。

自福州成为闽越诸侯国的都城后,闽越王无诸确立冶山北麓一带作为行政中心,在此建立都城,史称"冶城"。无诸开疆治闽,对汉代福州社会的发展发挥着重要的作用。现如今,为弘扬闽越精神文化,凝聚闽都人文力量,发挥积极团结的时代精神,政府将在冶山路与鼓屏路相邻处,建造一座"闽越王无诸"雕塑,以及建设一座长 70 米,高 3 米,主题为"无诸开疆"的浮雕景墙。浮雕景墙的东西两头分别连着西入口和冶山遗址博物馆。原公园西南侧两座红砖楼,将改造成冶山遗址博物馆,占地面积 650 平方米。自北向南、自西向东构建了一条从秦汉时期到民国时期的历史轴线。政府将利用现代数字化技术,展陈汉冶城历次挖掘的文物,传递冶城文化的深厚内涵。

厚重的冶山文化为学校开展智善教育提供了丰富的教育资源,无论是冶山的历史变迁,还是摩崖石刻的俊秀,无论是越王勾践的传说还是闽王王审知的开闽施政,无不传递着智慧与善良,从中挖掘丰富的地域教育资源,对学校开展智善教育提供了思路与方向。

二、学校发展的历史与现状

(一)学校的发展历史

福州市钱塘小学的前身为创立于 1912 年的"勤业学堂",1962 年正式创建钱塘小学,迄今已有百余年办学历史。学校位于福州市鼓楼区钱塘巷,背倚秀丽的屏山山麓,毗邻潋滟的福州西湖。

"饮水思源",学校的发展离不开对历史文化的传承。在"冶山文化"的熏陶下,学校延续了"勤勉担当、积极向上"的"冶城精神"。在这片有着 2200 多年民族文化历史的沃土上,在这片有着浓厚人文底蕴的育人热土上,福州市钱塘小学承载着无限教育希望应运而生。钱塘人积极弘扬冶城精神,发扬冶山文化,传颂闽都历史优秀文化经典,崇尚"个性""负责""勤业""超越",用"敬业"与"创新"的教育行动力去践行冶城后人的历史使命。

抚今追昔,钱塘的办学传统也与历史传说渊源颇深。相传古时,有一位善良的小吏见附近家境贫寒的孩童日日牧牛割草,无法入学堂,心生怜悯,遂将钱财置于塘边的荷叶上。孩童以为这是上天的恩赐,乃得钱而入学堂习之。这片土地因此得名"钱塘",捐资助学的美好故事得以代代相传。1962 年,学堂正式改名"福州市钱塘小学"。而小吏向善之举、孩童求智之心的"钱塘传说"在一代代钱塘人的心中落地生根,绵延百年,如今更是开启了构建以"智善教育"为特色的校园文化的理想之门。

如今,福州市钱塘小学校园山水相映,智善相融;学校内"半亩方塘",涓涓细流,象征着流水不腐的勤勉;一池活水,一帘瀑布,隐喻"为有源头活水来"的活力,代表"有容乃大"的气度胸襟,彰显着智善教育的内涵。受"智者乐水""上善若水"等先哲传统理念启迪,我校积极探寻"智善教育"的实践之路,致力于建构以"智善教育"为特色的校园文化。"智善教育"倡导"智求博雅　善贵乐行",将"智"和"善"串联起各种各样的教育资源和教育可能,形成兼容并包的教育环境。

(二)学校的发展现状

1980年,钱塘小学被认定为区属省重点小学。1985年,钱塘小学成为区属中心校。1995年,成立钱塘学区,含九彩小学、屏山小学与湖前小学。1996年8月,成立钱塘屏西分校(2003年独立办学)。2003年8月,钱塘小学合并九彩小学。2003年8月,成立钱塘屏北分校。2007年9月,成立钱塘文博小学(原洪光小学)。为推动区域优质教育资源共享,2018年3月31日,成立了福州市钱塘小学教育集团。集团以钱塘小学作为总校,下设钱塘小学教育集团湖前校区、钱塘小学教育集团怡山校区、钱塘小学教育集团软件园教学点。本着"开放、共享、合作、共赢"的办学原则,集团从"文化共同""制度共建""机制共立""师资共用""课程共创""课题共研""资源共享""评价共施"八个方面进行集团办学,实行一体化发展模式,坚持同一办学理念,共享教育教学资源。集团现有教职员工277人,其中高级教师12人,省市学科带头人12名,市区名优骨干46人,研究生学历37人,现有在校生6218人。

教育集团各校区教育教学设施完善,专用室齐备。集团总校还设有科技馆、游泳馆、室内篮球馆、管弦乐室、数字化美术教室、三棋室、墨韵轩、种植园等专用场所,开办了网站、广播站和红领巾电视台。集团各校区均设置校园局域网,每间教室均安装了先进的70寸交互式触摸白板,实现了信息化教学与教育资源共享。

"一花独放不是春,百花齐放春满园。"一所理想的学校,要有广博的胸襟、共享合作的精神,在教育之路上,钱塘小学求开放求创新,努力发挥引领辐射作用,使老百姓在家门口就能享受更公平、更优质的教育。钱塘人用自己的善言善行绘制一幅和谐共进的理想教育蓝图!

第八节　智善教育的时代意义

　　"智"给人提供学习、生活、思考的基础。"善"给人提供处世之道,教人向善、求善、为善。"智""善"并行,既思考学校"智善"理念的宣传启动、具体实施,以及结果呈现的整个运行过程,又要思考将智善的思想与学校的各项工作有机融合在一起,从而构建"智善"校园文化,塑造"智善"教师,培养"智善"学生,铸造"智善"教育品牌。因此,实施智善教育的办学思想,具有创新价值,富有鲜明的时代意义,其文化性、深刻性、长远性凸显在人文意义、文化自信及国际教育视野中。

一、实施智善教育的人文意义

　　智善文化是钱塘小学的特色校园文化。孔子说"智者乐水",孟子提倡"仁义礼智",老子说"上善若水","智""善"一直是传统文化的精髓,反映出先哲对智慧、对美好品行的追求。对于学校教育而言,"智圆行方　止于至善"的校风、"谦恭睿智　厚德崇善"的教风、"勤以培智　仁以立善"的学风、"个性、负责、勤业、超越"的校训,也在"智善教育"的框架体系中逐步完善确立,为幸福钱塘的建设打下基石。

　　智善教育与人文之间不是耦合关系,而是合二为一的关系。教育最本质的使命是人文使命,在现实意义上,即说教育要造就一个"人","立人"是教育的本体使命。

　　首先,智善教育的人文意义体现在教育目的上。要求教育坚定以"立人"为本的本体使命。教育最本质的价值就在于"立人"。教育所立之人,不能偏执于抽象的人、逻辑的人、知识的人,而应是鲜活的人、完整的人、博雅的人。教育的人文使命不仅要塑造"工具性"的"外在安身"意义上的人,更要关照"终极性"的"内在立命"意义上的人,要追求人性的丰富与完满、人格的完整与卓越、精神旨趣的高尚与纯粹。诺丁斯指出:"幸福与教育具有内在的一致性:幸福应当成为教育的目的,而好的教育增进个人与公共幸福。"总之,智善教育的人文意义要求教育将"立人"作为其本体使命,将造就具有完善人性、完满人格、崇高精神境界的会生存、会交往、会做事的人作为其核心诉求。

其次,智善教育的人文意义体现在教育过程上。高功先生说:"人文精神的内涵是综合的、全方位的,很实在、很具体,是一种巨大的、潜移默化的力量,它应当包括文化品位、审美情趣、心理素养、人生态度、道德修养、爱国情怀、精神世界、价值观、人生观等。"学校教育既包含从无到有、从少到多的知识积累,也包括以人为本的精神塑造,即人文教育。

智善教育的人文意义,既具有教育人文意义的共性,也具有其自身的特殊属性。小学教育阶段是"立人"之启蒙阶段,是生命个体的人文性亟待引导又易于引导的重要阶段;同时,小学生活又是思想无邪、情感畅盈、精神朴素、德性初萌的纯真时期。因此,其人文意义有特殊的内涵。

二、实施智善教育的文化自信

党的十八大以来,习近平总书记曾在多个场合提到文化自信,传递出他的文化理念和文化观。在 2014 年 2 月 24 日的中央政治局第十三次集体学习中,习近平总书记指出,"要讲清楚中华优秀传统文化的历史渊源、发展脉络、基本走向,讲清楚中华文化的独特创造、价值理念、鲜明特色,增强文化自信和价值观自信"。

之后的两年间,习近平总书记又对此有过多次论述:"增强文化自觉和文化自信,是坚定道路自信、理论自信、制度自信的题中应有之义。""中国有坚定的道路自信、理论自信、制度自信,其本质是建立在 5000 多年文明传承基础上的文化自信。"2016 年 5 月,习近平总书记在哲学社会科学工作座谈会上的讲话中强调,"我们说要坚定中国特色社会主义道路自信、理论自信、制度自信,说到底是要坚持文化自信"。在庆祝中国共产党成立 95周年大会上的讲话中,习近平总书记对文化自信特别加以阐释,指出"文化自信,是更基础、更广泛、更深厚的自信"。

我们文化自信的底气来自哪里?来自中华优秀的传统文化。传统文化是中华民族历经磨难而生生不息的历史积淀与思想宝库,是中华文明赓续传承、屹立于世界文化之林的"基因密码"。

智善教育的办学思想就是植根于优秀的传统文化,涵盖礼、义、仁、至、信、孝、廉等文化内涵,"智""善"二字蕴含了丰富且广泛的文化自信。"智善教育"所宣扬的文化自信凸显在校园文化、教育理念及培养目标之中。

实施"智善教育"应该"不忘初心,牢记使命"。在教育教学中要结合课堂实际向学生渗透和传递中国优秀传统文化素养,让学生从小认知中国优秀传统文化,相信中国自己的文化,从而培养和树立学生爱国情怀,在教学或生活中充分利用传统文化元素去触发学生的情感,通过多种形式的有效渗透和融合,提升学生的传统文化素养和文化自信,执"智善若水"之风范,一路前行……

三、实施智善教育的国际视野

《国家中长期教育改革和发展规划纲要》指出:"坚持以开放促改革、促发展,提升我国教育国际化水平。"习近平总书记也明确指出:"这个世界,各国相互联系、相互依存的程度空前加深,人类生活在同一个地球村里,生活在历史和现实交汇的同一个时空里,越来越成为你中有我、我中有你的命运共同体。"

随着教育国际化的不断发展,教育视野不断拓宽,更加关注国际教育的共同价值、共同利益、共同责任以及参与各方就特殊问题的共同协商。人类命运共同体的理念与当今教育国际化所呈现的这些新特点高度契合。一方面人类命运共同体理念为更好地推进教育国际化提供了根本遵循;另一方面教育国际化在推进构建人类命运共同体进程中彰显出特殊价值。坚定扎根中国大地办教育的自信,增强中国教育的国际担当,进一步提高中国教育在全球教育治理中的融入度,在构建人类命运共同体的伟大实践中贡献中国教育力量。

1983年,邓小平同志为北京景山学校题词:"教育要面向现代化,面向世界,面向未来"。"三个面向"的题词言简意赅,集中体现了邓小平同志关于教育改革与发展的指导思想,也反映了建设中国特色社会主义对教育的客观要求,把握了时代特征和对世界未来的科学预测,确定了我国新的历史时期迎接和适应世界新的技术革命的总对策,是邓小平教育思想的精髓,也是当代中国各级各类教育改革与发展的战略指导方针。

在教育国际化、全球化、自由化的大背景下的今天,学校提出了智善教育办学思想,一方面是聚焦国内先进的办学思想,另一方面是为了吸收国际领先的教育方法,为全面实施智善教育开启了多维度的国际教育视野。

第一,教育观念国际化。思路决定出路,观念改变命运。教育国际化首先是教育观念的国际化,学校教育理念要具有国际认同感,在扎根民族教育的沃土上，坚持用国际视野来把握教育、发展教育。在借鉴国外优质教育的基础上，理性思考，不断创新、发展，努力为培养具有中国情怀、世界眼光、中西融合的现代化人才，为培养具有国际视野、国际交往能力、国际竞争能力的高素质、高层次的公民奠定坚实基础。智善教育培养的学生目标不再是仅仅思想好、学习好、身体好的三好学生，而是一个具有超前思维、勇于创新、大胆实践的全面人才，是培养和造就未来的栋梁。

第二，教育内容国际化。21 世纪是新科技革命的时代。科技创新、知识经济，进一步开放的社会呼唤大批高素质的劳动者和高创造力、高国际竞争力的精英人才，从而对教育提出了更为紧迫更为严峻的挑战，顺应时代的潮流，创新教育思想，创新人才培养机制，创新管理机制，成为学校的必然选择。学校要注重对学生进行科学教育和爱国主义教育，用科学的思想、科学的态度、科学的方法解决问题，以科学素质和科学精神贯穿学校特色课程。智善教育下的学校办学，学习内容不再单一地来自课本，学习科目更加百花齐放，学习内容涉猎的范围更加宽广，将不断与国际接轨，教育内容更加多元化、层次化。

第三，教育合作国际化。在教育国际交流合作方面，不仅要请进来，还要主动走出去。学习别人的先进理念和办学思想，达到中西融合，为我所用。为此，学校采用"请进来""走出去"的方法，力争与国外教育界的交流与合作，推进学校的教育国际化进程，提升学校的办学品位。学校先后与美国、英国等 10 多个国家建立了友好姐妹校，校与校之间频繁的互动交流，有利于推动教育合作的国际化。

实施智善教育的根本宗旨就是全面实施素质教育，培养学生核心素养，这也是钱塘办学的核心思想。教育国际化，是推进素质教育的真实演绎。从某种意义上说，推进教育国际化办学，让我们的素质教育更有办学时空拓展的余地，更有育人方式现代化的方寸。教育国际化办学，让学校办学更富有内涵和外延，让教师发展更有生机和特色。

第二章

智善教育的理论体系

理论有据——探究"智善教育"理论，
促进办学思想深入

　　在百年校史的字里行间,钱塘小学就一直感怀着"智"的理念,追求"善"的目标,无论是过去的应试教育还是现在的素质教育,钱塘小学一直在教育中探究"智"的晶莹,书写"善"的硕果。一路走来,学校不断学习智善教育的理论,用理论指导实践,用实践检验理论,促进办学思想的深入思考,书写着"构建智善教育"的百年钱塘新篇章。

　　理论是系统化了的理性认识,有解释问题、指导实践和预测功能。只有在教育实践中,才有产生教育理论的可能,才能使教育理论得到创新和丰富;教育理论产生和发展的目的也是为了指导教育实践;教育理论来源于教育实践,教育实践依赖于教育理论。

　　学校观是学校文化建设的核心,以先进的学校教育价值观提升学校文化品位,不仅是学校发展的一个重要的理论问题,而且对学校文化建设具有重要的实践指导意义。掌握学校观、文化观的教育理论,能更好地定位学校的办学思想,思考一所学校旗帜鲜明的办学宗旨、品牌建设的办学魅力。

　　新课改以来,人们对教师观、学生观、课程观等在一轮基础教育改革中的地位和角色等的认识也发生了很大的变化。教师不再是传统的知识传递者,学生不再是被动的吸收者,课程也有了更多的因校制宜的校本课程选择,学校管理也从制度管理、人文管理走向更全面的精细化管理。掌握教师观、学生观、课程观、治理观等教育理论能为更好地实施智善教育的办学思想提供强有力的支持,我们不断地用理论指导实践,用实践验证理论,我们大力呼唤教育理论与教育实践的联盟,让理论联系实际,更好地发挥理论对实践的指导作用。

深入学习智善教育理论体系之后,我们也进一步探索实施"智善教育"办学思想的内容和策略,力求将办学理念全面落实在教育教学工作之中,深入到教师学生心中,促进学校办出自身的特色,促进教师、学生全面发展,从而促使学校特色发展、可持续发展。

第一节　智善教育的学校观

学校是一个"为每一个未踏入社会谋生的人类个体提供与将来即将会接触生活的同类相互了解接触的重要机会"的场所。学校的作用,就是教书育人,不光要教你如何读书,还要教你如何做人。近代著名教育家、思想家陶行知先生曾说:"学校的势力不小。他能教坏的变好,也能教好的变坏。他能叫人做龙,也能教人做蛇。"

一、学校及学校观的界定

学校,是指教育者有计划、有组织地对受教育者进行系统的教育活动的组织机构。中国在 4000 多年前就有了学校,西周称学校为"辟雍",是少数奴隶主贵族读书的场所。古代的学校称为庠、序、学、校、塾。在开始产生时并不都是专门的教育机构,而兼为习射、养老的场所。清末,开始兴办近代教育,光绪二十八年(1902 年)的《钦定学堂章程》中称学校为学堂。辛亥革命以后,教育部公布新学制,"学堂"一律改称"学校",并一直沿用至今。学校按照年龄学段分为幼儿园、小学、初中、高中、大学。学校这一组织之特殊,承载了太多的历史使命,自古至今,教书育人成了这一组织所特有的使命。

学校观是关于学校的本质属性及特征的基本观念体系,即教育工作者对于学校的本质、功能、发展方向的基本看法。学校教育即受教育者在各类学校内所接受的各种教育活动,是教育制度的重要组成部分,由专职人员和专门机构承担的有目的、有系统、有组织、有计划的以影响受教育者的身心发展为直接目标并最终使受教育者的身心发展达到预定目的的社会活动。学校教育的具体活动受社会需求影响,必须符合社会发展趋势,承担着对社会输送人才的职能。

二、学校观的主要功能

(一)指导政治、引导舆论

黄宗羲,明末清初著名的教育家。他特别重视学校的作用,把学校的功能定位为指导政治、引导舆论的场所。在《明夷待访录·学校》中写道:"学校,所以养士也。然古之圣王,其意不仅此也,必使治天下之具皆出于学校,而后设学校之意始备。……盖使朝廷之上,闾阎之细,渐摩濡染,莫不有诗书宽大之气,天子之所是未必是,天子之所非未必非,天子亦遂不敢自为非是,而公其非是于学校。是故养士为学校之一事,而学校不仅为养士而设也。"提出"必使治天下之具皆出于学校""公其非是于学校"的政治主张,所谓"治天下之具皆出于学校",意思就是说,学校要为执政者治理国家提供智力支持,要有参政议政的意识,勇于承担舆论监督、匡正时弊的责任。这时学校能够发挥"智库"的作用,事前提出建议,事后进行监督。

(二)赋予生活与教育意义

陶行知,近代著名教育家、思想家。他认为,学校是以生活为中心。一天之内,从早到晚莫非生活,即莫非教育之所在。一人之身,从心到手莫非生活,即莫非教育之所在。一校之内,从厨房到厕所莫非生活,即莫非教育之所在。学校有死的有活的,那以学生全人、全校、全天的生活为中心的,才算是活学校。死学校只专在书本上做工夫。间于二者之间的,可算是不死不活的学校。学校是师生共同生活的处所。他们必须共甘苦。学校里师生应当相依为命,不能生隔阂,更不能分阶级。师生共同生活到什么程度,学校生气也发扬到什么地步,这是丝毫不可以假借的。由此可见,学校教育的重要性所在。

（三）传递经验与能力

美国教育家约翰·杜威，对学校教育有自己独特的阐述，对学校教育作了深刻的分析。他认为："教育上许多方面的失败，是由于它忽视了把学校作为社会的一种形式这个基本原则，仅仅把学校当作一个传授某些知识，学习某些课业，或养成某些习惯的场所，对于这样的传统教育势必要进行改革。"①杜威认为，学校即社会。他说："学校主要是一种社会组织。教育既然是一种社会过程，学校便是社会生活的一种形式。"②"学校能传递人类的社会生活经验与能力，学校本身存在许多明显的缺陷，学校教育很容易脱离生活现实，使学生趋向呆板、无所适从。"于是，杜威明确提出必须运用宽阔的社会观点去看待学校教育，依据这一信念，他系统地阐述了自己的学校观，认为人们在社会中参加真实的生活，才是身心成长和改造经验的正当途径，所以教师要把教授知识的课堂变成学生活动的乐园，引导学生积极自愿地投入活动，从活动中不知不觉地养成品德和获得知识，实现生活、生长和经验的改造。

三、"智善教育"背景下的学校观

福州市钱塘小学依据国家教育方针确定了"智善教育"作为学校教育的特色。学校根据智善的内涵与外延，制定了"智求博雅　善贵乐行"的办学思想。"智求博雅"就是学校在办学过程中，以教给学生智慧为根本任务。教育学生掌握智慧学习的方法，追求广博的知识，培养儒雅的气质，培养聪明才智。"善贵乐行"就是学校在办学过程中，教给学生如何做人。教育学生要始终养善心，存善念，说善言，行善事，积善德，做善人，这将对学生终身受益。同时明确学校智善教育的办学理念就是"以智启智　以善育善"。"以智启智"就是在教育过程中，教师要肩负起启迪智慧的责任，要善于用智慧的教育方法来启发学生的智慧，让学生慧学、慧玩、慧生活，培养学生的聪明才智。"以善育善"就是在教育的过程中，教师要用自己的善言

---

① 上海师范大学教育系，杭州大学教育系.杜威教育论著选[G].内部资料，1977：25.

② 上海师范大学教育系，杭州大学教育系.杜威教育论著选[G].内部资料，1977：25.

善行来教育学生,以师之善来培育生之善,立足善育善成的教育理念,教以学生生活之道、待人之道、交友之道、读书之道,在善的教育下成人、成才、成长。最终达到学校的办学宗旨——"智善润泽生命",将学校办成一个润泽生命的场所。学校办学过程中,用智善的核心理念来塑造教师,培育学生,让学校成为每一个生命成长的精神家园。

第二节　智善教育的文化观

文化是一种社会现象,它是由人类长期创造形成的产物。同时又是一种历史现象,是人类社会与历史的积淀物。确切地说,文化是凝结在物质之中又游离于物质之外的,能够被传承和传播的国家或民族的思维方式、价值观念、生活方式、行为规范、艺术文化、科学技术等,它是人类相互之间进行交流的普遍认可的一种能够传承的意识形态,是对客观世界感性上的知识与经验的升华。

一、校园文化及文化观的界定

(一)校园文化的概念解读

校园文化是一个多层次、多成分的有机组合体。从其表现的内容来看,可以划分为物质的、制度的、精神的三大类。物质层面主要指校园的建筑风格、绿化植被、地理环境、生活设施、教育教学设施等,它是校园文化的外在标志。制度层面包括两方面的内容:一是有明文规定的行为准则、道德规范;二是指长期自然形成的习以为常的交际方式、娱乐方式、风尚习惯等。它是校园文化的支撑。精神层面是指师生员工的价值取向,包括知识取向、政治取向、审美取向、伦理取向等,这是校园文化的核心所在。

1.校园文化的内涵

当前,在经济社会高速发展,"功利主义"和"拜金主义"盛行的时代背景下,校园文化建设,应凸显出以下最基本的也是最核心的内涵特质:

（1）办学理念。

校园文化应是办学理念的全面反映。蔡元培先生在担任北京大学校长时曾提出"思想自由，兼容并包"的办学原则，这就是他的办学理念。在这一理念的指导下，北京大学风气大开、思想异常活跃，各种思潮不断碰撞，闪耀出绚丽的光芒，培养了一代又一代桥梁。当前的中小学，担负着基础教育的重任，国家与民族的未来需要什么样的人才，这是需要学校管理者超前思考的问题。学校管理者的道德修养、学识水平、专业素质、思想方法，决定着他的办学理念，进而决定着学校的发展与人才的培养。因此，学校管理者应该在充分调查研究的基础上，认真思考，充分借鉴，确定自己的办学理念，并应用于日常的教育教学管理中。校园文化的方方面面，都应是这一办学理念的真实反映。这些反映，有些应是文字的，用简洁的语言反映出来，如校训、校歌等；有些应该是图像的，如校徽、雕塑等；有些应该是人文的，如教风、学风等；有些应该是物化的，如建筑、绿化等。总之，办学理念是否正确，是否先进，都会从校园文化的方方面面反映出来。

（2）教育思想。

校园文化应是教育思想的良好呈现。先进的教育思想，闪耀着人文主义的光芒。以人为本，关注生命个体，充分尊重个性，追求自主发展，追求终身发展。这些最基本的教育观点，应该体现在每一位教师工作者的日常工作中，体现在教育教学的细节中，体现在常态化的管理模式和教师的行为习惯中，体现在和谐的师生关系中。同时，每一位教师对于教育都应当有其自己的思考，对于每一个教育对象，都有其自己的了解和把握。那么，每一个教师都有其自己的教育思想，有其自己的教学特色。这些都应该以正确的方式呈现出来，形成多姿多彩的教育文化，成为校园文化最灿烂的部分。

（3）师德修养。

校园文化应是良好师德修养的自然折射。校园是学生成长的乐园，也应是教师的精神家园。教师的精神追求、价值取向，决定着他的教育行为，在诸多方面会对受教育者产生影响。教师对事业的执着、对学生的关爱、对知识的汲取、对名利的淡泊，都会从教师的个性气质上反映出来，都会对受教育者起到心理暗示的作用。学生感受得到，家长也感受得到。因此，校园文化所折射出的首先应当是教师的精神风貌，即爱岗敬业的精神品质，崇尚知识的心理态度，关爱全体学生的博爱精神，创新方法追求完美的教育理想。校园文化气息，应该是浓郁的书香气息，包括教师的自觉学习、相互交流、潜心研究、自我展示等风气。

2.校园文化的外延

学校是社会的组成部分,校园文化也是社会文化的组成部分。但是,校园文化应该是领先社会文化的,因此,校园文化具有外延的特征,具体表现在:

(1)校园文化对社会的辐射作用。

在文化相对落后的农村,校园文化会影响农民的生活。农民种地经过校园,会留心看学校的黑板报,会专注地看宣传橱窗,会会神地听校园传出的琅琅读书声和悦耳的歌声。在文化相对发达的城镇,校园文化会成为影响市民思想的重要因素。如学校开展的主题教育活动、文化体育活动,校园的建设、规划、布置,学校执行教育法规的情况,学校开展教学活动的情况,都会受到社会的关注,都会得到社会的评价,也都会在市民的心中打上烙印。因此,良好的校园文化,会赢得社会的响应、支持,并且提高人民群众对教育的认识,甚至对人才观的改变。

(2)校园文化对家庭教育的影响。

学生是学校和家庭共同教育的对象。家长对学校的了解,一方面通过自己的孩子,另一方面通过学校与家长的联系。良好的校园文化,会影响家长的教育观,会改变家长的教育方法。如学校开展的主题教育活动,会让家长了解到教育活动的意义所在,从而积极配合学校工作。学校开展的各项竞赛活动,家长在积极支持孩子参加的过程中发现孩子的潜质,加大对孩子的教育投入。就连学校开展的教研活动,都会让家长感受到新的教育思想在孩子成长过程中所产生的影响。校园文化对家庭教育最重要的影响力,来源于家长会和家长学校。前者会让家长对孩子的成长情况有比较全面的了解,后者会让家长对孩子的成长有更科学、更准确的认识。二者共同促成了家庭教育的改观。因此,校园文化对家庭教育的影响,是最直接、最强有力的。

(3)校园文化在学校之间的相互传播、相互影响。

校园文化反映着一所学校的教育思想、办学理念。每一所学校的教育教学都有其自己的特色,每一所学校的校园文化也有其自己的特质。因此,学校与学校间的交流,是不可缺少的。互相学习、取长补短,才能最大限度地办好学校。校园文化的这一特征,是校园文化的开放性特征之一。

因此,加强校园文化建设,是广大中小学学校管理者的共识。准确把握校园文化的内涵与外延,对加强校园文化建设会起到提纲挈领的作用。

（二）文化观的概念解读

文化观，即是对包括自然与社会在内的外部世界、自我与外部世界关系、时代价值等的文化观点与信念。文化（culture），是一个广泛且具有人文意味的概念，给文化下一个准确或精确的定义，的确是一件非常困难的事情。对文化这个概念的解读，学界也一直众说不一。但东西方的辞书或百科全书中有一个较为共同的解释和理解：文化是相对于政治、经济而言的人类全部精神活动及其产品。

文化的哲学定义：智慧群族的一切群族社会现象与群族内在精神的既有、传承、创造、发展的总和。它涵括智慧群族从过去到未来的历史，是群族基于自然的基础上所有活动的内容，是群族所有物质表象与精神内在的整体。具体人类文化内容指群族的历史、地理、风土人情、传统习俗、工具、附属物、生活方式、宗教信仰、文学艺术、规范、律法、制度、思维方式、价值观念、审美情趣、精神图腾等。具体人类文化分为物质文化、哲学思想（制度文化和心理文化）。这里把非人类的智慧群族的文化称之为亚文化比较恰当一些。虽然它们具有人类文化的共同点，但是一个本质区别是人类的自主价值与自主意志是完全不同于其他智慧群族的。狭义文化的定义："我们把脱离大脑的感觉、思维、意识、观念，向主观、理性、真理，一级一级的私滑增量，称为文化。"（《博弈圣经》）

二、文化观的主要功能

（一）文化的意义

文化的本质是观念形态，属于精神领域，但文化的作用并不限于观念形态、精神领域，人们的经济活动、制度设计、行为方式、日常生活都具有特定的文化内涵，体现着文化的作用。文化如同空气一样无所不在，凡是有人的地方，凡属人的活动范围，文化都起着特殊的作用，发挥着独特的功能。"观乎天文，以察时变；观乎人文，以化成天下。"文化的特殊作用和独特功能就是对个人和社会的"教化"，从而塑造个人，引导社会。

其一，文化具有传递文明的作用。文化不同于器物。器物都是用于当时而毁于以后，文化不仅能够用于当时，而且能够延续而泽及后人。无论《阿房宫赋》如何铺陈，留下来的只是著名的"赋"，而阿房宫早已化为废墟，无迹可寻。薪尽火灭者,宫殿楼宇、器物;薪尽火传者,观念形态、文化。文化具有承载和传递文明的功能。文化的这种传递文化的功能,使个人可以在较短的时间内掌握人类在较长的时间中积累的经验、知识和价值观念。这实际上就是一种"教化"。如果没有这种"教化",那么,我们就一切都要"从头开始""重新开始",现在仍然是原始人。

其二,文化具有规范人的行为的作用。人既有社会属性,又有自然属性;既有理性的方面,又有非理性的因素。文化的作用是以社会规范"化"人,以发挥理性对人的行为的主导作用。每一种文化都提供具有约束性、普遍起制约作用的行为规范。每个社会都会通过家庭启蒙、学校教育、社会示范、公众舆论等文化手段,将社会规范加之于个人,以实现文化的规范和约束作用。文化所代表的就是历史积淀下来的,并被特定社会、一定群体所共同认可、遵循的行为规范,它对个体的行为具有先在的给定性和约束性。个人如果明显背离生活于其中的文化环境,其生存就会陷于困境。

其三,文化具有凝聚社会力量的作用。作为价值体系和行为规范,文化提供着关于是与非、善与恶、美与丑、好与坏等社会标准,并可以通过社会教育而内化为个人的是非感、正义感、羞耻感、审美感、责任感等等,从而提高人们的道德情操、认识水平和人生境界,凝聚社会力量。文化是民族的血脉,文化的力量深深地熔铸在民族的生命力、创造力和凝聚力之中,因而能够凝聚国家的共同利益和人民的理想追求,能够形成强烈的感召力和向心力,从而使整个社会凝聚起来。作为观念形态,文化以其对全部社会生活的渗透力、凝聚力、引导力在经济生活、政治过程、社会活动中内在地发挥着它的独特作用。

中华传统文化,是中华文明成果根本的创造力,是民族历史上道德传承,各种文化思想、精神观念形态的总体。中华传统文化主要由儒、佛、道三家文化为主流组成。传统文化不仅思想深邃圆融,内容广博,更重要的是,儒家、佛家、道家三家文化,高扬道德,为国人提供了立身处世的行为规范,以及最终的精神归宿。儒家以仁义教化为核心,为历代儒客尊崇;道学以顺应自然为核心;佛学以慈悲、大爱、解脱为核心,强调"诸恶莫作,众善奉行"。在儒、佛、道三家文化基础上派生出的各种艺术(如绘画、雕塑、书法、戏剧、节日等),是其具体表现形式。

(二)校园文化建设的意义

陶行知有一个精辟的说明:"鄙人谓教育能造文化,则能造人;能造人,则能造国家。"按陶行知的见解,学校原本是培育文化的处所,自然要更深地理解文化。教育的功能表现在许多方面,文化最属基本,主要指潜移默化,陶冶磨砺,往往在无意识中养成。

1.校园文化是一种氛围、一种精神

校园文化是学校发展的灵魂,是凝聚人心、展示学校形象、提高学校文明程度的重要体现。校园文化对学生的人生观、价值观产生着潜移默化的深远影响,而这种影响往往是任何课程所无法比拟的。健康、向上、丰富的校园文化对学生的品性形成具有渗透性、持久性和选择性,对于提高学生的人文道德素养,拓宽同学们的视野,培养跨世纪人才具有深远意义。

2.校园文化建设可以极大提升学校的文化品位

古人云:"近朱者赤,近墨者黑。"有位哲人也曾说过:"对学生真正有价值的东西,是他周围的环境。"学校的校容校貌,表现出一个学校整体精神的价值取向,是具有强大引导功能的教育资源。校园文化作为一种环境教育力量,对学生的健康成长有着巨大的影响。校园文化建设的终极目标就在于创建一种氛围,以陶冶学生的情操,构筑健康的人格,全面提高学生素质。因此,要加强校园文化建设,发挥学校师生在校园文化建设中的主体作用,构筑全员共建的校园文化体系。要树立校园文化全员共建意识,上至学校领导、下至每个师生员工都要重视、参与校园文化建设。校园文化在高校实现培养目标过程中的重要作用决定着它不是单靠学校内部某一部门努力就能收到应有效果,它与学校各方面工作都有关系。

3.校园文化是一所学校综合实力的反映

校园文化建设包括学校物质文化建设、精神文化建设和制度文化建设,这三个方面建设的全面、协调发展,将为学校树立起完整的文化形象。校园文化是一所学校综合实力的反映,校园文化的核心竞争力主要表现在文化的凝聚力和创造力,优秀的校园文化能赋予师生独立的人格、独立的精神,激励师生不断反思、不断超越。

总而言之,校园文化是一种时间文化、浸润文化、内蓄文化。校园文化具有一种无形的、巨大的教育力量,也是教育成功的重要基础,对学生的健康成长有着不可替代的作用。可以说,校园文化是学校办学特色和发展个性的体现,对启迪学生的智慧、开阔学生的视野、优化学生个性人格等都具有重大而深远的影响。学校推崇的"智善文化"正是汲取了传统文化的精髓,"智者乐水、上善若水"的文化思想给了我们很好的启迪,同时,为适应新时代的步伐,学校又扩展了智与善的外延,重磅打造"智善"校园文化建设,具有鲜明的文化特色。

三、智善教育背景下的文化观

校园文化是以校园为活动空间,以师生为参与主体,以精神文化为核心的具有时代特征的一种群体文化。创设特色校园文化是学校灵魂之所在,是一所学校未来发展的基石。钱塘小学充分发挥百年老校的历史底蕴优势,融合优良的校风、教风与学风,在革新教育方面起到先锋引领作用,积淀出独具价值的校园文化理念——智善文化。智善校园文化主要包括了精神文化、物质文化、制度文化和行为文化等方面。

(一)精神文化是校园文化的灵魂

精神文化是校园文化的灵魂和核心,也是校园文化建设所要追求的终极价值。它主要包括学校的办学理念、办学思想和价值观。在精神文化的构成中,办学理念是灵魂,校训是核心。它们是学校办学行为的意义之源,集中体现了学校的文化精神,寄托着全校师生的共同理想和价值追求。从某种意义上讲,办学理念、办学目标、办学特色等构成了学校的行动指南。结合学校的定位,派生出学校精神、校风、教风、学风、校训等精神层面的文化氛围,可见,精神文化对人的潜移默化的影响是不容忽视的。

(二)物质文化是校园文化的载体

学校的物质文化包括学校的校园环境、公共设施、宣传阵地等,物质文化是校园文化的有效载体,是校园文化信息的无声传播者,是校园文化的名片,体现学校的形象和品位。朱永新教授有这样一个观点:"一个学校的品位首先是一个学校的校园品位,包括每一个细节,每一个建筑,每一处视窗和每一处绿化都应该精心雕刻。"物质文化具有强大的育人功能,校园环境文化对学生的熏陶是具影响力的。

(三)制度文化是学校文化的基石

制度文化是精神文化的凝结,也是行为文化实现的保障,对师生的价值观念、作风态度和行为准则起着十分重要的作用,制度规范行为,行为形成习惯,习惯培育传统,传统形成文化。有生命力的制度一定具有人文性和发展功能。学校的管理不是"防和堵",而是"唤醒和激励"。管理要力求效能的最大化,要人当其才,益精其能,大处着眼,小处着手。人文管理才是有文化含量的管理,制度也许管得了人,但不一定管得了心,只有文化才能在制度管不着的地方起作用。

(四)行为文化是校园文化的精髓

行为文化是指围绕学校办学理念和思想所开展的一系列教育活动的文化,以及通过全体师生的言行所体现出来的文化元素。学校的一切教育活动都是要通过活动来达成的,如果我们用文化的眼光来审视这些行为,努力使之成为彰显学校办学理念、体现学校育人思想、具有鲜明个性特色的行为文化,那么我们就有可能达到文化育人的至高境界。

第三节　智善教育的教师观

教师的真谛便是育人,追求真理做真人。真人就是真善美的人,真人就是德智体美劳和谐发展的人。就如陶行知先生所说:"千教万教教人求真,千学万学学做真人。"[①]即传达着教师"教人求真"的本质观念。

一、教师及教师观的界定

教师是一个有思想的职业。要使生活有意义,那么首先要树立一个正确的人生价值观。教师的职业就是把所学知识和才能奉献给社会,为社会做出贡献,以实现自己的最大价值,在实现自我价值中得到快乐。"为人师表"四个字则明确告诉我们,教师的人格必须是高尚的,容不得世俗与卑微。教师高尚的人格表现为健康的价值观、高尚的道德情操和渊博的知识。这就要求教师不仅要在自己讲授的课程中学识渊博、循循善诱,更要通过言传身教、榜样示范,教给学生做真正的人、做正直的品德高尚的人的道理。要使学生树立坚定的信念和远大的理想,教师自己首先要有正确的世界观、人生观和价值观。这是为人师表、垂范师德的基础。在现实社会

① 陶行知.陶行知全集:第一卷[M].长沙:湖南教育出版社,1984.

中,教师的价值观也受到了社会生活的冲击,同样受着金钱、物质、名利的各种诱惑。在物欲横流、诱惑四伏的今天,教师更要重塑教师价值观,直面挑战。坚守自己的职业观——淡泊名利、甘为人梯。打破过去的陈规陋习,站在时代发展的高度,用明天的需求来呼唤人、要求人和培养人,以适应新时代的发展,重新设计我们的教育目标、教育制度、教育内容和教育方法。教师不仅要更新自己,更要更新学生,不仅要重塑自己,更要重塑学生,把素质教育真正落到实处。

教师观即教师的教育观念。教师观是指人们对教师活动的了解与认识,是教师对教师职业的特点、责任,教师的角色以及科学履行职责所必须具备的基本素质等方面的认识。它直接影响教师的知觉、判断,进而影响其教学行为,是人们对于教育工作者职业角色的认知、理解和期待的一种观念呈现。

二、教师观的主要功能

在新的历史时期,随着时代的进步与社会的发展,教师的观念也已经改变。教师不再是传统单一的"教书匠"角色,而是扮演了多重角色,教师是教育教学的研究者、学生学习的促进者、家长的代理者、塑造儿童心灵的使者。

党的十八大以来,习近平总书记对于教师观也有一系列阐述。在2013年教师节给全国广大教师的慰问信中指出:"教师是立教之本、兴教之源,承担着让每个孩子健康成长、办好人民满意教育的重任。"

时隔一年,习近平总书记在参加北京师范大学师生座谈会时再次重申了教师的重要作用,他强调:"百年大计,教育为本;教育大计,教师为本。""今天的学生就是未来实现中华民族伟大复兴中国梦的主力军,广大教师就是打造这支中华民族'梦之队'的筑梦人。"教育是发展的根本,而教师是教育的根本。

当代中国教师大部分都是善于命令,不善于商量;善于管住,不善于引导帮助;善于课内讲授,不善于组织活动。重知识轻性格,重模仿轻独创。而拥有优越教师观的教师群体,既能够把握时代脉搏,善于发现时代需求并积极采取行动;又能做到努力并善于学习,积极适应时代发展对教师提出的新要求。他们会懂得改变这种状况,一方面,与时俱进,增长才干,全面提高自身的素质;另一方面,因材施教,更新教育观念,为教育事业贡献力量。总而言之,卓越的教育观念会让他们在课程改革中发挥关键性的作用。

三、智善教育背景下的教师观

苏霍姆林斯基曾经说过:"一个无任何个性特色的教师,他培养的学生也不会有任何特色。"因此,教师就应有自己的教学个性,有自己独特的课堂教学风格,他们会对学生的个性发展和学习品质的形成,产生潜移默化的作用。教学风格是教师在长期的课堂教学实践中逐渐形成的教育个性和特色,是教师教学艺术特色的集中体现,是教学艺术高度成熟的标志,也是教师在课堂教学活动中的一种较稳定的心理特征。教学风格的形成,表现在对待学生问题上,在课堂问题处理上,在课堂结构设置与课堂内容的组织上,都有自己的经验。而教学风格不是一朝一夕养成的,是在长期的教学实践活动中逐渐养成的,是一个艰苦的认识、锻炼和提高的过程。教学风格应该在分析、研究、反省中发现,在摹仿、学习、借鉴中提高,在独立、实践、反思中锻炼,最后在总结中予以升华。教学风格对教师的影响很大。从时间上说,它将影响教师终生;从效果上说,它不仅影响教学效果,而且直接影响教师形象。因此,教师应充分运用主客观因素中的有利条件,促进优良的课堂教学风格的形成,使自己的教学水平不断提高、完善。

钱塘小学在智善教育的办学思想中,紧紧结合"四有好教师"的标准,进一步细化钱塘教师的行为准则与规范,将钱塘教师应具有的素质定位为"坚守理想信念,秉持仁爱之心,提高道德修养,丰富扎实学识,迸发教学智慧"。"坚守理想信念"就是好教师心中要有国家和民族,明确意识到自己肩负的国家使命和社会担当;"秉持仁爱之心"就是好老师应该是仁师,有一颗仁爱之心,爱心能够滋润浇开学生美丽的心灵之花;"提高道德修养"就是好老师要取法乎上、见贤思齐,把正确的道德观传授给学生,培养他们的高尚情操;"丰富扎实学识"就是要做智慧型的好教师,具备学习、处世、生活、育人的智慧;"迸发教学智慧"就是要用充分参与时迸发出的智慧火花,启迪学生的智慧。都说教师是太阳底下最光辉的职业,是人类灵魂的工程师,"国将兴,必贵师而重傅",那么,实施智善教育的教师就更应当积极遵循践行四有教师标准,成为能照亮学生未来的指路明灯。

第四节　智善教育的课程观

　　课程,是学校学生所应学习的学科总和及其进程与安排,是对教育的目标、教学内容、教学活动方式的规划和设计,是教学计划、教学大纲等诸多方面实施过程的总和。课程是知识、课程是经验、课程是活动,重新认识课程的定义,了解把握正确的课程观,有利于智善教育的全面实施。

一、课程及课程观的界定

(一)课程的概念界定

　　广义的课程是指学校为实现培养目标而选择的教育内容及其进程的总和,狭义的课程是指某一门学科。课程是对学校教育内容、标准和进程的总体安排。其最重要的特征就是"计划性"或"方案性",即给教学、教育活动提供方案。"课程"一词在我国始见于唐宋期间,宋代的朱熹在《朱子全书·论学》中也多次提及"课程",如"宽着期限,紧着课程""小立课程,大作工夫"等。其意思指功课及其进程。这里的"课程"仅仅指学习内容的安排次序和规定。到了近代,由于班级授课制的施行,赫尔巴特学派"五段教学法"的引入,人们开始关注教学的程序及设计,于是课程的含义从"学程"变成了"教程"。在西方英语世界里,课程(Curriculum)一词最早见于英国教育家斯宾塞的论著。杜威也指出:"课程,即是活动。"因此,课程是学校各类教学、教育活动的基本依据或"蓝图"。课程包括文化课程、活动课程、实践课程、隐性课程。文化课程包括国家课程、地方课程、校本课程;活动课程包括阳光体育、大型活动、兴趣小组、学生会及团委等学生团体组织的自主活动、综合实践活动;隐性课程包括除了上述几类课程,一切有利于学生发展的资源、环境、学校的文化建设、家校社会一体化等。

(二)课程观的概念界定

　　课程观,即对课程的认识、看法的总称,涵盖了对于课程的观念、课程的概念、课程的编制、课程的实施、课程的评价等各个方面的认识。不同的课程观指向不同的课程价值取向,影响着具体的课程形式的开展。

1.陶行知的课程观——学校课程不可脱离生活实践

陶先生的课程观,其核心内容是他认为学校课程和通用教科书同等重要,他说:以文字为中心而忽略生活的教科书是"一些缺少滋养料的零食与富有麻醉性的鸦片",是"中国小孩子的手铐"。这种教科书"它是死的、假的、静止的。它没有生命的力量"。陶行知先生在进行无情鞭挞的同时,更以一个伟大革命家、教育家的气魄和胆量,始终为实践他的课程目标进行勇敢的探索和革新。他提出教育要与时俱进,要按着时势进行,"社会有新的需要,就当添加新的功课去适合他,指导他……社会的新需要没一定,增加新功课也随之而异"。他编制的学校课程,将教育与社会需求融为一体,将教育改革与社会改革紧密结合。

2.帕克的课程观——论活动的课程与方法

从批判传统的课程与方法出发,帕克尝试在一些来自儿童心理规律的教学原理基础上采用活动的课程与方法。他强调说:"儿童必须是教育经验的中心,所教的每件事都必须对儿童有意义。"帕克认为,通过活动的课程与方法,使得学校的课程与课程以及课程与实际生活经验联系了起来。他强调说:"每个儿童热爱的自然界:鸟、花和动物是他用之不尽的好奇心和惊讶的一种源泉。我们应该把这种热情带到教室里去。……儿童也具有一种具体地表现他思想的愿望。我们也应该把这种冲动倾向带到教室里去。"在帕克看来,儿童喜欢与自然界打交道,与实际生活相联系,并从中进行"自然学习"。

3.德可乐利的课程观——学校与社会要密切结合

德可乐利认为,学校教育的目的应是为儿童未来的生活做准备。他强调说:"学校如能方便儿童为现代生活做准备,那么,它即可达到普通教育的目的;学校如能在实践上使儿童接触一般生活,尤其是社会生活,那么,学校的这种准备即能成功。"因而,德可乐利要求学校应该同社会密切地结合起来,学校教育的内容应该同儿童的现实生活和未来发展的需要有机地结合起来。在那里,教室就是活动室、实验室和车间,儿童可以通过自由的、自主的活动学习学科知识,而且更重要的是了解社会生活,了解与其相关的社会环境和自然环境,获得经验和培养解决实际问题的能力。据此,德可乐利把学校生活分成3个部分:上午从做读写算的作业或其他练习开始,随后是以兴趣为中心的各种教学活动,下午做手工或学习外语,有时也组织儿童旅行,参观工厂、艺术馆、博物馆。

二、课程观的主要功能

陶行知先生曾说:"编制课程的人,必须明了动的社会的种种需要,将它们分析起来,设为目标。再根据儿童个人心理之时期,能力之高下,分别编成最能活用之课程,使社会需要不致偏废,儿童能力不致虚耗。"①因而,符合时代发展的新课程观,有内在的理论基础,也有外在的客观因素,有传统的文化背景,也有现实的社会条件。这些设置能够有效引导课程的结构和内容。

教育部颁发的《基础教育课程改革纲要(试行)》也强调:"改变课程内容'难、繁、偏、旧'和过于注重书本知识的现状,加强课程内容与学生生活以及现代社会和科技发展的联系","各门功课都应重视学科知识、社会生活和学生经验的整合,改变课程过于强调学科本位的现象"。要"积极开发并合理利用校内外各种课程资源","在开设必修课的同时,设置丰富多样的选修课程,开设技术类课程"。因而新的课程观合乎社会和个人能力发展之需要,能够实现符合时代趋势的教育目的与任务,体现课程结构的完整性;实现以科学的课程理论为依据,体现了基础性与多样性;实现以学生的发展水平为基础,体现了知识的衔接性和学生的可接受性。

此外,丰富而合理的课程内容能够反映学科的主要知识、主要的方法论及时代发展的要求与前沿。合理的课程设置,能有效完善课程结构和课程内容,极大地优化各门课程之间的结构,包括开设的课程合理、课程开设的先后顺序合理、各课程之间衔接有序,使学生通过课程的学习与训练,获得某一专业所具备的知识与能力,促进课程的内容安排符合知识论的规律。

三、智善教育背景下的"新六艺"课程体系

许多学者提出,课程观应当实行如下几个转变:①从片面强调学科内容转变到既重视学科内容又重视学生的经验和体验;②从强调预先的目标、计划转变到更重视课程实施过程本身的价值;③在课程实施中,从单一

①　陶行知.陶行知全集:卷一[M].成都:四川教育出版社,1991:355.

强调教材转变到重视具体教学情境；④从片面强调课堂讲授形式转变到重视实践教学，重视活动课程。这种新的课程观的内涵是：①课程是一种在实施过程中发展着的东西，而不是外在于和先在于学生的固定存在物；②课程是师生共同参与探求知识的过程；③课程不仅是学生积累知识的过程，而且是引导学生"发现"和"创新"知识的过程（当然，这里的发现、创新与科学家和学者的发现、创新是不同的）；④课程的目标不仅是学生的认知发展，而且是学生的认知、情意、审美、价值观等的全面发展。从心理学角度来考察，传统的课程观主要依据行为主义心理学和认知心理学，主要关注并依赖学习者的认知品质和过程；而新的课程观则跳出了纯认知的范畴，强调和依赖学生个性（情感、兴趣、态度等）的全面参与，即除了认知因素之外，学生的其他心理成分同样是课程设计与实施的重要因素。[①]

　　福州市钱塘小学在整合创设智善课程体系之初，就以发展学生核心素养为目标，围绕"智善"核心理念加以统整，形成国家课程、省颁课程、智善校本课程相互关联的体系。在课程建设中，致力于三级课程的和谐驱动，抓好国家课程的主渠道，对国家课程进行校本优化；重视地方课程的渗透，对地方课程进行定向选择；更是积极探索校本课程的建构体系，将学生培养目标与校本课程有机融合，着眼于学生核心素养，着眼于钱塘学生的培养目标，在实践中不断完善课程建设，探索新型育人模式，培养出了一批批智善少年。国家课程和省颁课程主要是从学科角度设置具体课程，作为补充的智善校本课程则主要立足校情进行自主建构，包含礼、乐、射、御、书、数六大领域，与《周礼》所倡导的古代课程体系"六艺"相呼应。其中"礼乐"承担着政治宗法及伦理道德规范教育，为"六艺"之首；"射御"为射箭和驾驭马拉战车的技术训练，古代属军事教育范畴，也含身体锻炼成分；"书数"为识字和计数教育，属基本常识范畴。这是一种文武兼备、知能兼求的课程设置方式，体现了先贤的教育智慧。钱塘的"智善"课程立足于古"六艺"基础之上，结合现代课程理念和学生成长之需，统筹考虑原有学科课程的空白点，对已有的校本课程、社团进行整合与扩充，形成涵盖立德树人、艺术熏陶、身心健康、劳动技能、人文素养、思维培养等六个领域的"新六艺"课程体系。

---

① 　赵卿敏.课程观与教学观的变革[J],高等工程教育研究,2003(1):40.

第五节　智善教育的教学观

教学观念,是对教学一系列重大问题的倾向性认识。教学观念是社会政治、经济、文化传统等对教育的综合影响在人们头脑中的反映。在长期的教学活动中形成,具有相对的稳定性,并对教学活动发生重大的影响。随着时代的发展,又需要不断地更新。① 课程教学观决定着教师的思想和行为,不同的课程观、教学观,其课程、教学的基本出发点往往不同。现代教学观就要求使用发展的观点看待学生,着眼于调动学生学习的积极性和主动性,教给学生学习的方法,培养学生学习能力,即着眼于培养学生不断学习、不断探索、不断创新的能力,以适应不断变化的世界。

一、教学及教学观的界定

《礼记·学记》有云:"玉不琢,不成器;人不学,不知道。是故,古之王者,建国君民,教学为先。"教学即由教师的教与学生的学共同构成的具有积极意义和价值的育人行为。教师群体通过有目的、有计划、有组织地策划、实施教学活动,促使学生更好地掌握科学文化知识和技能,有效提升学生的素质,使其成为时代合格的接班人。

教学观是指教师在教育教学生活实践中形成的相对稳固的教学现象,特别是对自身教学理念和个人教学能力以及对所教学生的主体性认识,关涉到教师的教学认识论、本质观、教学价值观和教学方法观。

在中国,最著名的就是陶行知"教学做合一"的教学观。"教学做合一"是生活现象之说明,即教育现象之说明。教学做合一的基本含义:教学做三者是不可分割的。做是教与学的中心。教、学、做三者是密切相关的。但是都统一在做上。做是教的中心,也是学的中心。教学都要在做的实践中发挥其主观能动性。强调从先生对学生的关系上说"做便是教",从学生对先生的关系上说"做便是学"。"做",实际是一种行为的强化,先学后做,

---

① 　熊武一,周家法.军事大辞海:下[M].北京:长城出版社,2000:2624.

这是一种对知识的温习,是将理论运用到实践的一个过程;先做后学,这是一种对未知的探索,学生在此过程中不仅能通过实际动手寻找到真理,同时在这个过程中也能充分地锻炼思考能力、创新能力和科研能力。"教学做合一"的教学观,向我们正确阐释了教师与学生的关系,强调"先生拿做来教,乃是真教;学生拿做来学,乃是实学""不在做上用功夫,教故不成教,学也不成学"。用今天的话来说就是在教学的过程中,教师为主导,学生为主体,大家互相配合,共同推进教学活动。"教的法子要根据学的法子"就是要重视学法指导,教学生学习的方法。

杜威,美国著名哲学家、教育家。他的教学观点也非常明确,提出了以教育是生活、生长和经验改造的理论为基础,对教材和教法等课题,做出和传统观念不同的论述。在教材的选择上,杜威建议"学校科目的相互联系的真正中心,不是科学……而是儿童本身的社会活动"。具体地讲,就是学校安排种种作业,把基本的人类事物引进学校里来,作为学校的教材。在教学方法上,杜威主张从"做中学",他认为儿童不从活动而由听课和读书中所获得的知识是虚渺的。他说"思维起源于疑难",就是说人在生活中遭逢难题而从事解决,才进行思维,不是为思维而思维和为真理而真理的。真理和生活需要分不开,探求真理不能脱离实践经验。这种实用主义认识论应用在教育上,便是"教育即生活、即生长、即经验改造";应用在教学上,便是"从做中学"。

而新课程理念下的教学观包含五个方面的内容:①整合教学与课程。学生和教师共同参与课程发展,教学过程是课程内容持续生成与转化、课程意义不断建构与提升的过程。教学与课程相互转化、相互促进,彼此有机融为一体。②强调互动的师生关系。教学过程是师生交流、积极互动、共同发展的过程。师生关系是一种平等、双向、理解的人与人关系,是人道的、和谐的、民主的、平等的师生交往的互动互惠的教学关系。③构建素质教育课堂教学目标体系:结构与过程的统一、认识与情谊的统一。④构建充满生命力的课堂教学运行体系。⑤转变学生的学习方式。

二、教学观的主要功能

在传统认识中,教学就是教师以预先编定的教材为工具,把知识传授给学生的活动。教师的职责是"传授"(传道、授业)和"训练",学生的职责是"接受"和"掌握"。教师把教学等同于知识传授和技能训练,忽视学生综合能力的培养、素质的养成和个性的发展。教师对学生的关系是单向的、居高临下的关系,教师是塑造者,学生是被塑造者。

而新理念下的教学观的目标更加全面、宏观。通过教师与学生共同参与的认识活动,学生不断增长知识、发展能力;通过教师与学生之间、学生与学生之间的交往活动,学生在态度、价值观、审美观、生活品位和个性方面获得发展的一个统一过程。因而,"教学"本质上是一个让学生在特定环境中,通过学习和交往,素质获得健康发展的过程。它具有以下几大创新价值和意义。

(一)教学从"教育者为中心"转向"学习者为中心"

在过去的教学中一直是一个以教师也就是教育者为中心的课堂,整堂课的授课流程都是老师在讲,学生的参与是非常少的。换句话说,课堂整堂课下来就是老师在灌输知识给学生的一个过程。而在第八次新课改之后对于存在的这一问题进行了改革,要求教育应该要以学习者为中心,也就是说,要让学生参与到课堂中来,比如让学生回答问题、针对一个问题进行小组讨论,对于有疑问的学生可以进行正确的引导,这样才能保证学生能够参与到课堂中来,营造一个民主和活跃的课堂气氛。所以在新教学观的指引下,教学呈现方式发生了转变:①鼓励学生参与教学。比如让学生站在讲台上回答问题或者上语文课的时候表演课本剧。②创设智力操作活动。在课堂中提问一些开放性的问题,一直去问"是不是""对不对"这样的问题没有意义,所问的问题需要有一定的启发性。③教给学生思维的方法并加强训练。

(二)教学从"教会学生知识"转向"教会学生学习"

授人以鱼,不如授人以渔。过去的教学强调的就是一味地给学生传授知识,但是新课改的实施,带来的是让学生在学习中变得主动学、自信学、合作学,找到适合自己的个性化学习方法,真正激发了学生的学习兴趣,切实提高了学生的学习能力。

(三)教学从"重结论轻过程"转向"重结论的同时更重过程"

在过去的教学中更多的是只注重过程之后的结果,对于过程中所出现的问题却忽略了。而新课程观的实施能有效改变这种境况。比如说,我们在上科学课和信息技术课这些理科类的课程时,并不只是给学生呈现最后的理论知识,而要让学生自己去感知这个实验的过程,让学生能够在这个实践过程中加深自己对于理论知识的理解。

(四)教学从"关注学科"转向"关注人"

新课程观要求教学从"关注学科"转向"关注人",也就是说更多的是关注学生的情感体验,可以在学习中增加学生对课文的情感理解,达到精神的共鸣。

三、智善教育背景下的"智教慧学"教学观

"智善教育"办学思想下的教学观,其意义就在于以学生为教育教学的本体,深入落实"智教慧学"理念,积极探索以学生自主、合作、探究为基本学习方式的高效课堂教学模式,从而全面提高教育教学质量。"智教慧学"鼓励教师做一名具有教学智慧的教师,具有从善的人格、创新的思想、智慧的方法和灵动的特色,能因学定教,在不断变化的教育情境中采用灵活的教学方法,传授专业知识的同时,挖掘蕴含在知识这一载体之中的思维方法和价值内涵,深化专业知识与人文精神的交融,更加注重激发学生的思维创造能力,丰富并升华学生的精神境界。教师能在教学中充分尊重和发展学生的个性,培养学生的创造性,鼓励人才的多样化发展。

自2013年起钱塘小学提出"智教慧学"教育教学理念以来,不断升展教育改革实验研究。"智教慧学"指教师能因材施教、因人而异,在不断变化的教育情境中采用不同的教育和教学方法,随机应变地处理各种问题,通过师生智慧的碰撞,带给学生成功的愉悦和幸福的体验,达成课堂上融知识、能力、素养于一体的"三维目标",让师生变得智慧,获得发展。表现为教师自身娴熟多变的教育教学策略,敏锐深邃的洞察能力,巧妙智慧的应急技巧,海纳百川的宽广胸怀,深厚渊博的人文素养。可以说智慧课堂的教学过程不是一个不变的程式,也不是一个僵化的模式,它是一个随机应变的模块,是实现知识与能力、过程与方法、情感态度与价值观三者浑然一体的过程,是一个充满创造性、神奇而又多变的动态过程,是学生和教师共同拔节的幸福过程,更是追求素质教育的永恒过程。"智教慧学"打破了以往传统的教学模式,改变了教师刻板的满堂灌、随堂灌的教学流程。建构智慧课堂要求教师的教更加偏重于"充满教育机智与教学智慧的教",学生的学更加偏重于"运用智慧积极主动灵活有效的学"。这一模式的创新

能有效提高教学质量,促进教师专业成长和学生综合素质的发展。

第六节　智善教育的学生观

党和国家历来重视综合素质的发展,习近平总书记在 2018 年全国教育大会上,明确地把教育目标的"四育"提升到"五育",即促进学生德、智、体、美、劳全面发展。在 2020 年"六一"国际儿童节前夕,习近平总书记强调:"当代中国少年儿童既是实现第一个百年奋斗目标的经历者、见证者,更是实现第二个百年奋斗目标、建设社会主义现代化强国的生力军。希望广大少年儿童刻苦学习知识,坚定理想信念,磨炼坚强意志,锻炼强健体魄,为实现中华民族伟大复兴的中国梦时刻准备着。"习近平总书记提出的学生观中"以生为本""学习主体""全面发展""德育为先"等都体现出党中央对学生成长成才和未来发展的关心、爱护和殷切希望。

一、学生及学生观的界定

在实施新课程中,学生是核心,新课程的核心理念就是"为了每一位学生的发展"。学生是什么? 学生是具有独立人格的、发展中的、有着完整生命表现形态的生命个体。

学生观特指关于学生的本质属性和特征的基本观念体系。诸如教育工作者对学生的本质、特征、成长发展过程等每一方面的基本看法。学生观形成于教育教学实践之中,受一定社会的政治经济制度、文化传统、教育传统所制约,并受到教育工作者自身世界观和对学生身心发展规律认识水平的影响。学生观制约教育工作者对学生采取的态度和方法,并在一定程度上影响教育的目的、目标、内容和方法等。

二、学生观的主要功能

在全新的学生观的价值引导下,学生的个体定位、价值取向、成长轨迹、培养目标都发生了转变,且被赋予了全新的意义。

（一）学生成为真正的人

学生是独立存在的、具有主体性的活生生的人。他和成人一样具有独立的人格尊严、丰富的情感和独特的个性，其生命具有完整性。将学生真正当人看，在教育中赋予学生以"人"的含义：在教育中，我们不仅要尊重学生的人格尊严，而且，还必须将学生视作主动的、积极的、有进取精神和创造性的学习者，在教育教学活动中还给学生自由想象与创造的时间和空间，把精神生命发展的主动权交给学生，使学生真正成为学习活动的主人。另一方面，由于学生是具有独特个性和生命完整性的人，这就意味着在教育中必须要承认和接受学生个体发展的差异性，并将其真正视为人个性形成和完善的内在资源，因材施教，促进学生的个性化发展。除此之外，在教育中我们必须把学生作为完整的人来对待，注意还学生完整的生活世界，给予他们全面展现个性力量的时间和空间。

（二）学生是富有潜力的发展中的人

一方面，学生具有巨大的发展潜能尚待开发，其身心发育还不够完善，需要教育者科学、合理地开发与发掘；另一方面，学生享有一定的权利并具备行使这种权利的能力，因此，我们必须以发展的眼光看待学生，把学生作为一个发展的人来对待，要理解学生身上存在的不足，允许学生犯错误，并努力帮助学生改正错误，从而不断促进学生的进步和发展。

（三）学生是独特的人

我们必须承认学生有着生动、独特的个性，成长价值不同于成人的生活和内在世界，这意味着我们必须尊重学生并深入到学生独特的内在世界，关注学生内心的奥秘，真正地把学生当"学生"，尊重学生的生活经验和独特体验，实现学生全面人格、自由个性、生命活力以及主体性、创造性的真正"解放"。

三、智善教育背景下的学生观

在智善教育的理念下，我们的老师会建立一种积极的、有效的新型师生关系。教师把一种钱塘精神、两个习惯、三项能力作为智善学生的培养目标，不仅给学生传授知识，更要不失时机地对学生进行积极的道德教育，引导学生树立正确的人生观、价值观。以丰富多彩的活动为载体,努力打造钱塘小学"善"主题教育品牌,通过典型引路、示范带动,促进学生践行道德规范,引领学生植善心,说善言,行善举,做善人。在智善教育中促进学生的全面发展,培养一批批钱塘之星、智善少年。

(一)把学生当作学生

在传统的教学理念中,教师从来不考虑学生的要求,是将学生看作机器,而不是看作一个人。因而,在新课程理念下,教师首先要将学生看作学生,看作一个活生生的人。学生的首要任务是学习科学文化知识以及培养自己良好的思想道德情操。学生要以学为主,这种学习是一种以学生为主体的学习,是以学生为中心的学习,而不是教师强行灌输。只有"把学生当作学生",教师才能更好地履行"教书育人"的神圣职责,义不容辞地对学生施以"引导"、"指导"、"诱导"、"辅导"、"教导"乃至"训导",才有可能"导"出新课程的成功。

(二)把学生当作朋友

教师要敢于打破"师道尊严"的传统观念,不再强调"学生必须服从教师",而要坚持把自己放在与学生平等的地位,建立一种民主平等的师生关系。把学生当作朋友,意味着要以平等的朋友身份培养学生的主体意识,使之在平等的地位、民主的氛围中自觉自愿地、乐此不疲地参与教育过程以及教育活动,形成良性发展。

(三)把学生当作老师

随着知识经济的到来,知识的更新已经是日新月异。教师,已不再是"唯一的知识拥有者";学生,也不再是"期望的知识接收器"。其中有些学生某些方面的知识(包括计算机、现代科技等方面)已超过了部分教师。因此,我们教师应该心悦诚服地把学生当作老师,向他们学习自己所不知的东西,并以此举进一步激发学生的学习兴趣,做学习的主人。

总之,要改变学生的命运,我们必须"发现学生",用一种全新的学生观来支撑我们的学校教育。只有确立全新的学生观,我们才能全身心地去热爱学生、理解学生、尊重学生。

第七节　智善教育的制度观

辞海中对"制度"这样解释:要求成员共同遵守的办事规程或行动准则。"没有规矩,不成方圆。"只有建立起完整的规章制度、规范了师生的行为,才有可能建立起良好的校风,才能保证校园各方面工作和活动的开展与落实。制度管理为学校的建设和发展提供刚性的指导和规约,是学校发展的基础保证。学校以"智善教育"理念为引领,不断强化与推进学校的制度建设。

一、制度及制度观的界定

制度,或称为建制。制度泛指以规则或运作模式,规范个体行动的一种社会结构。这些规则蕴含着社会的价值,其运行彰显着一个社会的秩序。可以说,制度是一种人们有目的建构的存在物。它规范、影响建制内人们的行为。因此,制度是人类为了自身生存、社会发展的需要而主动创制出来的有组织的规范体系,是人类在物质生产过程中所结成的各种社会关系的总和。

制度观,是人们对制度的选择、制订、执行的基本认识、理解与看法。学校制度观即指以完善的学校法人制度和新型的政校关系为基础,以教育观为指导,学校依法民主、自主管理,能够促进学生、教职工、学校协调和可持续发展的一套完整的制度体系。学校制度是为实现教育目标而制定的有组织的规范体系。学校的制度观在学校的管理中发挥着举足轻重的作用。

学校制度是学校教职员工和学生对学校某种制度或整个制度体系的价值判断和行为方式。由三个层面构成:一是由学校传统、习惯积累而成的基本层面;二是由学校管理者根据上级规定理性设计和建构的高级层面。其中,学校制度的基本层面是一个自生自发的规范层面,反映着师生的价值观念、道德观念等文化因素;学校制度的高级层面是一个管理者理性设计和建构的制度层面。学校制度的基本层面与高级层面是相互统一、协调一致的,是实现制度文化功能的关键。学校制度类型包括正式制度文化与非正式制度文化、显性制度文化与隐性制度文化、主体型制度文化与非主体型制度文化。具体而言,学校制度主要涵盖了以人为本的学校行政管理制度,以扬善为主的德育工作制度,以启智为主的教学工作制度,以尚雅为主的学校活动制度,以铸魂为主的师德建设制度,以创安为主的后勤保障制度以及以沟通为主的家校联系制度等。

二、制度观的主要功能

(一)规范功能

规范是学校制度的应有之义。学校制度中的"规范"包括两层意思:一是制度的规范;二是规范的制度。所谓"制度的规范",就是学校的各项制度要"健全"。所谓"规范的制度",就是各种制度建立健全以后,还要做到"规范"。"制度的规范"和"规范的制度",毫无疑问将会为这个学校的有序管理奠定初步的坚实基础。

建立健全和规范学校制度,可以逐渐摆脱"人治",使教师不再看领导的眼色行事,而是遵照制度行事。可以逐渐使学校的人际关系变得宽松和谐起来,可以使教师能够在制度的基本框架下进行各项活动,明白什么样的事情可以做、什么样的事情不可以做。

如果说,"制度的规范"和"规范的制度"是学校制度的立足点,那么"指导"是其关键点。制度的核心价值在于指导,没有指导价值的制度不具备可持续发展的效能。学校制度的制定要有前瞻性,具有指导价值,能够有效提高教师的专业化素养。唯有如此,制度才能够发挥最大的效益。学校制度最忌讳束缚和压抑教师的主动性和积极性。没有教师内在的积极性和主动性,教师就会缺乏主动创造的空间。只有当学校制度最大限度地发挥教师的主观能动性时,才算达到了制度制定的预期目的。

(二)服务功能

从管理的本质意义上来讲,管理就是服务,学校的制度管理尤其如此。学校作为教育场所,各种制度更应该体现"人本性"、"人文性"和"亲和性"。学校管理者必须树立"管理就是服务"的理念,使"服务管理"理念在每个管理人员的管理意识里得到强化,进而得到认同,最后内化到具体的管理实践中。管理者在制订制度时,还要有一种服务心态,多使用那些富有人文性的语言,避免冰冷生硬,使制度散发出人性的光辉。更重要的是,在具体的管理实践过程中,管理者应时刻树立起一种服务的意识和服务的习惯。如果学校管理者没有把为教师服务当作一种职业习惯,没有把服务管理当作一种职业生活方式,很难把学校管理工作做好。

(三)激励功能

学校制度作为学校文化管理的一部分,是维系学校正常教育教学秩序必不可少的保障机制。俗话说"没有规矩不成方圆",建立系统、完善的规章制度,规范师生的行为,才能保证学校各方面工作和活动的落实与顺利开展。学校规章制度建立是否合理科学,以及贯彻执行是否有效果,直接反映了学校管理水平的高低。虽然制度是人定的、人创造的,但是规章制度的制订不要只在管、卡上做文章,更要体现教师的工作特点,促进学校管理机制的良性循环,即制度必须能够管理人,也能塑造人、激励人,使人不自觉地适应制度。

三、智善教育背景下的制度观

(一)指导思想

孔子说"智者乐水",孟子提倡"仁义礼智",老子说"上善若水"。"智""善"一直作为传统文化的精髓而存在,反映出先哲对智慧、对美好品行的追求。对于学校智善教育背景下的教育制度而言,就是善于管理,智慧管理。

(二)基本原则

学校制度凝聚了学校师生的群体智慧,并通过师生的实践传承。任何制度都不是无源之水、无根之木,它的制订必须要有针对性、实效性,因此,制度建设要"以人为本",充分发挥制度的激励作用。通过师生反复的讨论、修订,让师生认识、理解、熟悉、最后习惯性执行,这样制度就有人性化的内容,有刚性化的条款,推行起来也比较顺利。

（三）建设实践

学校规章制度是"学校所以立之大本"，是师生"共同的约言"。学校管理是一个系统工程，牵涉到方方面面。一所学校要健康、稳定、可持续地发展，不仅需要必备的硬件，更需要具备完善的规章制度、严格的管理措施。学校管理制度是规范学校行为最基本的"软件"，是遵循学校教育规律，不断把素质教育引向深入的学校"立法"，是以条文形式显示学校对其行政干部、师生员工提出的基本要求及行为准则，是学校所有成员日常行为的基本规范。

2013年8月，钱塘小学根据学校教育教学管理的实际，整合原有的《学校管理手册》内容，重新编排制定相关的规章制度，并编写《钱塘小学制度文化典章》。从学校的章程、管理目标、岗位职责、党支部建设、行政管理、工会管理、教学管理、德育管理、总务管理、安全管理等十方面加以规范，它使全体教职员工在教书育人、管理育人、服务育人等方面发挥巨大作用有了制度文化典章，学校的办学目标和教育教学的全过程就有法可依，有章可循，办学方向更加明确，思路更加清晰，管理更加规范、科学与精细。这部《钱塘小学制度文化典章》可以说是钱塘小学教育教学管理规章化、制度化的一个重要标志。2015年12月，在学校充分实践智善教育的探索中，对《钱塘小学制度文化典章》进行了进一步的完善和补充，在原有基础上，我们与时俱进地进行了增减与修改，形成了《钱塘小学制度文化典章》（修订版）。2018年3月，随着钱塘教育集团的成立，我们又编写了《福州市钱塘小学教育集团制度宝典》，增加了诸如集团章程、集团办学理念等内容。为更好地体现制度典章的权威性、系统性和实用性，我们特别邀请了专业律师对本制度进行审阅，以保证智善教育下的制度建设更加规范，更好地落实智善教育理念，实现依法办学、依法治教。

第三章

智善教育的实践探索

育人有效——深化"智善教育"实践，探索办学思想模式

在深化"智善教育"的实践过程中,注重"智""善"并行,相互促进,既关注教师职业的尊严与幸福,又关注学生成长的快乐与幸福。学校以"智善教育"为切入点,探索具有特色的发展模式,制定了以"智善"为核心,通过五大模式实践智善教育办学思想的思路。这五大模式分别是:"竭诚尽智,增智乐学"的精神文化模式、"勤业博学,知善厚德"的教师发展模式、"灵动智慧,知善明礼"的课程推进模式、"智教慧学,导人向善"的教学管理模式、"智善并举,以善润德"的学生成长模式。这五大模式涵盖了精神文化挈领、教育环境创设、制度保障引领、教师队伍支撑、教学活动拓展等内容,处处体现"智善教育"的办学精髓,形成特有的教育品牌。同时,在实践中,坚持以智引善,以善托智,秉承智善教育的理念,用睿智谦恭的教学启迪学生的智慧,用崇德立善的言行润化学生的心田。学校呈现出了勃勃生机,成了鼓楼教育的窗口,"钱塘"成为一张靓丽的教育名片。

智善教育办学思想的全面实施,留下钱塘人"勤业"的身影,记录下钱塘"智善"教育的灵动光芒,我们与智者为伍,与善者同行,开启了学生幸福的学习之路。智善教育打造了智善的精师团队,智善的钱塘学子,智雅的幸福校园,学校逐步成为一所"有文化底蕴,有个性发展,有品牌优势"的优质学校。

第一节　智善教育的学校概况

教育,承载着种族的延续,传递着民族的文化,决定着社会的发展。诚如习近平总书记强调:"人才决定未来,教育成就梦想。"理想的教育源于生活,又高于生活,要营造"人人皆可成才、人人尽展其才"的教育氛围,应为学生搭建成长的"立交桥",不断引导学生向善向美、求智求真,引领学生习得追逐理想、勇于实践、超越自我的技能,让年轻的生命茁壮成长、感悟人生的意义并创造更加美好的生活。

福州市钱塘小学背倚秀丽的屏山山麓,毗邻潋滟的福州西湖,山水相映,智善相融;我们一直探寻"智善教育"的实践之路,致力于建构以"智善教育"为特色的校园文化。"智善教育"倡导"智求博雅　善贵乐行",将"智"和"善"串联起各种各样的教育资源和教育可能,形成兼容并包的教育环境。

一、智善教育理想校园的创建

(一)传承创新,开放共享,构建智善校园

理想的钱塘校园重内涵重传承。"钱塘"的办学传统与历史渊源颇深。"怡山文化"的历史传承、"牧童求学"的校园传说,无不让向善之心、行善之智、求智之欲在一代代钱塘人的心中落地生根,绵延百年,如今更是开启了构建以"智善教育"为特色的校园文化的理想之门。

理想的钱塘校园倡共享倡合作。"一花独放不是春,百花齐放春满园",一所理想的学校,要有广博的胸襟、共享合作的精神,在教育之路上,求开放求创新,发挥引领辐射作用,让更多的孩子享有更公平更有质量的教育。秉承"开放共享　合作共赢"的集团办学理念,湖前校区、怡山校区、软件园教学点纷纷落成,共享教育资源、教学理念、优质师资,这也是鼓楼区率先试行"一校四区"横向集团化办学模式。福州市钱塘小学教育集团的成立,使老百姓在家门口就能享受更公平、更优质的教育。

与此同时,学校不断派送名优教师前往偏远的农村小学支教扶贫,或远赴外省倾情助教,或纳收省内外的同行观摩借鉴,或接待国际友人的慕名参观……签约协议、跟岗培训、空中课堂,钱塘人用自己的善言善行绘制一幅和谐共进的理想教育蓝图!

（二）谦恭睿智,厚德崇善,成就智慧教师

在钱塘小学的校园里,有这样一群教师,他们有爱心、懂教学、有梦想,用自己的实际行动诉说着一个个触人心弦的教育故事,传递着优秀教师对学生无私的爱和对教育事业的执着。在专业技术培养与师德引领上,钱塘教师拧成一股绳,搏尽最后一份力,在教育实践路上,他们思索创新,播撒智慧与爱,实现一个个智善教育梦。

兴教必先强师。传统教师重在教授知识、传递信息,常被称为"教书匠""搬运工",而理想中的教师应是智慧型教师,更具有从善的人格、睿智的思想、求变的精神、钻研的特质、智慧的方法、灵动的特色。

"学无止境"。钱塘智慧教师在个人成长规划上应有着既定的目标,着力提升教学技能,实现从青年教师—骨干教师—名优教师的成长。在智慧教师的培养上,学校采用青年教师的入格培养,骨干教师的升格培养,名优教师的风格培养,并对35周岁以下的青年教师进行阶梯式培养,提升教师的职业素养与教学技艺。科学高效的培养方法,能有效提升青年教师的业务水平,让他们自信地行走在专业成长的道路上。学校不断鼓励老师们做好规划,争取项目,做到人人有课题,个个会科研。如今,钱塘小学作为福建省教育科研基地,努力凝结教育智慧,缔造一支高素质的科研教师队伍。

（三）智圆行方,止于至善,培育智善少年

最好的教育,是培育学子"智圆行方　止于至善"的价值追求。尊重孩子的主体地位,提倡"自主教育",激发兴趣,开发潜能,成长为拥有智慧、秉承至善之道、追求幸福的智善少年。

理想的钱塘学子应是智慧少年。"教育的真谛源于智慧的成长。"智慧型学生要乐学、博学、慧学,即在教师的启发引领下,自主学习,敢于质疑、乐于探究、多向互动、勇于创新。钱塘学子在墨韵书法俱乐部,在管弦乐队,在运动赛场上,在机器人竞赛中,在美育活动、三棋社团、智选课程等别具特色的学习与实践中,崭露头角,展现风采,在传承智善的校园文化中砥砺品行,成长为知识广博、行为优雅的智慧少年。

理想的钱塘学子应是至善少年。理想的少年应能说善言、行善举、有善心,是大气儒雅的至善少年。在常规的德育活动、少先队活动的设置中,学校崇尚"以善润心田 以智启心扉"的德育工作理念,每年举办"智善少年"评选,从细节着手,让学生在学习生活中自觉对照"智善少年"日常行为规范要求,同时通过"智善少年"的榜样作用,传播"智善"行为与精神。

理想的钱塘学子还应是幸福少年。幸福是个人的、内在的感受,相比于成功是外界的、他人的评价,幸福更能观照学生的个体感受。因而,学校的课程设置兼顾学生的兴趣爱好,开展"一校多品"特色活动,为学生的自主选择和参与提供空间,为学生筑造自我展示的舞台。

钱塘深巷中,采撷智慧泥土的芳香,扎根智善教育;洗尽铅华,返璞归真,让这座凝聚灵气的智善校园焕发生机。怀揣"与智者同行,与善者为伍"的树人目标,秉承"兴趣比分数重要""成长比成才重要""幸福比成功重要"的教育认知,将"智善"根植于福州两千两百多年的深厚文化土壤之中,我们将继续努力践行"智善教育"理念,着力构建"学校善育、教师智教、学生慧学"的智善文化校园。

二、智善教育理想校园的管理

秉承"以智启智 以善育善"的办学理念,以"向善向美 求智求真"的钱塘精神为指引,福州市钱塘小学教育集团在办学之路上不断强化集团管理,提升品牌效应;强化师德建设,助推教师成长;强化五育并举,提升学生素养;强化安全保障,提升后勤服务;强化区域联盟,促进均衡发展,为打造钱塘小学教育集团的响亮品牌,实现钱塘智善教育的幸福梦想而不断努力!

(一)扎实精细办学,强化品牌特色

我校始终坚持以科学发展为指引,凭借精细化的管理模式,深化课程改革,塑造品牌化办学特色,逐层逐步推进教育改革,全面践行素质化教育,引领教师的职业成长,促进学生的全面发展。

第一,以精细化管理为抓手,促进学校的品质发展。钱塘小学教育集团以"个性、负责、勤业、超越"为校训,规范办学管理,重要教育环节做到做实、做精、做细,促进学生的全面发展,提升办学质量。

第二,以科学化管理为基石,实施素质化课程建设,追求精品化的教学

质量,打造特色化的教育培育模式。

第三,以制度化管理为主线,重点带动,全面提升教育办学质量。教学质量是学校发展的生命线。我校的教学工作围绕"立足课堂,提升质量"这一中心,突出"规范、质量、有效、服务、专业"的主题,创新教学管理方法,创新课堂教学模式,推进有效课堂建设。

用心育人,适时调整与优化教师队伍建设,充分利用教学资源,以实现"轻负高效"的办学质量。有心才会更加称职,有质才能更加优秀。在办学发展之路上,我校始终坚持特色办学,以人为本,深入素质教育,构建五育并举的课程体系,健全办学机制,全面提高教育教学质量,提升学校办学效能。

(二)开创集团办学,推动区域发展

为办好人民满意的学校,让更多的孩子享受到更均衡、公平又有质量的教育,福州市钱塘小学教育集团 2018 年 3 月 31 日正式挂牌成立。钱塘小学教育集团实行一体化发展模式,本着"开放、共享、合作、共赢"的原则,坚持同一办学理念,共同打造钱塘小学教育集团"智善教育"的文化品牌。集团办学从"文化共同""制度共建""机制共立""师资共用""课程共创""课题共研""资源共享""评价共施"八个方面入手,共建有效课堂、共研教学策略、共享优质资源、共控教学质量,探索学校管理、教师发展、学生成长、质量提升等方面行之有效的策略,让钱塘小学教育集团内各校区快速步入优质均衡发展的轨道,让集团内每个孩子都享受到更优质的教育。钱塘小学教育集团成立以来,湖前校区各方面工作有较大幅度的提升,获颁福建省第二批义务教育教改示范性建设学校、福建省义务教育管理标准化学校、福州市文明校园等;软件园教学点的教育教学活动与钱塘小学始终保持一致,教学质量稳步提升;怡山校区也已交付使用接纳新生。

集团采用"名校＋弱校""名校＋新校"的办学模式,推进集团干部队伍的培养,完善优质师资的交流制度,提升新校区的教学质量和管理水平,促进均衡发展;统筹设计各校区的校园文化,凸显钱塘元素,凝练办学特色,努力构建"和而不同"的各校区校园文化;高效运作后勤社会化管理模式,统筹共享各校区的人力物力资源,推进各校区的精细化管理水平;强化师资队伍建设,带动集团内各校区教师业务水平稳步提升,逐步实现钱塘小学教育集团内教师资源共享、优势互补、以强带弱、共同提高;提炼"可复制"的集团化办学经验,助推教育公平,实现美好的教育梦、中国梦。

(三)推进创新办学,打造智慧校园

学校作为福建省首批义务教育阶段人工智能教育试点校,继续推进人工智能的普及与教育,促进教育信息化。完善 OA 智能化平台建设,进一步提升钱塘小学教育集团教育信息化管理水平;继续丰富集团资源库建设,形成教案、课件、各学科专项练习等不同序列的分类教学资源,助力教师的课堂教学;推进智慧教室建设,组建希沃白板、智慧教室应用培训研修团队,提升教师利用信息化手段辅助课堂教学的应用能力,推进"智教慧学"理念的落实;完成各校区的网站建设,搭建形式多样的网络研修形式,促进集团各校区的信息畅通和交流;推进人工智能课程融入集团的课程体系,开设创客教育实践的先行课程,培养学生运用人工智能技术进行科普创作的能力,推进人工智能与教学相融合;开展基于信息化环境下的教育教学新模式和学生学习新方式的探讨,推动集团内"互联网+教育"发展,努力创建"鼓楼区信息技术应用示范校"和福建省义务教育教改示范性建设学校,争做教育信息化 2.0 行动的参与者和推动者。

(四)浸润智慧办学,喜结智善硕果

学校积极开展"智善杯"各学科文化周活动,成立学科校队,鼓励学生积极参加各类学科竞赛,培养学生学以致用的意识。加强劳动教育,将研学旅行纳入教育教学,通过中小学生社会实践大课堂,加强"三热爱"教育。加强美育教育活动,作为非遗项目咏春拳传承基地校,学校十分注重培育学生传承与传播中华优秀传统文化,弘扬家乡闽都文化,强化经典文化基因。依托家长资源,在集团各校区推进故事家族、墨韵家族、快乐家族及科普家族的活动开展:快乐家族"1+3"资源整合模式,推动心理健康教育手段创新;科普家族依托钱塘小学科技馆、楼顶拾珍园、创客教室等平台开展科普教育;墨韵家族与福建省艺仙书苑书法分院合作,开展老少书法笔会……搭建学校、社会、家庭"三位一体"的教育体系,形成教育合力。在智善理念引领的教育实践过程中,形成了多层次、多元化的办学特色。

(1)管弦乐队·艺术之花:作为福建省第一支管弦乐队,成立于 1998 年,现已发展为一百多人的省一级少儿管弦乐团,多次承担省、市、区各级各类的表彰和庆典活动。

(2)翰墨飘香·人品如字:学校于 1996 年获颁全国写字实验校,并于 2001 被评为"全国书法艺术教育实验学校",2010 年获评"全国书法教育先

进单位",2013 年获颁"全国书法教育示范单位""福建省规范汉字比赛先进单位"殊荣。

（3）三棋课程·开发潜能:学校自主开发了中国象棋、围棋和国际象棋等校本课程,至今已坚持了 17 年,取得了优异的成绩。在福州市教育局、体育局联合举办的"小学生'三棋'比赛"上,学校延续辉煌,连续十余届斩获佳绩。

（4）校园节日·美育熏陶:学校充分利用校园节日的教育,展示丰富校园文化的内涵,每年举办体育节、读书节、科技节、劳动节、入学仪式、入队仪式、三年级成长礼、毕业典礼以及校园文化艺术节活动,并从中诞生了"百人书法""百人管乐""百人武术""百人合唱""百人大鼓"等品牌活动,这些缤纷多彩的校园节日给孩子们提供了展示才艺的广阔舞台,培养了一大批才艺兼备的钱塘学子,做到"以善润心田　以智启心扉"。

（5）非遗咏春·强健体魄:学校将咏春拳融入智选课程、阳光运动以及艺术节展示等活动之中,力求强健学生体魄,传承非遗文化经典。2017 年 3 月,"国家级非遗项目咏春拳钱塘小学青少年传承示范基地"正式揭牌。

（6）对外交流·影响深远:北京、上海、浙江、西藏、新疆等近百个全国各地的教育团队慕名而来,学校还先后接待了来自美国、德国、日本等二十多个国家和地区的教育代表团,与英国、澳大利亚、加拿大、南非等国家的教育同仁进行了友好互访,并签订了友好合作备忘录。

（7）辐射引领·均衡发展:学校作为区域教育教学实践的培训基地,发挥着办学的引领辐射带动作用。与宁德柘荣实验小学开展长达十数年的结对帮扶;积极开展与宁夏银川市闽宁镇中心小学、甘肃岷县东照小学、马尾亭江二小、长乐滨海小学、闽清池园中心小学、宁德下党希望学校的结对帮扶工作,通过空中课堂、网络研训、线上线下教研等形式,在课程实施、学校管理、校本教研、师资提升、学生培养和校园文化建设等方面开展合作交流;积极开展与"五福共同体"、市区县各校间的区域教研,促进教学质量提升与教育均衡发展;承担基地校的使命与担当,完成福建师范大学心理系、闽江师范高等专科学校和省幼儿师范高等专科学校等高校的实习培训工作,持续发挥好品牌学校的引领示范、辐射带动作用,擦亮鼓楼教育的烫金名片,为实现教育均衡贡献力量。

通过培青工程、勤业讲堂、"智善教师"及"最美教师"评选等一系列教师培养活动,钱塘小学教育集团不断打造一支谦恭睿智、臻于至善的精师团队。多姿多彩的校园活动、多才多艺的智善学子使得智雅钱塘深受社会各界人士的认可,省市新闻媒体曾多次对学校各项活动进行宣传报道。《福州日报》《福建教育》等报刊也曾多版专栏报道学校"智善教育"的办学体系建设,省市区领导对钱塘办学也都给予充分的肯定,要求推广钱塘成功的办学模式和经验。

沐浴着厚重历史底蕴的钱塘小学,连续十二届被评为"福建省文明学校",是首批"福建省重点小学",近年来获颁"第二届全国文明校园"、"第一届福建省文明校园"、首批"福建省实施素质教育先进学校"、"福建省义务教育管理标准化学校"、"福建省义务教育教改示范性建设学校"、全国"巾帼文明岗"、"福建省先进基层党组织"、"福建省五一劳动奖状"、"全国书法教育示范学校"、"福建省小学数学学科教研基地校培育单位"、"全国红旗大队"、"福建省艺术教育先进校"、"教育部'网络学习空间应用普及活动优秀学校'"等百余项殊荣。同时,学校还是全市首个教育部授予的"全国中小学心理健康教育特色学校"。

第二节　智善教育的文化建设

文化是一种标识,是一种符号,具有鲜明的特征和强烈的气息。"智善"文化涵盖了学校办学的方方面面,形成了自己独有的特色,凸显了品牌的效应。

一、办学思想

所谓办学思想是指在一定社会文化的影响下校长对办学方向、指导思想、办学原则、办学目标和办学途径等的系统认识。

办学思想的提升是学校内涵发展的前提和灵魂,决定着学校办学发展的方向。钱塘小学的办学思想是"智求博雅　善贵乐行"。

"博"本意是大,引申指丰富、宽广,如渊博;又引申指通晓、知道得多,如博古通今。"雅",《论语·述而》曰:"子所雅言:《诗》《书》,执礼,皆雅言也。"引申指高雅、文雅。"智求博雅"就是学校在办学过程中,教给学生智慧是根本任务。教育学生掌握智慧学习的方法,追求广博的知识,培养儒雅的气质,培养聪明才智。"善贵乐行"就是学校在办学过程中,教给学生如何做人更是重中之重。教育学生要始终养善心,存善念,说善言,行善事,积善德,做善人,这将使学生终身受益。

二、办学理念

办学理念是人们经过长期的理性思考及实践所形成的思想观念、精神向往、理想追求和哲学信仰的抽象概括。

蔡元培先生在担任北京大学校长时曾提出"思想自由 兼容并包"的办学理念。在这一理念的指导下,北京大学风气大开,思想异常活跃,各种思潮不断碰撞,闪耀出绚丽的光芒,照亮了一代又一代人的心灵,培养了一代又一代栋梁。当前的中小学校担负着基础教育的重任,国家与民族的未来需要什么样的人才,是需要教育管理者特别是学校管理者提前思考的问题。学校管理者的道德修养、学识水平、专业素质、思想方法,决定着他的办学理念,进而影响着学校的发展方向与人才水平的培养。因此,学校管理者应该在充分调查研究的基础上,认真思考,充分借鉴,确定办学理念,并应用于日常的教育教学管理中。

我校的办学理念是"以智启智 以善育善"。"以智启智"就是在教育过程中,教师要肩负起启迪智慧的责任,要善于用智慧的教育方法来启发学生的智慧,让学生慧学、慧玩、慧生活,培养学生的聪明才智。"以善育善"就是在教育的过程中,教师要用自己的善言善行教育学生,以师之善来培育生之善,立足善育善成的教育理念,教以学生生活之道、待人之道、交友之道、读书之道,在善的教育下成人、成才、成长。

三、办学目标

办学目标指的是具体的一所学校的领导带领全体成员通过共同教育实践预期达到的把本校建设成怎样的学校目标。我校的办学目标是"育智善学子 塑智善教师 办智善学校"。

"育智善学子"就是培养学生的"一、二、三"。即一种精神、两个习惯、三项能力。

一种精神:钱塘精神(向善向美 求智求真)。向善的意思是一心向善,与人为善。每一个钱塘人做人做事都要存善念、植善心、讲善言、行善事,引向善之风,做友善之人。向美的意思是崇尚美好,追求善美。每一个钱塘人都要努力提升自身的审美素养,学会发现美、感受美、创造美;同时兼收并蓄,学习接纳多元文化,建设有容乃大的智雅校园。求智的意思是挖掘潜能,启迪智慧。每一个钱塘人都要努力求知求智,教师善于智教,学生长于慧学,激发智慧,释放潜能,成为真正的"智"者。求真的意思是求实求是,与时俱进。每一个钱塘人都要秉承实事求是、求真务实的准则,在为人和治学中探求真知,寻访真理,追求至真,践行智善。

两个习惯:讲文明、爱阅读。讲文明,即言语文明、举止文明,爱阅读即好读书(喜欢看书)、读好书(读有意义的书)、读书好(读书的好处)。

三项能力即学习能力、生活能力、创新能力。学习能力包括:乐学(有兴趣)、善学(有方法)、博学(有视野)。生活能力包括:能自理(能处理好日常生活事务)、善交往(能处理好人际关系)、会应变(身体、心理、社会的适应性)。创新能力包括:会质疑、会提问、会创造。

"塑智善教师"就是要打造智圆行方、日臻完善的精师团队。

"办智善学校"就是打造一所师生幸福的智慧儒雅的学校,使之成为师生生命成长的幸福乐园。

四、办学特色

办学特色是一所学校在发展中逐步形成的比较持久稳定的发展方式,具有明显有别于其他学校的办学风格和被社会公认的、独特的、稳定的个性风貌、优良的办学特征。它表现为一所学校与众不同的校风、学风、师资水平、学科专业、制度规范、教学与研究方式,培养出与众不同的学生,是学校整个教育思想的折射,是教育理念物化的象征。钱塘小学的办学特色是"智善"文化。

以"智善"文化为特色的教育理念既吸收了中华优秀文化的精髓,又是钱塘办学历史、文化的继承与创新。作为学校教育的特色,开启了校园文化建设的新思路。学校根据智善的内涵与外延,开启了校园物质文化的依托、制度文化的支撑、活动文化的落实,形成了极具学校特色的"智善教育"模式。

五、办学宗旨

办学宗旨是"办学的主要目的和意图",是解决"办一所什么样的学校"

的问题。钱塘小学的办学宗旨是"智善润泽生命"。

我国的教育方针总目标是要培养德智体美劳全面发展的社会主义事业建设者和接班人。我国教育目标遵循着马克思主义关于人的全面发展的理论,着眼于提高个人的基本素质。一个人的基本素质应当包括思想政治素质、科学文化素质、身体心理素质、审美修养素质和劳动锻炼。为了提高人的基本素质,必须实施德育、智育、体育、美育和劳育。以思想政治教育为主要内容的德育,着眼于解决个人的世界观、人生观和价值观的问题;以科学文化知识教育为主要内容的智育,是为了提高个人的知识修养以及获取知识和应用现实的解决能力;以身心方面的教育和训练为主要内容的体育,是为了解决人的身体健康和心理健康的问题;以美学知识教育和审美实践活动为主要内容的美育,是为了提升人的审美观及审美感受力、审美鉴赏力和审美创造力的问题;以学生树立正确的劳动观点和劳动态度为主要内容的劳动教育,是为了培养学生进行劳动的观念和技能。这五个方面各有侧重、相互联系、相互渗透,相互之间不能代替。德育是教育前进的航向标,智育是教育实施的核心要求,体育是教育发展的基础,美育是教育的升华,劳育是最好的生活教育。

智善教育的目标紧紧围绕着党的教育方针要求,以促进学生全面和谐发展为根本要务,与党的教育方针和素质教育的根本目标完全吻合,也是社会主义核心价值观在学生学校生活中的重要体现,从而让学校成为每一个生命成长的精神家园。

六、三风建设

学校文化是育人之纲,"文化立校"代表着学校发展的进步方向。从战略高度建设学校文化,提高办学实力和品位,培育坚实深厚的科学与人文基础,铸就健全人格和良好个性之魂,这是当代学校文化的核心功能和价值所在。

(一)关于校风

校风是学校文化建设的核心内容,是凸显学校文化的最高层次,同时也是学校文化在物质和精神领域的投影。

1.校风的概念阐述

校风即学校的风气。它体现在学校各类人员的精神面貌上,体现在学生的学风、教师的教风、学校干部的作风、各班级的班风上,还存在于学校的各种事物和环境之中。良好的校风既是教育和管理的成果之一,又在教育和管理上具有特殊的作用,它有一股巨大的同化力、促进力和约束力,是一种精神力量和优良传统。建设好的校风是学校管理者的一项重要任务。

2.校风的确定意义

一是校风具有深刻的同化感染作用。优良的校风一经形成,就会构成一种独特的教育心理环境,成为影响整个学校生活的重要因素。

二是校风具有促进、激励和推动作用。校风是无形的精神力量,可以振奋精神、激励斗志,迸发出积极向上、努力拼搏的革命精神。

三是校风具有调节和约束作用。在这种环境中养成的行为习惯使人终生难忘,将成为这个学校里每一个成员自觉奋进的动力,从而推动整个学校的繁荣和发展。

四是校风对成员的心理健康发展具有保护和促进作用。学校的师生员工生活在一个良好的心理行为环境中,就会产生一种心理上的凝聚力和行为上的向心力,对不良的心理倾向和行为具有强大的抵御力量,保护和促进学校成员心理的健康发展。

3.钱塘校风的内容及解读

钱塘小学的校风是"智圆行方　止于至善"。

智圆行方,语出《文子·微明》:"老子曰:凡人之道,心欲小,志欲大;智欲圆,行欲方。"即,人的知识要广博周备,行事要方正不苟。只有智的培养,才能让人成为理性的人,才会行事方正,不苟且。

止于至善,语出《礼记·大学》:"大学之道,在明明德,在亲民,在止于至善。""止"是达的意思,词义即达到完美的境界。这里讲的就是修身育人,都必须达到完美的境界而毫不动摇。止于至善是一种以卓越为核心要义的至高境界的追求,上升到人性层面就是要以道德完善为追求。

优良的校风是学校发展的根。办学,就是传承与创新文化的过程。要深入研究自己学校的历史,认真总结学校的传统、精神、内涵,应该大力发掘学校的文化内涵,培育自己的个性和特色。既能尊重历史事实,做一名忠实的学校文化的"薪火传递者",又能不断渗进现代教育理念,吸收当代文化的养分,不断创新,为学校构建理想的教育愿景。

(二)关于教风

教师是人类灵魂的工程师,是科学文化知识和技能的传播者。教师职业行为就是通过教师的劳动培养人、塑造人、改造人、促进人的全面发展。教书育人,就是指教师根据社会发展的需要和学生身心发展的规律,在教育教学过程中自觉地把教育和教学结合起来,尽职尽责。既给学生传授科学文化知识,又对他们进行思想品德教育,把学生培养成为德、智、体、美、劳诸方面全面发展的人才。只有教书和育人紧密结合起来,才能培养出德才兼备的学生。教书育人是教育的本质要求,也是师德的基本要求,更是教师的责任和义务。教育的根本目的就是育人,教育以培养全面、完整、自由的个性为己任。教育事业以人为主,以育人为本。教书育人在学校的无限传播,就会衍生出学校优秀的教风,教风的塑造恰恰是学校赖以生存及全面发展的源泉,也是学校文化建设的重要保障。

1.教风的概念阐述

教风是学校教师的思想作风、工作作风,涉及教师的政治觉悟、思想品德、精神风貌、教育观念、知识水平、治学态度、科研能力、育人方法等。从学生角度出发,教风在教育活动中的体现,就是教师在教学时体现出的教学水平、思想道德水平、做人的态度。教风建设是校风建设的最好体现,教好书是育好人的基础。不断提高教学质量,讲好每一堂课是教师的神圣职责,是对教师职业道德的基本要求,也是体现良好校风的有效途径。

2.教风的确定意义

一是教风影响校风,决定着学风,能够直接影响学生思想道德品质的形成,促进社会道德风尚的改善和社会主义精神文明的建设。

二是教风建设是教育改革的重要内容,关系到人才培养质量、社会主义现代化建设的前途和命运。

三是良好的教风是一种无形的力量,能够指导教师在教育活动中正确处理各种利益关系,调节人际关系,促进教育教学任务的完成,使教师和教师集体增添吸引力和凝聚力,并在学生中和社会上获得崇高的声誉和威信。

3.钱塘教风的内容及解读

钱塘小学的教风是"谦恭睿智 厚德崇善"。

谦恭睿智:谦恭,不是一种姿态,而是一个人内在品德和修养的高度表现。他不因学问博雅而骄傲自大,也不因地位显赫而处优独尊。谦恭者学问愈深愈能虚心谨慎,地位愈高愈能以礼待人。睿智,亦作"睿知",表示一个人见识卓越,富有远见、聪慧、明智。

厚德崇善:厚德,语出《易·坤》:"地势坤,君子以厚德载物。"其意为君子应增厚美德,容载万物。这句话历来成为志士仁人崇尚的最高道德境界。崇善,就是推崇善行。厚德崇善,是教师美德的标准,即教师应增厚美好品德,尊崇善心善意。

4.钱塘教风对教师塑造的要求

每一位教师要实现教书育人,需要具备以下重要的品质。

第一,热心岗位、认真负责、甘于付出。作为人民教师要热爱党、热爱社会主义祖国,认真贯彻党的教育方针,忠诚党的教育事业,树立正确的教育观、人才观,自觉进行素质教育,增强社会责任感和使命感。注重培养具有创新精神和实践能力的人才,为国家培养合格的接班人。为此教师应该全身心地投入教育教学,努力学习,不断创新,与时俱进,锐意改革,更新教育观念,不受市场经济条件下人们道德观念及价值取向深刻变化的负面影响,耐得住寂寞,甘于清贫,爱岗敬业,乐于奉献。

第二,履行职责,热爱学生,耐心育人。作为教师,就要真心喜欢自己所从事的行业,热爱学生。学生是学习的主体,具有主观能动性,他们天生需要被爱护,渴望理解和尊重,我们就要亲近他们,与学生平等相处,因材施教,尽可能为学生创造和谐宽松的教育气氛,使每个学生都得到平等、健康、主动地发展。既要爱护优秀学生,注意培养他们,提高他们,更要爱护学习有困难的学生,关心他们的行为,帮助他们成长。不但要做学生学习上的良师,更要成为学生思想上、生活中的益友。

第三,严以律己,坚持学习,率先垂范。作为教师,必须宽以待人,严于律己,这是一切育才者不可缺少的职业品质。教师的一言一行对学生产生直接影响,我们一定要在思想政治上、道德品质上、学识学风上以身作则,加强师德修养,只有做到这些,才能率先垂范,为人师表。把"言传"和"身教"有机地结合起来,德以修己,教以导人。知识在更新,观念在更新,作为教师要不断地学习,努力充实自己。一个人不讲学习,思想就会僵化,观念就会陈旧,不喜欢学习的教师同样也是不合格的教师,我们必须认真学习,才能无愧于时代,无愧于人民。

第四,重视品德,交流思想,启迪心灵。新的时代,我们教育者的目标就是培养现代化建设所需要的合格人才。教师在教学中要通过多种渠道把握学生的思想动态,采取适合于学生心理特点的措施加以引导,使学生牢固树立起正确的思想观点,明确学习目的和任务。全面培养学生的人生观、价值观、世界观,促使他们不断深入学习,坚持艰苦奋斗,为争当模范先锋不断奉献自己。

第五,塑造形象,构建人格,荣为榜样。一名师德高尚、人格魅力无限的教师,教书育人的实效,自然可想而知。在学生的心目中塑造好自身形象,用高尚的人格征服他们,真正成为他们的榜样,需要每个教师去认真思考和摸索。简要地说,即具备学高为师的业务素质、渊博的知识和严谨的治学态度,尊重学生,关爱学生,教育学生。

(三)关于学风

谈到学生培养的"终极目标",简单地说就是"育人"。育什么样的人,怎样育人,是不同教育派别的分水岭。有的说"学生培养的终极目标就是培养独立、自律的学习者",有的说"教育说到底,就是自我教育",苏霍姆林斯基说"学生培养的终极目标应该是向人传送生命的气息"。学风是一所学校的灵魂,是学校生存与发展的根本支柱。良好的学风是学校的宝贵财富。加强学风建设,是学校培养和造就高素质人才的重要条件。

1.学风的概念阐述

学风即学生学习过程中的精神风貌。学风有两种含义:一是从学校的角度讲,学风是指学校的治学精神、治学态度、治学原则;二是从学生的角度讲,学风是指学生行为规范和思想道德的集体表现,是学生在学习过程中所表现出来的精神风貌。有时也特指学生的学习态度和学习风气。良好的学风是一种潜移默化的巨大力量,激励着学生奋发学习,努力向上。

2.学风的确定意义

优良的学风是正确的学习态度、刻苦的学习精神、科学的学习方法、坚强的学习意志、严格的学习纪律、健康的学习动机等在学生学习过程中的综合体现。学风体现了一所学校的精神风貌,反映了一所学校的管理水平,更关系到人才培养的质量,加强学风建设具有十分重要的意义。学风既是一种学习氛围,又是一种群体行为,能使学生不但受到潜移默化的熏陶和感染,而且内化为一种向上的精神动力。此外,在优良学风的环境里,学生的思想品德、价值观念、行为方式、意志情感等都会发生变化,并反过来对自己的成长成才和职业生涯发展产生深远的影响。

3.钱塘学风的内容及解读

钱塘小学的学风是"勤以培智 仁以立善"。

勤以培智:勤,即做事尽力,不偷懒。学校提倡学生认认真真、坚持不懈、积极努力地学习,从而发展智慧聪敏的学力。

仁以立善:仁,中国古代一种含义极广的道德观念,其核心指人与人相互亲爱。孔子以之作为最高的道德标准。学校倡导学生相互帮助友爱,宽仁慈爱,养成善良美好的品格。

学校建设当从校风建设抓起,校风是一所学校所有的占主导地位的行为习惯和群体风尚,是全校师生在各方面所表现出来的一种态度和趋向。校风应由三个部分组成:领导的作风,教师的教风,学生的学风。学风是校风的主体,教风主导学风,作风是校风的关键,把握这三个要素,明晰其功能定位,有的放矢地开展工作,必将推动学校良性发展,极大提升学校的软实力。

七、精神建设

(一)学校精神确立的意义

学校精神文化,指一所学校在一定的发展过程中逐渐形成的、共同的价值取向和心理诉求,它是在教育教学过程中积累创造出来的学校广大师生共同的理想目标、精神信念、文化传统。"学校精神是学校群体在长期的教育教学实践中积淀起来的,在共同的情感、认知和意志中体现出来的共同氛围、行为以及价值观,是学校文化最本质、最集中的体现。"

学校精神是一种理想和价值追求,是一所学校的凝聚力、生产力、创造力和生命力的源泉和动因,是一所学校整体面貌、水平、特色、感染力和号召力的反映,是学校师生的需求、理想、信念、情操、行为和道德水平高低的标志。学校精神文化是校园文化的灵魂与核心,也是校园文化建设所要追求的终极价值,主要包括学校的办学理念、办学思想和价值观。在精神文化构成中,办学理念是灵魂,校训是核心。它们是学校办学行为的意义之源,集中体现了学校的文化精神,寄托着全校师生的共同理想和价值追求。从某种意义上讲,办学理念、办学目标、办学特色等构成了学校的行动指南。结合学校的定位,派生出学校精神、校风、教风、学风、校训等精神层面的文化氛围。可见,精神文化对人的潜移默化是不容忽视的。

(二)学校精神确立的原则

1.坚持理论与实践结合原则

任何一所学校都有自己的教育价值观,应依据学校自身的客观条件、历史传统、办学理念、学校活动等提炼和构建学校稳定的核心价值理念,这是学校的灵魂,是统领全校师生员工的精神动力,是落实学校培养什么样的人和怎样培养人的根本问题,是学校各种环境文化和行为文化的根源和本质。学校应遵循人的成长规律和教育规律,坚持使用符合实际的,具有可解释性、可操作性的,自己能够驾驭的教育理念办学,并且把这种核心价值理念贯穿于教育教学之中,在实践中科学论证,在深入研讨的基础上不断完善,使学校文化成为师生共同认可的先进文化。

2.坚持继承与创新结合原则

继承是创新的前提,创新是继承的延续。教师是学校文化建设的主体,更是学校文化的直接传播者,他们通过课程与活动实现文化的传承和创新。因此需要增强教师对学校文化建设的紧迫感、使命感和对本校文化特色的自豪感,应积极发挥他们各自的能力和特长,壮大本校的文化,使之成为学校文化的主动建构者。学生是学校教育的主体,既是学校文化的参与者、体现者,又是学校文化的建设者、创造者。离开了学生,学校文化就失去了继承性,不再具有生命力。学校文化建设的成效,不仅要看对学生的影响程度,还要看学生参与建设的程度。学校领导和教师要通过各种途径激发学生参与的热情和创造潜能,使学生在更多的感动和感悟中,在巨大的感染和启发中形成弘扬学校文化的自觉性。学校文化建设应当是在学校全体成员与历史的对话中实现超越的过程。

3.坚持选择与扬弃结合原则

学校精神文化是社会文化系统中的子系统,它应该是开放的而不是封闭的,它能够从社会文化中吸取积极东西,也必然受到其消极因素的干扰和影响。学校要实现培养全面发展的人这个目的,就必须以积极的态度,牢固树立全局观念,对社会文化进行全面分析与筛选,充分整合、利用本土文化资源,把其优秀的成分吸收进来,如创新精神、竞争意识;对于不正确的价值观念,如拜金主义、利己主义、享乐至上、精神颓废等,应引导学生辨清其弊端并予以摒弃。总之,学校要尽最大努力创造校园小气候,坚持学校文化的相对独立性、正确导向性。

4.坚持实践和发展结合原则

学校精神文化建设是一个动态过程,通过反复积淀、升华,呈现出特有的生命力。这一过程中,第一,要旗帜鲜明地突出办学特色。在挖掘学校历史底蕴、把握学校办学理念、融进各种先进文化的基础上,明确文化主题,关注群体价值观。第二,要坚定不移地深化改革。坚持改革与创新,就把握了学校文化建设的方向。第三,要持之以恒地加强管理。没有领导层的长期重视,动态的发展过程就难以体现,就容易出现断层的局面。此外,管理艺术,管理水平,甚至管理者的人格魅力,均影响着文化的品位。因此,加强管理是学校精神文化建设的关键。第四,扎扎实实地提高效益。我们要克服传统学校文化建设的"物化"倾向,重点提升深层次的精神文化,始终把人的发展摆在第一位,才是成功的保证。

(三)钱塘精神内容及解读

"向善向美　求智求真"是钱塘精神文化的积淀,是钱塘内涵发展的标志。二者既相互独立,又相互承接,联为一体:一是表达出学校坚持做人与做学问并重的办学理念;二是彰显出钱塘人脚踏实地、不懈追求的治教求学态度;三是喻示着钱塘人秉承传统、志存高远的企盼与追求。这三层意思集中体现了钱塘精神的内涵。

1.向善

《道德经》云:"上善若水,居善地,心善渊,与善仁,言善信,正善治,事善能,动善时。夫唯不争,故无忧。""善"即善行、善心。向善的意思是一心向善,与人为善。向善是一种力量,是一种美德。每一个钱塘人做人做事都要存善念、植善心、讲善言、行善事,引向善之风,做有善之人。

2.向美

《说文解字》云:"美,甘也。"引申之凡好皆谓之美。"美"包含着心灵美、语言美、行为美、环境美等丰富的内涵。"向美"的意思是崇尚美好,追求善美。"向美"是文化追求,是人生境界。每一个钱塘人都要努力提升自身的审美素养,学会发现美、感受美、创造美;同时兼收并蓄,学习接纳多元文化,建设有容乃大的智雅校园。

3.求智

《论语》云:"智者不惑""智者乐水"。"智"即知识、智慧。求智的意思是挖掘潜能,启迪智慧。求智是师生发展的核心,是教学工作的目标。每一个钱塘人都要努力求知求智,教师善于智教,学生长于慧学,激发智慧,释放潜能,成为真正的"智"者。

4.求真

《庄子》云:"真者,精诚之至也。真在内者,神动于外,是所以贵真也。""真"即"真实""透彻"。求真的意思是求实求是,与时俱进。求真,是德之境界、学之追求、行之目标。"千教万教教人求真,千学万学学做真人。"每一个钱塘人都要秉承实事求是、求真务实的准则,在为人和治学中探求真知,寻访真理,追求至真,践行智善。

"向善向美　求智求真"已经成为钱塘师生当下的一种精神追求,一种思想标尺,一种行为准则。钱塘学校也秉承钱塘精神,设计出具有钱塘文化特色的校标、校歌和校徽。这些设计都进一步弘扬了钱塘小学的校园文化精神,在很大程度上反映了学校的精神文化价值。

(四)校标解读

1.校标的概念阐述

校标,作为校训和校风的重要载体,是一种空间的艺术造型。既结合学校特征又富有思想内容的好校标本身,能使师生在可以感触的艺术形象中受到美的感染,热爱自己的志向,并且要捍卫它的尊严。校标的设计是学校文化精神的象征,也是学校办学历史和理念的集中体现,促使学生提高自己爱校荣校的使命感和责任感,增强对学校的自豪感和自信心,对培养自由、独立、用于探索的精神起到潜移默化的作用。校标是设计者根据学校办学理念、办学特色以及在办学过程中沉淀和积累起来的人文精神,通过巧妙的构思和设计,将具有象征意义的图像、色彩和文字组合在一起,构成的具有深刻寓意的图形。校标是言(文字)、象(意象)、意(寓意)的结合体,一经设计出来就被赋予了丰富的文化内涵和精神底蕴,在很大程度上代表了学校的精神和价值取向,是学校的标志和象征,也是学校社会形象的代表。

2.校标的确定意义

校标是彰显学校精神和形象的重要载体,其本质属于校园文化。校标自身具有丰富的文化内涵,其主要目的是分辨人员、留存纪念,通过图案、文字来介绍学校的性质和学科,规范学生的行为,提高学校的知名度。

图 3-1　钱塘小学校标

钱塘校标的内容及解读:一轮艳阳,腾跃而起,让知识的海洋,洒满金辉。绮丽的红霞,衬着嫩绿的新芽,彰显生机勃勃。半圆形的船舵造型隐喻传承与发展的办学理念,同时象征花朵,寓意孩子们天真可爱的笑脸。蓝色部分用流水的造型寓意钱塘"智善"之路,和圆圈又勾画出钱塘两字拼音首字母 QT 组成的校标,象征着钱塘的教育事业蒸蒸日上、前程似锦。

(五)校歌解读

1.校歌的概念阐述

人们常说"语言的尽头是音乐的开始"。校歌就是语言和音乐的完美结合,是将校训和校风的内容用旋律、和声、节奏表达出来,使之形象化和艺术化,更容易走进师生生活的具有一定美感的表现形式。校歌作为学校的一张名片,是凝聚人心和鼓励师生开拓创新的精神旗帜,是学校历史和文化的浓缩。一所学校的历史积淀、文化底蕴、精神风貌无时无刻不在传递和传唱,自觉不自觉地形成一种强大的"势力"。在这种"势力"作用下的每一个成员,无不被净化和提升。它常常是一所学校对内的号召和激励,对外的形象展示和宣言,反映的既有办学者、教育者的理想、要求、愿望,又有受教育者的感受、追求和成长心声。

2.校歌的确定意义

校歌在激励学生成长、凝聚学校精神、推动校园文化建设等方面发挥着重要作用。校歌犹如学校的精神图腾,与校徽、校训等相得益彰。我国自近代新式学校出现以后,就有创作校歌的传统,从著名学校到乡村小学,大都有自己的校歌。校歌对丰富校园思想文化、发扬学校优良文化传统、推进校园文化建设具有重要作用。校歌能激励学校每一份子凝聚在一起,不断超越,慷慨激昂地向新目标迈进。一首好的校歌,一般都具有自己鲜明的特色,同时反映着时代精神和历史印记,是个性与共性的统一,历史与现实的统一,思想内容与艺术形式的统一,起着明责、励志、抒情、奋进的教育鼓舞作用,甚至让人一生都铭记在心。

3.钱塘校歌的内容及解读

钱塘的校歌名为《钱塘莲语》,由马立晖作词、陆徽作曲。校歌有一段念白:"彩虹桥、飞南北,阳光钱塘育栋梁;责在前、个性扬,勇敢超越当自强;德如莲、师恩重,以礼为先明方向;书声琅、乐悠扬,快乐成长梦飞翔。"念白将学校校训、精神象征、建筑等相结合,展示了校园文化。《钱塘莲语》一歌蕴含钱塘办学之风,也对钱塘的明天寄托新的希望。

(六)校徽解读

1.校徽的概念阐述

校徽是学校徽章的简称,是一个学校的标志之一,其主要目的是分辨人员、留存纪念,通过图案、文字来介绍学校的性质和学科,同时在佩戴校

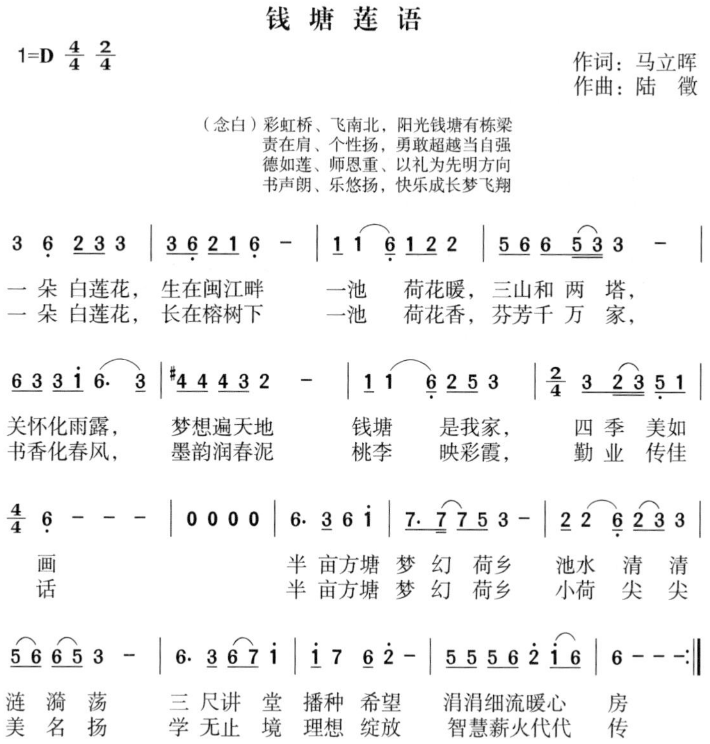

钱 塘 莲 语

1=D 4/4 2/4

作词：马立晖
作曲：陆 徵

（念白）彩虹桥、飞南北，阳光钱塘有栋梁
责在肩、个性扬，勇敢超越当自强
德如莲、师恩重，以礼为先明方向
书声朗、乐悠扬，快乐成长梦飞翔

一 朵 白莲花， 生在闽江畔　 一池　 荷花暖、三山和 两 塔，
一 朵 白莲花， 长在榕树下　 一池　 荷花香，芬芳千 万 家，

关怀化雨露， 梦想遍天地　 钱塘　 是我家， 四季 美如
书香化春风， 墨韵润春泥　 桃李　 映彩霞， 勤业 传佳

画　　　　　　　　　　　　　半亩方塘 梦 幻 荷乡　 池水 清 清
话　　　　　　　　　　　　　半亩方塘 梦 幻 荷乡　 小荷 尖 尖

涟 漪 荡　 三尺讲 堂 播种 希望　 涓涓细流暖心 房
美 名 扬　 学无止 境 理想 绽放　 智慧薪火代代 传

图 3-2　钱塘小学校歌

徽的时候也给佩戴者在无形中增加了纪律的约束，规范学生的行为，提高学校的知名度，体现出学校的特征，让人容易记住。

2.校徽的确定意义

校徽能凝聚学校的办学理念、目标、宗旨。佩戴校徽是一种形式，其中的德育蕴含很丰富。把校徽戴起来，有助于培养学生对学校和班级的集体荣誉感，学生对校徽的浓厚感情和自发的真诚理解也会起到凝聚人心的作用。

3.钱塘校徽的内容及解读

校徽的设计体现了一个学校的文化氛围，钱塘小学将"智善"校园文化的建设体现在校徽中。根据智善教育的理念，学校重新设计了校徽。一轮艳阳腾跃而起，让知识的海洋洒满金辉。绮丽的红霞，衬着嫩绿的新芽，彰显生机勃勃。半圆形的船舵造型隐喻传承与发展的办学理念。以钱塘两字拼音首字母 QT 组成的图案，象征着钱塘的教育事业蒸蒸日上、前程似锦。蓝色水波纹部分为字母 ZS，寓意"智善教育"，流水的造型象征着钱塘

图 3-3　钱塘小学校徽　　　图 3-4　钱塘小学校徽
（学生版）　　　　　　　　　（教师版）

的水文化,也隐喻着通往成功教育的智善之路。一枚小小的校徽里隐喻着钱塘的精粹和力量。

八、校训建设

校训是一所学校文化的灵魂,也是一所学校文化建设的核心内容。"校训"一词原本是由日本引进的舶来词。最早对"校训"概念进行解释的是由舒新城主编、中华书局 1930 年出版的《中华百科辞典》。"校训"的解释是"学校为训育之便利,选若干德育条目制成匾额,悬见于校中公见之地","目的在于使个人随时注意而实践之"。

1988 年出版的《汉语大词典》解释:"校训,即学校为了进行道德教育的方便,选择若干符合本校办学宗旨的醒目词语,作为学校全体人员的奋斗目标。"

可见,校训是一所学校学风的集中体现。它反映出一所学校的办学理念、文化积淀与历史传承,也体现出一种独有的校园精神。重视学校的发展,必须重视以校训来引领整个学校的文化建设。校训是学校文化建设的一部分,是其中的核心部分。

（一）校训的确立意义

校训,作为一个标尺,激励和劝勉在校的教师和学子们,即使离开学校多年的人也会时刻将校训铭记在心。校训能体现学校的办学原则与目标,是一种文化,是一种面向社会的精神标志,能为学校起到一定的宣传作用。

世界著名学府哈佛大学的校训"VERITAS"（即英文中的"Truth"）,翻译成中文是"真理",告示着大家大学的责任在于追求真理。耶鲁大学的校训也同为"Lux et Veritas"(即"光明与真理")。

"自强不息,厚德载物"是中国高等学府清华大学的校训,也是当代大学生应该具备的优秀品质和基本道德素养。它精辟地概括了作为一个高尚的人,在气节、操守、品德、治学等方面都应不屈不挠,战胜自我,永远向上,力争在事业与品行两个方面都达到最高境界。

可见,确立校训有两个方面的现实意义:第一,校训的确立有助于学生进一步更新教育观念,树立先进、科学的教育理念,统一教育思想,明确学校的本质意义和每一所学校各自的发展方向和目标。第二,有助于优化教风、学风和校风,健全校园文化内容,完善学校文化思想,巩固和提高教育教学质量,培养出更多品学兼优、全面发展的高素质人才。

(二)校训的确立原则

1.评价原则

校训对师生的行为规范有指导意义,向所有师生指明了努力的方向。校训往往用来引领校园环境建设,设置在学校最为醒目的物质载体上。这些物质的载体包括许多方面,要具体化。比如将校训制成牌、碑,或者刻在墙壁之上,或者刻在其他的亭台楼阁之上,或者将校训制作成标志性的雕塑;将校训放入学校的官方网站标志栏目之中;将校训写入招生简章、学校简介、新生录取通知书、毕业纪念册、自编教材与讲义、作业练习册等之中。使每一个师生经常性地看到它,受其潜移默化的心理脉冲,逐渐内化为自己的价值尺度,并以此衡量自己的行为,直至最终依据这一价值尺度来及时调整和校正自己的行为。

2.导引原则

校训对理想信念的导向功能是把师生间"教"与"学"活动引领到正确的轨迹上,能为学校整个教育实践活动提供精确的导向,它具体表现为可以团结全校师生力量,点燃他们的奋斗激情。校训对教育目标的导向功能更多体现在育人目标上。许多学校校训不仅有当地历史文化的气息,也表现出育人目标要求的高标准。长时间后,它会逐渐内化为学校师生的一种心理因子,赋予他们一种文化精神,主导他们的一言一行,帮助他们充分实现自我。

3.激励原则

校训本身具有巨大的号召力、鼓动力。于学生而言,要将校训作为人生道路上的"指路明灯",不仅要扎实地学好自己的文化知识,更要将学校精神内涵内化于心。于教师而言,教师不单单是知识的传授者,更是学生心灵的培养者,教师要率先垂范,坚定自己的理想信念,将教书育人作为自己的奋斗目标,扎实自己的专业水平和教学知识,关爱学生,增强自己的责任意识,严守职业底线。因此,校训无论是内化为一种自在的评价标准,还是内化为一种自在的引导,最终都要落实到实实在在的激励行为上。

(三)钱塘校训内容及解读

钱塘小学结合自身发展历史及特色,将本校校训定为:个性、负责、勤业、超越。

1.个性

多元智能,个性成长。21世纪是个富于创造、敢于创新的时代,新时代下培养学生的个性显得尤为重要。所谓个性就是个别性、个人性,就是一个人在思想、性格、品质、意志、情感、态度等方面不同于其他人的特质。任何人都是有个性的,也只能是一种个性化的存在,个性化是人的存在方式。在瞬息万变的时代背景下,钱塘小学重于培养发展学生的多元智能,让学生的个性得到发展,倡导的是一种以学生为主体的个性化教育模式,因为创新的根本条件就是个性的发挥。

2.负责

勇于担当,从我做起。晋葛洪在《抱朴子·博喻》中写道:"量才而授者,不求功於器外;揆能而受者,不负责於力尽。"唐徐浩在《谒禹庙》一诗中写道:"负责故乡近,揭来申俎羞。"鲁迅在《坟·论雷峰塔的倒掉》中写道:"'水满金山'一案,的确应该由法海负责。"此处"负责"意为"担负责任"。毛泽东在《新民主主义论》中写道:"我们民族的灾难深重极了,惟有科学的态度和负责的精神,能够引导我们民族到解放之路。"巴金在《中国作协第三次会员代表大会闭幕词》中说:"作为作家,就应当对人民、对历史负责。"此处"负责"意为"(工作)认真踏实;尽到应尽的责任"。"责任"是我们应该具备的最基本而又是最重要的素质,更是做好一件事情所必需的条件。负责就是一个人对自己的所作所为负责,对他人、集体、社会承担责任和履行义务的自觉态度。从某种程度上来说,角色饰演的最大成功就是对责任的完成。负责不仅是一种习惯、一种素质,更是一个优秀的人所必备的品质。

3.勤业

努力进取,自强不息。《孟子·告子下》:"生于忧患,死于安乐。"因此,只有勤奋努力才能使个人有所发展,才能安邦定国。古人云:"业精于勤荒于嬉,行成于思而毁于随。"要始终保持一种张弛有序的工作状态,保持一种昂扬向上的精神。将"勤业"二字定位校训,意为教导学子努力进取,自强不息,要以国家、社会发展为己任,爱岗敬业、勤于学业,从而提升自我的幸福感、荣誉感。

4.超越

敢为人先,不断超越。超越,就是敢于挑战自我、战胜自我、超越自我。人生的意义就在于超越自己。超越是一种很高的境界,只有能实现自我超越的人,才能在改造主观世界的同时改造客观世界,才能在实现自我价值的同时为社会造福。因此我校在追求个性、认真负责与勤业进取的基础上,进行升华,提出对学生更高的要求,帮助学生实现自我超越,追求人生新高峰。

第三节　智善教育的教师发展

习近平总书记在 2013 年向全国广大教师致慰问信中指出:"百年大计,教育为本。教师是立教之本、兴教之源,承担着让每个孩子健康成长、办好人民满意教育的重任。"在与北京师范大学师生交流时,习近平总书记又指出:"一个人遇到好老师是人生的幸运,一个学校拥有好老师是学校的光荣,一个民族源源不断涌现出一批又一批好老师则是民族的希望。"所谓好教师,理想、道德、学识、仁爱缺一不可。教师要牢固树立终身学习理念,不断提高业务能力和教育教学质量;牢固树立改革创新意识,为发展具有中国特色、世界水平的现代教育做出贡献。钱塘小学通过广铺平台、多开渠道持续凝练智善教师的教学风格,努力铸就一支师德高尚、业务精湛、结构合理、充满活力的智善教师队伍。

一、教师管理,师德为上

坚持实施师德师风建设工程,坚持把师德师风作为评价教师素养的第一标准,以教育教学为中心,铸就教师的"魂",紧紧围绕"智善"教育理念,智善并举,全面推进师德师风建设。积极组织开展各类师德师风教育活动,如:签订各类师德承诺书、开师德专题研讨会等;坚持发挥榜样作用,开展优秀教师会前分享,"师德之星""身边最美教师""钱塘智善教师"教师评选活动等,不断形成积极求智向善的师风。

(一)加强理论学习

学校始终注重全体党员的理论学习,规范党员学习制度,丰富学习形式,以党会党课、道德讲堂、创建书香校园等形式开展学习活动,建设学习型党组织。

同时通过党员学习带动教师的政治学习,并使教师的政治学习做到计划落实,内容落实。每学期的政治学习保证每月至少一次,每次学习内容都落实到具体人头。由主讲人根据计划去准备内容,一般由校长或党总支书记承担。

日常政治学习活动形式多样,如:《学习强国》、党课讲座、电化教育、座谈讨论、撰写心得、线上交流、线下自学等。党支部始终坚持把集中学习与个人自学相结合,小组研讨和学习辅导相结合,细化学习教育内容,发放统一学习笔记,定期撰写学习心得,落实活动效果。同时,支部注重结合时事热点及上级文件精神,多次特邀各级专家、书记、校长上党课、开专题讲座,及时地为党员和教师们解读各级文件及会议精神。除了进行相关的理论学习外,还努力拓展学习载体,通过红色教育、党建知识竞赛、学习讨论会、观看影片、党建知识测试等活动创新学习方式。

(二)签订承诺书

钱塘小学注重师德廉政建设,坚持每学期初举行师德承诺书签订仪式,每逢节假日签订自查报告等,全体教师签订师德承诺书、廉洁过节自查情况报告,提振精气神,营造廉洁校园氛围。老师们将师德要求内化于心,外化于行。

(三)评师德师风

钱塘小学通过抓实师德师风建设,不断完善师德师风监督机制、监管体系和评价体系,通过教师自评,教师、学生、家长互评的评价机制,多维度、多元化地对教师进行全面考核。

（四）开展好活动

活动是很好的育人途径。通过活动前的宣传发动，活动中的启发引导，能起到潜移默化的作用，达到事半功倍的效果。党支部组织各种各样的师德师风教育活动。只有坚持不懈地组织教师学习、活动，师德师风建设才会有保障。先后组织优秀党员教师会前分享、学习身边师德榜样等活动，组织老师们听师德讲座及身边先进老师的典型事例。在榜样的引领下，老师们一言一行在不自觉间悄然变化。积极举办"师德之星""四有教师""智善教师""最美身边教师"等优秀教师评选活动，弘扬先进教师的"向善向美　求智求真"的榜样力量，以模范的影响力引导教师们见贤思齐，创先争优，提高广大教师的服务意识、教书育人意识，树立了"廉洁从教"的良好风尚。

（五）设立微讲堂

好老师一定要有强烈的责任感和仁爱之心。在仁爱的土壤中浇灌禾苗，培育新芽。为了提升青年教师的师德修养，钱塘小学在每周一的教师大会伊始，开设"微讲堂"。

名优骨干教师们深情讲述自己的专业成长之路，给所有的教师以思想的浸润，帮助老师们更好地树立奋斗目标。优秀班主任也不遗余力地推广自己巧妙的"治班锦囊"。每一次短短五分钟的"微讲堂"，一个个触碰心弦的成长故事，传递的是优秀教师们对学生无私的爱和对教育事业的执着，这也无声地鞭策、激励着青年教师，为他们的专业成长引航。

新时代浪潮下的老师不再是蜡炬与春蚕，应是带领学生遨游知识海洋的向导，老师们在平凡的岁月中勤学好学，在三尺讲台上睿智慧教。

二、智善教师，榜样引领

为践行智善理念，打造幸福校园，自 2015 年 6 月起，钱塘小学在全体教师中开展"智善教师"评选活动。活动旨在表彰那些用自身良好的素质、师德的形象、人格的魅力影响引导学生的老师们，以进一步加强"谦恭睿智　厚德崇善"的教风营造，从而推动学校精神文明建设，培养出一支智圆行方、日臻完善的精师团队。

（一）"智善教师"总体要求

——从善的人格，即具有高尚的师德和良好的修养；

——睿智的思想，即具有勤学的精神和丰富的知识；

——智慧的方法，即具有研究的意识和先进的理念；

——灵动的特色，即具有出色的智慧和育人的艺术。

（二）"智善教师"评选办法

"智善教师"的评选分为六个阶段。

1.宣传发动，营造氛围

组织教师学习评选方案，鼓励老师们积极参与，人人争当"智善教师"。同时在校园网上公布方案，邀请家长和学生也参与推荐活动。

2.个人申报，年段推荐

各年段在教师自主申报的基础上，对照条件，广泛听取意见，民主推荐本年段及教研组的候选人。候选人要提供翔实、富有特色的事迹材料。年段要提交推荐表，写明推荐理由。

3.资格审查，专业考核

考核小组成员对候选人的材料及相关资格、条件进行审查。考核主要通过召开座谈会、组织听课、查看备课记录、个别谈话、调查访问、民意测验等形式进行。

4.个人述职，民主投票

学校公布参评候选人名单。候选人在教师大会上进行述职，全体教师民主投票。根据投票结果，学校确定前10位为"钱塘智善教师"候选人。

5.宣传事迹，树立榜样

学校及时公示评选结果并通过各种形式进行宣传展示。

6.表彰教师，弘扬师德

结合教师节活动，隆重表彰获奖教师。

"钱塘智善教师"评选活动是我校打造智善教育，构建智善校园的一件大事。全体教师都高度重视，积极进行推选。"智善教师"是我校教师中的优秀群体，学校大力宣传他们的先进事迹，在全校内掀起"比学赶超"的热潮。学校授予"智善教师"获得者证书和水晶杯，并在政策允许下，提升教师当年的年终绩效奖励。

（三）智善教师评选活动成效

1.树立了智善教师的典型

智善教师评选活动是以全校教师为对象,通过深入寻找、发掘、宣传有代表性、高素质的教师,对他们奉献教育的炙热情怀给予褒扬和鼓励,鼓励教师安心从教,用心从教。通过智善教师的评选活动,我们努力使学校里行为美、道德美、课堂美、事迹美的优秀教师得以被发现。他们治学严谨,师德高尚;他们关爱学生,热爱学校,展示了新时期教师的新形象。学校大力宣传他们立德树人、爱岗敬业、为人师表、严谨笃学的先进事迹,鼓励广大教师以他们为榜样、扎根教坛、默默奉献,提升教师教书育人的荣誉感和责任感。

2.促进了师德师风建设

师德师风建设是一项长久的、系统的、事关学校工作全局的大事。长期以来,钱塘小学着力建立和完善教师师德师风建设长效机制。在智善教师评选中形成了"推荐智善""宣传智善""评选智善""学习智善"的浓厚氛围。活动过程中,教师们都能以最美的精神、最美的行动,展示最美的自己,大力弘扬恪尽职守、为人师表、献身教育的精神风貌和人格魅力,促进了钱塘小学的师德师风建设。

三、队伍建设,分层提升

学校成立课堂改革领导小组,制定《推进智教慧学理念深化的实施方案》,推动各学科教师参与践行"智教慧学"理念的实践。学校拟请专家为各学科教师做专场讲座,更新教师理念,提升教师对"智教慧学"这一理念的认识。教导处组织各教研组长围绕"智教慧学"这一主题,制定相关的制度、措施及评价标准,推动课堂教学的改革,真正达到教师智教和学生慧学的目标。

青年教师是教育的希望和未来,也是学校的生力军和顶梁柱。每年都有大批优秀的师范院校毕业生载着满腔的热情,投身到钱塘小学这片教育的热土上。刚走上工作岗位的他们,工作阅历尚浅,教学经验不足。为了促进青年教师尽快地走向成熟并脱颖而出,钱塘小学制定了一系列切实可行的"培青计划",开启了钱塘小学"培青工程"。近年来,科学高效的培养方法,不仅提高了青年教师的业务水平,也让他们自信地行走在专业成长的道路上。

(一)专业引领——营造成长的氛围

教学基本功是完成教学任务的基本条件,也是教师综合素质的重要体现,为此,我校特别邀请了逸仙学校的书法家为青年教师授课,创设"三笔字"练习平台。每周,加入"墨韵俱乐部"的年轻教师们都将聚集古色古香的"墨韵轩",在书法老师的引领下,在点画线条的练习中收获成长的喜悦,感受艺术的魅力,提升自己的专业素养。

当然,更重要的是要提高青年教师的教学水平,提高他们准确把握课标、正确处理教材和灵活运用教法的能力。为了让他们在专业上少走弯路,更快更好地成长,学校为语文、数学、英语以及综合学科分别聘请了理念先进、教学经验丰富的各学科专家导师,帮助青年教师解读教材,针对他们在工作中存在的疑惑和教学重点展开研讨。在导师的专业引领下,教师们通过观看录像、实践观摩、互动交流等不同的研讨形式,在倾听、分析、实践的过程中,为年轻教师的教学实践拓宽了思路,营造了浓厚的专业成长氛围。

(二)团队互助——拓宽成长的路径

为了拓宽成长的途径,学校还为青年教师选配了一批师德高尚、业务精良的指导老师,并别出心裁地组建了"师徒团队",即"名师"领路,三位导师共同携手,帮扶一位工作年限在五年以下的青年教师,共同学习,教学相长。

一方面,在"学"字上下功夫。在这个团队中,指导教师们在教学上各有所长。他们积极发挥"传、帮、带"的作用,借助团队的力量,帮助徒弟制定三年成长规划,建立他们的专业成长记录袋,并通过每周的跟踪听评课,即指导备课—听课—评课—总结等环节,推进年轻教师业务水平的整体提高。有了这样的团队,青年教师们就可以领略不同的骨干教师风采,学习不同的教学策略与方法,并得到多方位的帮助。

另外,学校也对青年教师的专业成长进行督查,给予关爱:每月一篇"教育叙事",记录自己本月的教学随笔或班级管理的教育故事;每月手写一份课堂实录,走进"名师课堂",翔实记录教学环节以及师生对话,更好地感受灵动的教师语言、精彩的课堂评价;每月一次青年教师座谈会,大家畅所欲言,交流学习心得,或者质疑问难,学校领导们都认真倾听,逐一记录,并亲切地答疑解惑。

另一方面,在"研"字上求实效。为尽快提高青年教师的教研水平,学校还特别开设了钱塘小学"勤业讲堂"——以教研组为单位,围绕不同的研讨专题,邀请名师、作家、诗人走进钱塘,或进行专家讲座,或展示公开示范课,再推动全体教师参与研讨,实现激发教师以课改理念指导课堂教学实践的目的。

为了把教研工作落到实处,我校每周定期组织集中教研活动,分学科、分时间、分地点举行。把日常教学工作与教学研究融为一体,以勤业讲堂为主线,将学校相关的教育教学活动纳入其中,从而形成主题鲜明、活动丰富的校园学术氛围。学校推出了智教慧学课堂教学研究课,在研讨中进行教学实践,展示教的智慧、学的智慧、教学互动的智慧。

教研的实效性还常常体现在我们的"年段集备"上。开学初,学校就制定了"年段互听课"计划。每周一节公开课,人人参与,互动点评。我们常常看到有些年段的老师总在闲暇之余,泡一壶茶,围坐在一起,进行"微备课"。特别是,每当年段的青年教师面临公开课等成长的好时机时,老教师、骨干教师们,都会伸出援助之手,组建"年段备课团队",一同磨课、评课,大到一个教学理念的争议,小到一句话、一个眼神的指导。经验丰富的名优骨干教师无微不至的关怀与帮助,都是为了让年轻教师们成长得更快、更好。

(三)分层培养,搭建平台——创造成长的条件

毋庸置疑,公开课是青年教师成长的基石。除了学习,只有不断地教学实践,才能切实提升他们的专业技能。因此,学校尽量为年轻老师搭建自我展示的平台,积极鼓励他们承担各级教研课题、公开课。每周一下午的数学教研,每周三的语文"培青",周五的"英语"听评课,都是青年教师展示自我教学水平的"舞台"。这里既有专家引领又有导师指导,既有理论学习又有实践演练。每一次的培训,都给予了他们教学实践中的正确导向。行走在专业成长路上的青年教师们,他们付出的努力不会褪色,不会被遗忘,换来的是一个个丰硕的教学成果。

1.通过各项赛事,推动"智教慧学"深入开展

钱塘小学教育集团暨钱塘学区第一届"智善杯"优质课比赛以及钱塘小学教育集团暨钱塘学区第一届"智善杯"教师技能大赛的举办,充分展示了钱塘小学教育集团、钱塘学区教师"智教慧学"教学实践的成果,推动了

"智教慧学"教学理念和教学模式在钱塘小学教育集团和学区的不断推广和深入开展,充分展示了钱塘小学教育集团和钱塘学区教师扎实的教学基本功和扎实的专业知识及教学素养,展示了孩子们勤于思考、善于表达、乐于合作、勇于探索的良好的学习品质。

2.通过学区共同体活动,辐射推广"智教慧学"

钱塘小学教育集团、钱塘学区进一步深化共同体建设,充分发挥钱塘小学的示范、引领、辐射作用,切实带动钱塘小学教育集团各校区、钱塘学区各校共同发展,推动集团、学区内各校在教育教学、师资队伍、教学质量等方面达到优质均衡。钱塘小学教育集团各校区、钱塘学区各校在钱塘小学的引领下参与研究"智教慧学"课堂教学模式的建构和实践,分别于2017年10月和2019年4月在钱塘文博小学和钱塘小学教育集团湖前校区举行了两次名为"智善文化背景下'智教慧学'课堂模式建构与实践"的主题教学研究现场会活动,呈现集团、学区各校语文、数学、英语、体育、音乐、美术、科学、信息、综合实践、心理健康等学科教材分析、学情分析、研讨课展示、课后反思、课堂观察、互动辨课"六大模块"教学教研模式,汇报交流教育集团、学区各校课堂教学改革的阶段性成果。每一节课的呈现都是学科教研组教师集体参与、研究和成长,表现的是以课例研究为切入点的教材分析,学生认知起点分析,以生为本的课堂教学研究,课堂观察分析以及老师们对师生课堂表现的互动点评和观点交锋。

3.发挥工作室功能

组织教育集团各学科教学工作室的建立。更好地发挥福州市钱塘小学教育集团、钱塘学区各学科名师、骨干教师的示范、辐射、引领作用,推进教育集团、学区教师群体专业成长新格局,促进所有教师的共同发展,形成良性的教师互动机制,实现优质教育资源共享。积极探索融发现、培养、使用、提高于一体的教师专业发展机制,促进教师专业发展的主动性和自觉性,为优秀人才成长创造良好条件。

第四节　智善教育的课程体系

课程是学校实施教育的基本途径,是教育观念、教育思想的重要载体。

《国务院关于基础教育改革与发展的决定》指出,要实行国家、地方、学校三级课程管理,增强课程对地方、学校及学生的适应性。学校课程建设管理应当包括:国家课程和地方课程的有效实施以及校本课程的合理开发。

国家课程是国家管理和评价课程的基础,它体现国家对不同阶段的学生在知识与技能、过程与方法、情感态度与价值观等方面的基本要求。而地方课程则是以国家课程标准为基础,在一定的教育思想和课程观念的指导下,根据地方经济、政治、文化的发展水平开展的课程,具有明显的地域性特点。校本课程则是结合本校的传统和优势、学生的兴趣和需要,开发或选用本校的课程。因此,只有当课程异彩纷呈,才能促进学生全面、和谐发展,才能促进学生的个性化发展,达到培养学生的目标。

学校在课程建设管理中,围绕着钱塘小学学生培养目标,在保证实施国家、地方课程的基础上,着眼于开展有学校特色的智善校本课程体系,形成了"一体两翼"的课程结构。"一体"是核心课程,指的是以学业基础的国家必修课程为主体,"两翼"指的是地方课程与校本课程。这样,通过课程体系的不断完善和实施,将国家课程进行校本优化、地方课程进行定向选择、校本课程进行有机融合,从而达到我们的教育培养目标。

一、国家课程的校本优化

所谓国家课程校本优化就是"在坚持国家课程改革纲要基本精神的前提下,学校根据本身的实际特点,将国家层面上规划和设计的面向全国所有学生的书面的计划的学习经验转变为适合本校学生学习需求的实践的学习经验的创造性实践"。其核心就是要"因校(人)制宜"地对国家课程进行优化,既不能死板机械地实施国家课程,更不能抛开国家课程另搞一套,而是根据校情、学情对国家课程的教材内容进行优化,实施智教慧学策略,建构智慧课堂,从而优化国家课程,强化学校的学生目标的教育与渗透。这样既完成了国家课程的教育目标,又完成了我校具体的教育目标。

国家课程中的品德学科是一个重要的思想教育的主渠道。我校除了上好规定教材的内容以外,更是将品德学科课程进行校本优化,在课程中恰如其分地融合了我校的学生培养目标,达到润物细无声之功效。例如,结合"我爱我的学校"一课,拓展课程教材内容,增加了钱塘校史教育、钱塘智善教育、钱塘精神教育等,将学校推崇的钱塘精神、三风一训、培养目标等内容融入其中,讲述优良学风的形成,讲述校训的定义,这样,在课程教学中,通过钱塘精神的引领、钱塘学风的养成以及校训的入脑入心,让学生树立"今天我以钱塘为荣,明天钱塘为我而荣"的爱校情怀,形成更加强大的教育合力;再如,结合"学习伴我成长"一课,不仅教授学生多样的学习途径,还适当拓展了教材的内容,将我校推崇的生活能力、动手能力与创新能力三种能力的培养目标贯穿其中,教会孩子掌握这样的能力,都将伴随着自己终生的学习。不仅是品德学科,其他各个学科的国家课程我们也进行了有意识的校本优化,将学生培养目标融入其中。如,语文学科进行"阅读课"书香课程延伸,一周专门拿出一节课作为进馆阅读时间,同时,结合开展读书月活动、阅读打卡活动、征文比赛活动等等,从小培养学生读好书、好读书的爱阅读的好习惯;数学学科增设"趣味数学""数学思维"等多种课程设计,通过有趣的课程设计,进一步激发学生的思维能力;体育学科,除了完成常规教学内容以外,还全校性地增设了"非遗"物质文化遗产——咏春拳的课程教学,将这一内容引进课堂,不仅起到强身健体、锻炼生活能力作用之外,还对进一步传承中华文化起到了推波助澜的作用;美术学科,我们也对国家课程进行了校本优化,在原有课程的基础上,拓宽思路,增设了剪纸、折纸、软陶、彩绘等多种美术技能课程,大大增强了学生的动手能力、实践能力和创新能力。

总之,对国家课程进行适当的校本优化,更好地培养了学生愿学、会学、博学,乐读写、善听思的良好学习习惯和终身学习的品质,实现了"习惯、方法、能力"的梯次跨越,让学生在学习书本中的平面知识基础上,养成良好的学习习惯,最终达到我们的培养目标。

二、地方课程的定向选择

地方课程是基础教育课程体系中的重要组成部分。它有效增强了课程对地方的适应性,形成课程的地方特色,具有较强的实用性。地方课程教材内容往往与地方资源紧密结合,它注重以地方的历史、文化、经济、社会、自然、环境等内容为研究对象,通过不同形式的实践活动来优化课程结构,从而切实发挥地方课程的育人功能。目前,我们使用的地方课程教材为省颁统编的《海西家园》。这套教材以海西建设的时代精神为主线,以省情特色为主要学习内容,形成了一系列富有时代性和地域性的特色专题,因此,如何将地方课程与我们的学生培养目标进行整合,就需要我们科学地对地方课程做出定向选择。

所谓定向选择,就是在地方课程中选择相应的内容对学生的培养目标进行有意识的融合,使地方课程教学内容与我校培养目标紧密结合,最大限度地发挥地方课程的实效性。例如,教材中的"科技海西"版块,旨在了解科技传统,培养科学精神,追寻了福建的科技传统,介绍许多闽籍科学家的群体形象,领略到福建的伟大科技成就。结合我校的学生培养目标,我们也非常重视从小培养孩子的动手能力与创新能力,这与我们的培养目标高度契合。于是,在进行地方课程教学中,我们有意识地做到将课程与培养目标有机结合起来,结合教材内容予以适当的补充和拓展,在课程设置上增设了机器人、3D打印、创客、科幻画创作、科技创新作品设计等内容。通过对地方课程适当地改造和增加,让孩子从小就有大胆思维、敢于创新的科学精神,争做勇于创新的好少年,树立起长大用自己的才华为建设美丽家乡服务的美好愿望。再如,教材中的"红色海西"版块,主要是介绍历代闽籍将领们的成长历程,追思革命先辈的丰功伟绩。于是,结合我们的培养目标,我们希望每一位从钱塘毕业出去的学生都拥有"向善向美 求智求真"的钱塘精神。而这种精神的力量与闽籍将领们为了追求真理而奋斗的精神高度契合。于是,我们对地方课程的教材做了适当的选择与补充。将钱塘所推崇的"向善向美 求智求真"的钱塘精神融入本单元的教学中,教育学生前辈们抛头颅洒热血的背后正是蕴含着"向善向美 求智求真"的精神力量,他们也是通过不断奋斗去寻找真善美、寻找光明的世界,让我们的后辈子孙能在幸福安逸的生活环境中求智求真,建设美丽的祖国。将课程与培养目标糅合在一起进行教育,往往会带给学生更深刻的记忆和印象,也更容易被学生所接纳,从而内化为自身的行动。

由此可见,对地方课程的教材进行积极的定向性选择,结合学校制定的学生培养目标进行有意识的选择、补充、拓展、增设,都能进一步丰富课程资源,使教育具有更加明确的指向性和目的性。

三、校本课程的有机融合

校本课程开发有利于创建学校特色。学校具有特色,也就意味着培养出来的学生具有鲜明的个性和独创性。开发校本课程,其最终目的就是充分发掘学生的个性潜能优势,促使他们个性全面和谐地发展。这也是我们培养目标的一个为之努力的方向。

首先,将培养目标内容贯穿于校本课程的教材设置之中。我校在国家学科课程及省颁地方课程的基础上,利用每周三下午的一、二两节课,开展全校性学生自主选择的"走班制"智选校本课程。设置丰富多彩的智选校本课程,其目的就是希望通过校本课程更有针对性的补充,进一步达到学生的培养目标。我们一共开发了 105 个不同领域的校本课程。智选课程的开发,培养了学生学习能力,使学生养成爱阅读的好习惯;培养了学生的创新能力,使学生养成勤思考的习惯;塑造了学生的道德情操,使学生养成懂礼仪、讲文明的好习惯。

其次,将校本课程有机融合在学生一天的学习生活之中。从学生一日校园生活时间轴来看,学校的校本课程安排如下:

(1)"有氧早餐"系列课程。从每周二到周五,每天的 7:45—7:50,分别安排了一周新闻、心灵家园、科学探秘、英语天地四个专题版块,由每个板块的负责老师或学生通过广播向全校推送。

(2)阳光运动系列课程。开展丰富多彩的阳光大课间系列课程。有集体广播操、武术操和咏春操,有每个班级轮流安排的运动项目。其中有跳绳、敏捷梯、炫舞球、跳跳球、袋鼠跳、呼啦圈等近 20 种活动项目。丰富而有趣的活动,充分调动了学生积极性。

(3)墨韵书香和国学经典诵读课程。周二到周五,没有安排阳光运动的班级开展静态大课间书法和诵读活动。孩子们在老师的带领下练习书法,诵读校本教材系列的《弟子规》《三字经》、唐诗、宋词、元曲和小古文,引领学生在传统文化的浸润中学会做人,学会欣赏,学会创造。

(4)书香下午茶课程。每天下午上课前半小时,学校推广"静心阅读",孩子们可以翻阅在班级图书角、走廊图书角、南北区两个图书馆里丰富多彩的藏书,用书香陪伴着孩子们成长。

最后,校本课程与立德树人的德育培养目标有机融合。我校学生培养目标中第一条就是每一位钱塘学子要有一种"向善向美 求智求真"的钱塘精神。这是钱塘人独有的精神风貌。学校以丰富的智善活动引领学生向美求真,以丰富多彩的活动课程为载体,从而植善念、存善心、说善言、释善美,润化学生心田。如我校每个月均有一个围绕"善"为主题的实践活动课程,主题鲜明、缤纷多彩的"善"课程实践活动可谓春风化雨,在学生幼小的心灵中埋下一颗颗善的种子,从小养成讲文明、懂礼仪的良好习惯,长大后成为一名翩翩智善少年。

可以说,将校本课程与培养目标进行有机融合与渗透,二者相互影响,相互作用,全面提高了学生素质,发展了学生的兴趣和特长,拓宽了学生知识面,培养了学生的合作精神、创新精神和实践能力,发展了学生对自然和社会的责任感,有力地推进了学生综合素质的提升,从而实现育人目标。

四、创设新六艺课程体系

福州市钱塘小学教育集团在整合创设智善课程体系之初,就以发展学生核心素养为目标,以古为鉴,围绕"智善"核心理念加以统整,形成国家课程、省颁课程、智善校本课程相互关联的体系。国家课程和省颁课程主要是从学科角度设置具体课程,作为补充的智善校本课程则主要立足校本进行自主建构,包含礼、乐、射、御、书、数六大领域,与《周礼》所倡导的古代课程体系"六艺"相呼应。其中"礼乐"承担着政治宗法及伦理道德规范教育,为"六艺"之首;"射御"为射箭和驾驭马拉战车的技术训练,古代属军事教育范畴,也含身体锻炼成分;"书数"为识字和计数教育,属基本常识范畴。这是一种文武兼备、知能兼求的课程设置方式,体现了先贤的教育智慧。钱塘的"智善"课程立足古"六艺"基础之上,结合现代课程理念和学生成长之需,统筹考虑原有学科课程的空白点,对已有的校本课程、社团进行整合与扩充,这样就形成涵盖立德树人、艺术熏陶、身心健康、劳动技能、人文素养、思维培养等六个领域的"新六艺"课程体系(如表3-1)。

表3-1 "新六艺"课程体系

礼(立德树人)	节日活动、智善主题活动、仪式教育、主题晨会、智善少年、钱塘之星
乐(艺术熏陶)	墨韵、管乐、合唱、舞蹈、绘画、压花、衍纸、纸雕、折纸、特色乐器
射(身心健康)	田径、篮球、咏春、足球、跆拳道、健美操、羽毛球、花样跳绳、心理健康、三棋、高尔夫球、阳光大课间
御(劳动技能)	厨艺、十字绣、编制、手工、风筝制作
书(人文素养)	有氧早餐、经典诵读、书香下午茶、绘本阅读、诗歌欣赏、名著欣赏、英文绘本阅读、古文欣赏
数(思维培养)	数学思维、趣味数学、机器人创客、3D打印、科学之谜、电脑绘画、动画制作、VR课程

近年来,学校组织教师编写了十余本校本教材,近千位学生参与其中。以教师、学生以及学习载体三者之间的对话为主要方式的智慧课堂,整合了各种教育资源,创设了富有智慧的教育条件,这些已经开发的课程可以

分为艺术课程、阅读课程、健康课程、科学课程、综合课程 5 个板块。

（一）以"会欣赏·善表现"为目标的艺术类课程

目前学校开设的艺术类课程包括：书法、管弦乐、二胡、鼓乐、剪纸、合唱、葫芦丝、舞蹈等。学生通过参与这些课程的学习，一方面初步形成审美能力，进而提高艺术修养和鉴赏的能力，积淀艺术文化底蕴，激发对艺术的热爱之情；另一方面，学生也能在这些活动中，逐步发现自己的喜好，从而选择一项可以成为自己专长的课程深入发展，变成自己的一技之长。除此之外，这些艺术熏陶，还能够培养学生的良好心理素质，塑造健全的人格，从而过上健康快乐的生活。

学校根据学生的兴趣爱好、意愿、已有的基础，在各班级中选拔培养对象，形成一个个特色班级。除了在日常教学中对学生进行扎实的基本功训练外，还用丰富多彩的活动形式激发学生的兴趣，让学生体会到学以致用的快乐。

例如，钱塘小学一年一度的"书春联　送祝福"活动。春节前夕，学校墨韵俱乐部近百名会员与逸仙艺苑十几位老书法家在校园内外为社区周边群众义务书写春联，送祝福。活动现场，书法家们泼墨挥毫，方寸间笔走龙蛇，苍劲又灵动的书法大字跃然纸上，引得周围人群啧啧称赞。小会员们有的正襟危坐，调整坐姿；有的点墨梳毫，蓄势待发；有的屏息凝神，落笔生花。小书法家们虽比不上老书法家的深厚书写功底，却已颇有"江山代有才人出"的隽秀飘逸。这些活动不但促进学生书法水平的提升，展示学校书法教育的成果，也加强了学校和周边社区的和谐交流。

目前，墨韵书法系列课程形成了我校书法教育办学特色：我校为"全国写字实验学校""全国写字艺术学校"。近年来，有上万人次学生在各级各类的写字比赛中获奖。

另外，彰显我校艺术教育办学特色的另一社团——钱塘小学管弦乐团也取得了显著的成绩：它是福州市第一支管弦乐队，目前已经发展为两百人的省一级少儿管弦乐团，培养了上千名优秀管乐能手，并多次承担省、市、区各级各类的表彰和庆典活动。

（二）以"会理解·懂表达"为目标的阅读类课程

学校已经开设的与阅读相关的必修和选修课程包括：经典诵读、小记者培训、少儿口语、快乐英语等。不论是汉语还是英语学习，学生语言能力的提高,阅读一定是最重要的方法。有计划、有目的地组织学生进行课外阅读,增加阅读实践的机会,这是学校开发阅读类校本课程的目的。为此,学校积极开启阅读之窗,打开智善之门,润泽书香童年,创设温馨的书香阅读环境,通过"静心阅读""经典诵读"特色课程的引导、读书月活动的开展以及"故事家族"进校园、"墨韵书法俱乐部"等活动,培养学生阅读与书法兴趣,提升学生的文化自信,培养学生良好的文化素养,使其成长为风度翩翩的书香少年。希望通过这些阅读类的课程,培养学生的读书兴趣和阅读能力,提高学生的语言文字运用能力;帮助学生积累语言素材,拓宽他们的视野,形成良好的综合素养。

课程的形式以"智选"课为主,教师是组织者也是参与者,每周两节的阅读课绝不是一般意义上的泛泛读书,教师会根据学情确定不同教学时段的文化主题或类型,或共同欣赏一篇精选的文章,或组织一场故事中的角色扮演,来一个情境模拟等以实现课程目标。

学生的阅读能力和兴趣培养也不仅仅在课堂之内,学校每年都会举办各种主题的读书月活动,学生们或者分年级进行各种形式的比赛,或者参与一系列与主题相关的讲座或实践活动。

如,学校为同学们打造了主题为"手工与书"的系列阅读体验活动,请来了海狸工作坊手工老师进行指导,讲解造纸艺术,详细说明手工造纸的四个步骤:搅拌、抄纸、凉板、揭纸。学生们在老师的指导下用捞纸器,均匀在"水里"左右晃动、捞浆,轻轻地提起,纸浆在捞纸器上交织成薄片状的湿纸,轻轻拿起,再经过脱水、烘干等过程便形成可使用的纸张。经过努力尝试,同学们都成功造出纸来,大家举着自己亲手做出来的独一无二的纸张,心中无比喜悦。

这样的活动还有续集,体会过造纸的成就感,同学们便兴致勃勃地投入锁线装订手工书的进程中。学生从选纸,到排版,到装订,到内容填充……通过学习造纸、装订手工书、碑文拓印、蓝图晒印、图章制作等活动,在这一系列心与手的交流中,学生了解到书的前世今生,更能感受阅读的快乐!真是百闻不如一见!

(三)以"会健体·愉身心"为目标的健康类课程

学校开设健康类的智选课程包括田径、篮球、咏春、羽毛球、花样跳绳、三棋、高尔夫球、乒乓球、阳光大课间、心理素质拓展等特色课程。学校积极贯彻现代健康理念,大力推进阳光运动——大课间活动,保证学生每天有一小时的体育活动时间,力争使绝大多数学生在体质健康标准测试中达到合格以上。学校根据实际情况,本着"会健体·愉身心"的目标,充分发挥学生的积极性和主动性,把课堂教学和课外活动以及心健月、体育节的传统活动课程相结合。这些课程融知识性、趣味性、新颖性于一体,激发学生参与活动的主观能动性,使他们的心理状态达到自觉接受教育和锻炼的程度,让学生强身健体,成为身心健康、智勇双全的强健少年。

三棋系列课程形成了我校体育工作特色:我校自主开发了国际象棋、中国象棋和围棋等校本课程,至今已坚持了16年,取得了优异的成绩。在福州市教育局、体育局联合举办的"小学生'三棋'比赛"上,学校已连续十届获得"中国象棋、国际象棋团体总分第一,围棋团体总分第二"的好成绩。

心理健康系列课程形成了我校心健工作特色:完善的心健设施,专职的心健教师,定期开展心理健康教育活动。我校被教育部授予"全国中小学心理健康教育特色学校"(福州市唯一一所)。我校还成为福建师范大学和实习基地。

(四)以"会探究·能发现"为目标的科学类课程

学校开设科技与数学思维相关的科学类智选课程包括:小牛顿实验、无土栽培、红领巾气象站、果树种植、VR课程、3D打印、创客文化、趣味数学、数学思维等。科技创造未来,科技引领时尚。科学类课程的开发拓宽了学生的视野,激发了学生们爱科学、学科学的兴趣和强烈的求知欲,培养了他们创新精神、实践能力和团队合作精神,实现了"智"的提升与飞跃,从而把学生培养成为尊重知识、崇尚科学、拥有梦想、乐学善思的"智慧少年"。

学校拥有全市首个校园科技馆。馆内分为多媒体展示区、科技展品体验区、创意生成区和开源制造区,分别集成了最前沿的教育装备、最新的科技成果教学应用,包含:3D-AR互动体验、名人墙触屏互动、全息影像教学、无人机模拟操作、3D打印机、3D扫描仪、各类微型机床等。

为了让学校开设的智选课程辐射出更广泛的影响,学校每学年都会举办校园科技节,将各种脑洞大开的创想付诸实际行动,全面激发学生对科学的热爱之情。2010年至今,学校已成功举办了10届校园科技节。

校园内的本草园也是学校的一大特色。本草园是一所微型的中草药种植基地。兴趣小组的孩子们每周五来到园内,对中草药进行日常养护,在养护中学习中药知识,获得乐趣。在这片土壤上,钱塘学子们"识百草",

并不是为了成为"小郎中",而是为了亲近中华源远流长的中医药文化,进而形成科学健康的观念。

（五）以"会实践·易合群"为目标的综合课程

学校开设的综合类课程主要指的是春游、秋游以及社会实践活动。这是一种既能够让学生在接触社会、走向大自然中提高综合素质,又能够丰富学生经历,拓宽学生视野的教育形式。以往大家并没有充分发挥它的德育功能,让这样的课程资源成为简单的游玩和放松,从而错过了寓教于乐,在玩中学、学中玩的教育契机。如今,我校秉承"智教慧学"的教育理念,在活动方案的设计、过程管理、落实办法中对课程资源进行整合和设计。活动尚未开始,先从本学期各学科知识点中挑选适合开展探究研学的话题;活动开始,师生共同带着预设的问题开展研学活动,这样就更能调动学生学习的主动性,充分发挥春秋游和社会实践活动的课程资源作用。

综合类课程,不但激发了学生们的主动参与热情,更达到"会实践·易合群"的目的,活动不仅让学生感受到参与的快乐,也为他们建立健康的人际交往关系提供条件。

总之,"向善向美　求智求真"的智善课程教育理念,以丰富的智善活动润化学生向美求真的行为,从规范养成入手,以丰富多彩的活动为载体,植善念、存善心、说善言、释善美,润化学生心田,贯穿每一天,每一周,每个学期,甚至孩子们的整个小学教育阶段。如我校的学生成长仪式课程系列:一年级新生的入学典礼,三年级学生的成长典礼,六年级学生的毕业典礼,都用丰富的仪式课程让孩子感受成长的责任和喜悦,并久久不能忘怀。

综上所述,我们可以看到智选课程融智、善、健、美于一体,陶冶情操,让孩子们身心愉悦,培养孩子们的动手能力。教师自创课程新意灵动、寓教于乐,师生们智教慧学,教学相长,情智共生,繁荣了校园文化,提升了素质教育,有效地促进了学生全面而有个性地成长和智慧发展。智选课程让大家对生活充满热爱,满怀期待。孩子们在德、智、体、美等各方面幸福成长、多元发展,尽享七彩快乐的童年时光。艺术节上近两百名学生在北区操场上尽显风采,展示智选课程的学习成果,航模、拼装、十字绣、压花、线描、编织、布艺、贴纸等不胜枚举。孩子们大显身手,配上小小导游们声情并茂的解说,赢得了领导、来宾们驻足观看,赞不绝口。通过"智善"课程体系的构建实施,每个孩子都能找到自己的喜好,挖掘自身的特长,并收获自己的成功。智善少年,可谓星光璀璨!

五、课程推进的具体措施

(一)重视校园建设,提供活动阵地

一是围绕学校办学理念,实行校园空间整合,为学生的素质培养、落实校本课程提供相应的活动场地。学校构建以科艺为特色的校园文化,将南北两个教学区域划分为艺术与科学两大区域。南区校园整体体现传统艺术气息,在校园文化的创建上凸显对中国传统文化(琴棋书画)的传承;北区校园则展现现代科学氛围,体现科技立校的理念。这些举措不仅为学校推进课程改革、充分落实素质教育提供了活动平台,同时将有助于彰显钱塘儒雅大气的校园文化内涵。二是开展"班级特色文化创建活动"。各班结合实际,围绕不同主题,创建百花齐放的班级文化,以期形成独具特色的班级精神,激励学生成长成才。

(二)强化全程管理,保障课改推进

学校管理制度是规范学校行为最基本的"软件",也是推进课改进程、落实校本课程的关键。本学年,学校根据教育教学管理的实际,建立健全校本教研制度、年段集备制度、年段互听课制度、校本教材研究制度、奖惩制度和评价制度,对课改的推进起到了一定的规范和保证作用。学校特别重视校本教材的研发,还专门成立了校本课程开发领导小组(由校级行政人员组成,负责校本课程的审定)和课程开发研究小组(学科骨干教师组成,负责校本课程的具体开发),从而形成了行政—教研组—骨干教师的校本课程开发网络,保证校本开发工作的顺利进行。学校还非常重视校本课程开发过程的指导和跟踪。定期召开校本课程开发的专题研讨会和交流会,了解校本课程开发的进程以及遇到的困难。同时教导处在校本教研中设立校本课程开发专题,鼓励老师们将此作为教研组教研活动,展开研讨,使校本教材的开发步入科研、教研的科学轨道。为给学校办学特色提供教育教学的有效载体,目前学校正在试行的校本教材还有《剪纸入门》《趣味英语》《快乐心巴士》《数学思维》《象棋校本教材》《写字校本教材》《道德经典 润泽生命》《心理游戏大全》等等。

(三)加强校本教研,打造高效课堂

1.依托勤业讲堂开设专题讲座

为构建高效课堂,打造精师团队,学校创设了"勤业讲堂"。从名家、教师、学生、家长四个层面入手,开展各种教学研讨活动,努力形成主题鲜明、百家争鸣的校园学术氛围。"勤业讲堂"开展了二十余场活动。诗人雪野,台湾作家桂文亚,教育名家王晶博士,心理学林敏教授等名家都莅临钱塘分别为教师、家长带来儿童阅读、家庭教育、心理健康等方面的讲座,对孩子的教育指点迷津。勤业讲堂之红领巾讲堂邀请省教育电视台主持人为孩子们专题授课。这些活动吸引了鼓楼区乃至福州市五区八县的很多老师和家长参与,反响较好。"勤业讲堂"不仅扩大了钱塘教师的视野,同时充分发挥了钱塘名校的引领辐射作用。

2.磨砺基本功以提升教学技能

循规蹈矩、墨守成规如今已成为很多老师的工作常态。如何改变教师的职业倦怠,重新焕发教学激情,成为推进课程改革的生力军呢?学校重视通过教师大会组织教师不断学习转变思想观念,让教师真正感受到自我专业成长的迫切性;通过加大校本教研的力度不断提高教师职业技能水平,让教师真正感受到胜任教学工作的愉悦。敬业需精业,"精业"的基础是每天每节课与学生见面的板书、简笔画、普通话等教师的基本教学技能,这是基本功,更是学生耳闻目睹的示范功。因此学校致力于教师的基本功夯实工作,全校教师全员参与。每周三早读课,每周四、周五下午第三节分别组织技能科、语文及数学教师进行毛笔字及硬笔字的培训。周三上午半天是刚毕业 5 年内青年教师的校本教研时间。

六、多元的课程评价制度

校本课程评价是学校对校本课程进行教学分析和监控的过程,也是对校本课程进行跟踪管理的过程。只有采取行之有效的评价机制,才能在教学管理的基础上进行反思,总结经验和教训,不断调整、丰富和完善校本课程,真正使校本课程促进学生全面发展。对校本课程落实的考察不局限于书面的考试或考查方式,而是重在考察每个学生在校本课程中的参与程度、学习态度、实践体验、方法和技能的掌握。评价校本课程的实施,采取教师、家长与学生三者之间自评、互评相结合的方法,以等级制给予学生综

合性的评价,具体从三个方面入手:

一是对照课程方案,评价落实的程度。也就是说,校本课程方案是否落在了实处,落实在教学活动之中。哪些地方落实得好,哪些地方落实得不好,存在什么问题,应该怎样改进。

二是关注校本课程实施的过程,尤其是教师和学生在教学过程中的行为。这就要评价教师与学生教与学的交流活动,是否既体现了校本课程的预成性,又体现了生成性。

三是评价校本课程实施的手段和方法。它关系到教学活动能否顺利进行。因此,通过评价,提出改进教学方法的措施,有利于提高教学效果。

此外,学校还可以创设各种平台,让学生通过实践创作、作品展示、活动评选、汇报演出等形式来展示学习成果,发挥特长,施展才能。

第五节　智善教育的教学策略

师者,传道、授业、解惑也。高水准的课堂教学是教师传授知识最重要的方式与环节。而教师的教育教学观念、课程体系的设置、教育教学方式的执行、教学质量的测评和反馈,极大地影响着课堂教学效果。为此,在教学实践中要不断地实现课堂教学的改革与创新,以"智善教育"为引领,提升教师的"智教"水平,也促进学生的"慧学"程度,以更好地激发师生的课堂互动与高效学习。

一、智教与慧学的厘定

(一)智教的定义

"智教"指的是充满教育机智与教学智慧的教。知识与智慧相比,知识是僵化的、平面的、静止的,而智慧是灵动的、立体的、生长的;知识的功用是有限的,智慧的能量是无穷的。智慧教学不以知识的传授为目的,而以发展学生的智慧为终极追求。智慧教学指教师能因材施教、因人而异,在不断变化的教育情境中采用不同的教育和教学方法,随机应变地处理各种问题,通过师生智慧的碰撞,带给学生成功的愉悦和幸福的体验,达成课堂上融知识、能力、素养于一体的"三维目标",让师生变得智慧,获得发展。具体表现为教师自身娴熟多变的教育教学策略,敏锐深邃的洞察能力,巧妙智慧的应急技巧,海纳百川的宽广胸怀,深厚渊博的人文素养。可以说智慧课堂的教学过程不是一个不变的程式,也不是僵化的模式,它是一个随机应变的模块,是实现知识与能力、过程与方法、情感态度与价值观三者浑然一体的过程,是一个充满创造性、神奇而又多变的动态过程,是学生和教师共同拔节的幸福过程,更是追求素质教育的永恒过程。教师的"智教",要围绕"智善"的核心,提倡"智慧教学"的理念,探讨"智慧教学"的教育教学规律,锻造"智慧课堂",培养智慧名师。

(二)慧学的定义

古人云:"师无事而生自学,师无为而生自为。"智慧课堂强调学生的自主学习、合作学习、探究学习。"慧学"是指学生在教师的指导下,以教材为媒介,为实现一定教学目标而进行的符合学生身心发展规律的有序的、主动的学习活动。"慧学"强调学生运用智慧积极主动灵活有效地学,突出表现为学生善专注倾听、会观察感知、爱举手发言、敢提问质疑、能动脑思考、常合作互动,在课堂教育中乐于学习,学会学习,享受学习,并以学生主动参与学习、主动探索、主动实践为基本特征,旨在通过教师卓有成效的智慧导学,引导学生建立学科思维,把握学科知识结构,掌握学科学习策略,逐步形成学科学习能力,进而全面提高学习力,促进学生的全面发展。

(三)"智教慧学"的目标与内涵

1.智教慧学的目标

智教要求教师做到:坚持尊重学生,因学准确定教,因材差异变教,促进学生发展;善于利用资源,创设活动情境,启迪多向思维,丰富想象空间,服务学生慧学。

慧学要求学生做到:坚持自主学习,主动课前预习,课中专注倾听,积极思考探究,培养会学习观,善于多向互动,认真阅读文本,喜欢观察操作,大胆质疑交流,发展慧学能力。

2.智教与慧学的关系

"智教慧学"理念的内涵概括为"做智慧教师,铸智慧课堂,育智慧学生"。授人以鱼,不如授人以渔。教是为了不教。"智教"是教会学生学习。

教师除了要教给学生知识、技能,还应教给学生独立获取知识的方法和能力,使他们离开了老师,离开了课堂还能自己自主地学习、成长,发掘自己的天赋与潜能,不断创新、思考,满足自身的发展需要。智教为了慧学,教师们要站在为学生可持续发展的高度,发挥教学智慧,为教会学生慧学而积极努力。

(四)"智教慧学"课堂模式建构

我校正是以创建"智教慧学"为教学模式,以"教师智教·学生慧学"为核心目标,以探索课堂的有效教学模式为实施途径,积极打造"智慧课堂"这一特色,实现师生的共同成长。各学科教师从课堂教学方式变革入手,探索与学校智善文化禀性相匹配、相互促进的课堂教学形态。智教慧学课堂是以学生为主体,让学生自主、自愿学习的课堂。具体表现形态为——"四突出"、"三转变"和"四个基本程序"。

1.四突出

(1)突出学生:充分发挥学生主体作用,改变教师讲、学生听的局面,促进学生勤思、善言、明理。

(2)突出学习:整个教学过程处处突出学生的学习、质疑和探究。

(3)突出合作:全班分成若干小组,每小组4~6人,无论是课前准备还是上课时的学习,每位学生都必须在小组内充分发挥其应有的作用。

(4)突出探究:让学生通过自主学习、探究获得知识,形成能力。

2.三转变

(1)教师为主体的教转变为学生主体的学。

(2)"听懂了""会做了"转变为"会思考""会表达"。

(3)个体学习转变为合作学习。

3.四个基本程序

前置性学习—小组交流—班级汇报—总结巩固。

(1)前置性学习,学生先学。所谓前置性学习,就是引导学生在学习新知识前尝试自主学习,了解学习内容。一般是课前预习或前置性作业,不固定,比较灵活。通过前置学习,鼓励学生先学。

(2)小组合作学习,互动交流。4~6人为一个小组,交流讨论,要求教师放弃逐句逐段地讲解,而是抛出有价值的问题,让学生展开讨论。

(3)班级交流,人人参与。有小组代表交流,也有学生与学生、学生与教师的互动,教师在倾听的基础上引导点拨,让学生的思维进行碰撞,让智慧之火熊熊燃烧。

(4)总结巩固,拓展延伸。由教师和学生共同完成,延伸拓展,广义探究。在教学中,教师要明确"学生会的不教,不会的教他们怎么学,学不会的老师教";先学后教,以学定教,学生交流、质疑、讨论常规化。

4.智慧型教师的标准

教师在课堂教学中的"智教"体现为教师深入解读文本,设计科学合理的教学方案,有效执行教学预设;课堂要善于留白,留给学生思考的空间和时间,多给学生表达的机会,创设能促进学生想表达、敢表达、会表达的空间和平台;课堂的互动交流要基于学生真实的问题,暴露学生真实的想法、困惑和问题,展现学生自己的思考;教师在课堂中要善于示弱,把学生推向学习的主体,教师制造认知的冲突,激发学生不断挑战知识的深度和广度;学生的课堂学习不应该只局限于知道"是这样的",而更要知道"为什么是这样的",教师应引导学生深入思考知识背后的道理。具体表现在以下几个方面:

(1)从善的人格。

教师自身要有崇高的教育理想、良好的师德师风,热爱教育事业,有积极良好的价值观取向和正能量的传递力,在教学中能获取成就感与满足感。与此同时,智慧教师应懂得尊重学生,关爱学生,能与学生共情,理解学生,又善于引导。现如今,社会已进入一个共享互助合作共赢的时代,智慧教师还应懂得交流,善于合作,在团队中实现自身成长。

(2)睿智的思想。

智慧教师应拥有深厚的学识,需勤于思考,不断学习,与时俱进。在教学实践中,要革新教育理念,拥有高超的教育艺术以及独到的教育见解。

(3)智慧的方法。

智慧教师要呈现智慧课堂,需要做到心中有学生、眼中有学生,课堂要充分关注每一个学生,实时地调整教学策略,应对不同状况的课堂生成。能够做到洞悉敏锐,教学策略多变,并且能巧妙应对突发的课堂状况。

(4)灵动的特色。

智慧教师要有自己的课堂魅力,有良好的教学底蕴,为此要勤于反思,敏于实践,不断实现自我超越。在不断的磨炼与反复推敲中,实现课堂的灵动与内涵的丰富化。

5.智慧型学生的标准

（1）乐学。

智慧少年的第一大表现方式,即是成为一个能自主学习、目标明确、对学习有浓厚兴趣的学生。在学习过程中,要有求知欲,能够在学习中获得幸福感与价值感。

（2）善学。

爱因斯坦曾说过:"想象力比知识更重要,因为知识是有限的,而想象力概括着世界的一切,推动着进步,并且是知识进化的源泉。严格地说,想象力是科学研究中的实在因素。"智慧型的学生应是富有想象力和创新力的,能够在学习实践中主动探究,积极思考,多向互动,善于在合作与交流中进行分工并高效完成学习任务。

（3）博学。

鲁迅先生曾说过:"读书无嗜好,就不能尽其多,不先泛览群书,则会无所适从或失之偏好。广然后深,博然后专。"智慧学生还应该拥有广泛的兴趣爱好,拥有开阔的视野。博学善思的智慧学子要有高度的学习专注力,以求获取更多的知识,进入更深层次的思考。

就各个学科的目标达成而言,体现于以下几个方面。

语文学科:乐学,即学习时要达到爱好广泛、积极主动、勤学好问;善学,善于提问质疑,善于合作交流,善于集思广益;博学,涵盖博览群书、发散思维、深入思考。

数学学科:勤思,即用数学的眼光观察,用数学的思维分析;善言,即用数学的语言表达,善于倾听交流沟通;明理,即明知识呈现之理、明知识本质之理、明隐形知识之理。

英语学科:培养学生阅读的习惯;引导学生将阅读的技巧用于日常的阅读中;学生自主探究阅读中遇到的问题,教师加以合适的引导。

体育学科:勤思,即思考、学习模仿体育技能动作,对动作的分解进行剖析;善行,即学用体育术语表达并学会基本技能动作,善于协同配合;健康,即培养自觉锻炼的意识,形成终身体育。

音乐学科:带问题去聆听音乐;多感官地参与,理解音乐;运用音乐要素,准确地表达。

美术学科:观察,即在形式传承中,形成"美"的信息;思考,即思考古典元素的当今应用,赋予时代意义;表达,即有主体性的认知、世界性的视野,激发创造力的最大潜能,去探究更宽广的艺术之境。

科学学科:勤思,即利用多种观察方法认识科学,用科学思维对事物加以分析;善言,即用科学严谨的语言表达交流,善于倾听交流沟通;真实,即尊重事实,不弄虚作假,真实地对实验现象进行记录。

思品学科:勤思,即用道德的眼光观察,用法治的思维分析;善言,即用道德的语言表达,善于倾听交流沟通;明理,即明爱国之理、明敬业之理、明诚信之理、明友善之理。

信息学科:勤思,即用教学辅助平台的导学开启思维,引发联想;善言,即用教学辅助平台提交作品,互评作品,善于倾听交流沟通;明理,即明知识呈现之理、明知识本质之理、明隐形知识之理。

二、智教慧学的教学原则

课堂教学是提高教育质量的核心,是学校工作的生命线。教育改革最终发生在课堂。为扎实推进素质教育,深化我校课程改革,深入落实"智教慧学"理念,积极探索以学生自主、合作、探究为基本学习方式的高效课堂教学模式,从而全面提高教育教学质量。智教慧学的课堂教学应遵守以下教学原则:

(一)以生为本,多项互动

以学生的发展为本是智善教育的核心理念。一个智慧教师关键要树立正确的教育观和学生观,尊重学生的生命本体,特别是要尊重学生的成长和发展规律,要能发自内心地悦纳学生。首先,智慧教师要把学生当成一个有人格尊严的人,而不仅仅是以盛装知识的容器来看待。每个学生个体都存在差异,教师要承认并且悦纳这种差异,应做到平等对待每一个学生,建立起民主、平等、和谐、安全的师生关系。其次,智慧教师要把孩子当孩子。教师要蹲下来与孩子说话,学会宽容耐心地看待他们,全面发展地看待他们。最后,智慧教师还要把学生当学生。既要尊重他们又要对他们严格要求。智慧教师要面向全体学生,因材施教,关注每一位学生的成长,发展每一位学生的个性,激发每一位学生的潜力。促进学生的发展是智善教育的出发点和归宿点,只有做到以学生为本,学生才能真正享受到充满魅力与活力的智慧课堂、幸福教育。

（二）以本为本，多元解读

智慧课堂的教学活动必须以教材为根本，一切教学活动都要紧扣教材进行。教材是根据教育目的和学生特点专门研制和编写的文本，是各科教学活动的重要载体和凭借，适合于相应特定阶段的学生学习。教师要能智慧地处理教材，既要立足教材，深入解读、深刻理解编者意图，明确教学的重点、难点和关键点，也要超越教材，即"用教材教，而不是教教材"，更要回归教材，通过对教材的重新阅读与理解，真正做到教师对课程、教材和教学都有自己的真知灼见，在教学中能够形成自己独特的教学理念和教学风格。

（三）以动为本，多方感知

夸美纽斯曾说："一切都是从感官开始的。"没有感官的参与就没有学习。教学中通过看、听、说、读、写、评的同步作用，充分调动眼、耳、口、手等多个感官进行"全脑学习""全息记忆"，才能取得良好的立体学习效果。智慧教学强调的是教师要尽量动员学生用所有的感觉器官参与学习活动，让学生用眼睛去看、用耳朵去听、用嘴巴去说、用手去做、用脑子去想；使信息大量地、潜移默化地存储进学生的大脑之中，使信息从多方面形成联系，以提高学习效率，激发学生的好奇心和求知欲，产生学习的内驱力。

（四）以思为本，多维启化

古语有云："学以思为贵"，"学而不思则罔，思而不学则殆"。可见，思维能力的培养在学习中的重要性。课堂教学的进程就其本质来说是师生思维共同活动的过程。思维能力是整个智慧的核心，参与、支配着一切智力活动。智慧教学活动就是培养和发展学生思维能力的过程，教师要引导学生自己去发现问题、讨论问题、解决问题，学会独立思考，培养学生的创造性思维。

三、智教慧学的教学策略

美国教育家布莱森说："任何一所学校的环境都在默默地对师生们发表演说，而且师生们的确会注意它，并不知不觉地接受熏陶和影响。"优质的教学方式，即汇聚多元的教育理念、凝结卓越的价值追求、传承高尚的精神风貌。而"智善教育"作为我校校园理念的精髓,极富生命气息,不断引导全体师生获取积极向上的教育能量。在智教慧学的道路上,我校教师着力上好省颁课程的同时,也不断研发各种富有特色的校本课程,逐步把学校打造成为一所"有文化底蕴、有个性发展、有品牌优势"的优质学校。

(一)拓宽智教慧学的教学载体

学校将德育活动、学科教学、课外活动、社区活动统一纳入课程范畴,使学科间互相融合,创造适合学生发展的"灵动智慧,知善明礼"的课程文化工程。这些举措不仅为学校推进课程改革、充分落实素质教育提供了活动平台,而且将有助于彰显钱塘儒雅大气的校园文化内涵。发掘教师的特长,结合学生的身心发展实际,创造满足不同个性、不同志趣的学生发展的需求,做到灵动智慧,令学生知善明礼。

1.校园节日

为了丰富学生的校园生活,学校结合不同的主题,设置了丰富多彩的校园节日活动,为学生提供了展示自我风采的舞台。如九月为感恩节,举办感恩主题教育;十月为科技节,举办科技系列活动;十一月为心理健康月,举办心理咨询系列活动;十二月为书法文化节,举办现场书画表演展示活动;二月为棋艺节,举办三棋大赛;三月为体育节,举办田径运动会;四月为读书月,举办系列阅读活动;五月为艺术节,给孩子提供展示特长的大舞台;六月为儿童节,为孩子们举办庆祝活动,享受童年的快乐时光。

2.学生社团活动

学校充分发挥学生的特长,组建了四大类社团,分别是艺术类、文学类、运动类、综合类,以此丰富学生的业余生活,培养学生的能力。艺术类包括合唱团、管弦乐队、舞蹈队、墨韵书法俱乐部等社团;文学类包括小记者团、红领巾广播站、《蒲公英》校刊学生版(学生编委)等社团;运动类包括健美操队、篮球队、乒乓球队、羽毛球队等社团;综合类包括小水滴志愿者、科技小达人等社团。

3.社会实践类

家长资源是一种丰富的课程资源。学校重视发挥家长的特长,引导家长依托业已成立的钱塘蒲公英家族开展各种活动。家长们"八仙过海,各显神通",他们打破班级的疆域,强强联手,不仅为学生们开设了丰富多彩的课程,还为学生提供了广阔的活动空间,丰富了学生的业余生活。如蒲公英故事家族开设的主题为"经典阅读·润泽生命"的阅读课程;科普家族开设的主题为"绿色种植·低碳生活"的种植养护课程;书法家族开设的"翰墨飘香·梦想飞扬"书法教育和欣赏课程;快乐家族开设的"心灵之约·快乐成长"心理健康辅导教程。

(二)营造善思善研教学氛围

1.完善规范,明确要求

教导处要贯彻鼓楼区教育局《师德师风评价标准》文件精神和鼓楼区进修校对于教师教学常规的规定,结合本校校情,制定完善的教学常规规范,对教师的备课、上课、作业批改、课堂教学行为、课程落实、专用室使用和管理等做出明确的规定,让教师有据可依,落实教学常规。

2.加强监控,落实管理

一是明确各级职责:教导处要继续落实巡课制度、推门课制度以及预约式听课制度,落实好"听、查、问、反馈"四个环节。

校长——负责宏观调控;副校长——负责将校长的想法转化为具体可行的思路;中层——负责监督、落实反馈、改进;教师——负责执行。

二是了解教学动态。行政在教学细节管理上做到"四个坚持":坚持每周听随堂课1节;坚持带头参加各种教学研讨活动;坚持年级负责制;坚持执勤日上下午巡查各1次。从而了解教师智教的实践力度和达成度,加强对教师课堂的全程管理,推进智教慧学理念的深化。

3.课堂活动,智教慧学

学校开展践行智教慧学理念,打造优质高效课堂的教学实践,力求让教师享受教书育人的成就与幸福,让学生感受学习分享的成长和快乐,让校园成为师生的生命磁场和精神家园。

智教慧学课堂的真谛是给予学生以智慧,以教师的智慧激发学生的智慧潜能,让学生感受学习分享的成长和快乐兴趣,调动学生的自觉性和主动性,凸显学生的主体地位,培养学生学习的能力。教材的恰当处理、教案的创新设计、问题的精准更是一名智慧教师应有的品质。学校持续有力地掀起"洗脑风暴",聘请专家导师,邀请教育专家、特级教师来校做讲座、上观摩课。

4.总结交流,推广经验

教导处定期召开教学经验交流会,及时总结经验,结合实际进一步修订和完善各种制度、措施、评价标准,以便推进智教慧学研究向纵深发展。组织教师及时总结课改成功经验,撰写论文、教育随笔、教学反思汇编成册,在全体教师中予以交流推广。同时,学校对在践行智教慧学理念过程中表现突出的先进教研组、优秀班级、教师个人给予表彰,并从中推荐优秀教师参加"钱塘智善教师"的评选。

5.学生参与,全面评价

教学常规是否得到落实,直接关系到课堂教学的有效推进与否。为此学校把学生评价也纳入教师评价体系中,由班干部每天记录《班级日志》,对班级每一位任课教师的课堂教学情况进行真实记录,记录内容包括:教师是否准时进班,是否使用多媒体,班级纪律如何,是否体罚和变相体罚学生。《班级日志》每周五由教务处负责查看和统计,并将情况统计汇总及时反映到校长室。学校通过这种明文规定和细致记录的方式强化教师的课堂教学组织形式,从而把教学常规做到实处。

(三)培养慧学善琢的学生群体

1.创建促进慧学的课堂模式

智慧课堂强调学生在教师的指导下,主动进行自主、合作、探究性学习,其突出表现为学生乐于学习,学会学习,享受学习。学校鼓励教师基于智教慧学的理念,开展教学实践研究,希望借助教师卓有成效的智慧导学,引导学生建立学科思维,把握学科知识结构,掌握学科学习策略,逐步形成学科学习能力,积极探索和创建出富有学科特色的课堂教学模式。

新课程的核心理念就是"为了每一位学生的发展"。突出先学后教,尊重学生身心发展规律,还学生学习"主体"地位,以学定教实现"教"与"学"方式的本质转变。真正实现中国教育科学研究院韩立福教授提出的课堂文化建设初期的"形转"到"身转",课堂文化建设中期的"身转"到"心转",最终达到卓越课堂文化建设成熟期的"心转"到"神转"。

2.营造促进慧学的悦读氛围

继续打造良好的"悦读"环境,建设班级快乐书架,打造快乐书廊,举办阅读节、开展丰富多彩的阅读节活动,招募故事妈妈、推进亲子阅读等方式,让师生从阅读中长知识明事理,享受幸福人生。鼓励教师提炼阅读课型,编写阅读校本教材,探索阅读评价机制,实现与经典阅读、德育教育、学科教学、写作创作的结合。在推进快乐阅读的过程中,努力培养教师"智教"的教风,学生"慧学"的学风,让他们在丰富、快乐的阅读活动中全面发展、主动发展、可持续发展、创造性发展。

3.建构促进慧学的多元评价体系

评价方式可以多元化,不仅有笔试,还可扩展为行为展示、成果展示、档案袋评价等。评价内容也可多元化,可以是课堂教学评价,也可以是对学生的作业,单元学习,过程性、研究性学习等进行评价。学校要重视改革评价方式,注重过程评价,只有这样才能促进教师的智教,达成学生的慧学,才能促进教师和学生的发展,才能提高教育教学质量。

——多元的评价主体:以自评为主,还有互评和他评,行政、家长、学生等都可参与评价。

——多元的评价内容:可以是课堂教学评价,也可以是对学生的作业,单元学习,过程性、研究性学习等进行评价。

——多种的评价策略:及时性评价、针对性评价、激励性评价、发展性评价、诊断性评价(教师因素、家庭因素、智力因素、非智力因素、智商、情商)、阶段性评价、周期性评价、单元性评价……

——多种的评价工具:学习导读单、课内外练习题、工具书使用、检测试卷、调查问卷、实践操作、各类评价表……

——多种评价形式:个别谈话、小组交流、集体讨论、书面分享、电子邮件、书面现场展示、问卷调查、自我评价等。

(四)创建智教慧学的课堂文化

有特色的课堂文化即要求教师学会以"智教慧学"的理念来进行教育教学的课程实施。

1.在智慧教学中,教师要努力做到"竞、静、进、浸、敬"

(1)标新竞异,定期开展智慧教学主题活动。结合学校校本教研的时间,如学校的大教研活动、培青的专项教研活动、教学基本功专项训练活动、年段的互听课活动、综合学科的教研活动、一年级的家长开放日活动等等,根据不同的学科、不同的对象定好智慧教学的主题,从而有效地开展活动。

(2)静心潜修,定期检查教师智慧教学状况。如通过建立行政听课评课制度、教师教学常规工作量化制度、学生座谈和问卷调查制度、教学质量检测监管制度等措施,了解教师的常规教学情况。又如,加强教学教案、教学反思的检查,不断改进,促进成长。根据收集到的教师教学的各种信息加以汇总,及时召开教学常规管理自查自纠工作汇报会,分析汇总当前教师教学工作中的优点和存在的问题,及时掌握智慧教学的动态。

（3）不断进取,定期进行智慧教学的教育经验交流。如开展新老教师教育教学经验交流活动、青年教师成长汇报交流、骨干教师成果交流、名师课堂展示交流等,为教师提供一个展示、交流、学习的平台,以不断促进教师的教学理念,提升教学层次,加快教师个人成长。

（4）沉浸教育,继续打造"勤业讲堂"品牌。以"勤业讲堂"为依托,从名家、教师、学生、家长四个层面入手,开展各种智慧教学研讨活动,通过教学开放日、学区共同体等不同的平台和载体,多学科、多模式、多层面地进行高效课堂教学的打磨,努力形成主题鲜明、百家争鸣的校园学术氛围,让勤业讲堂成为智慧教学最精彩的舞台。

（5）爱岗敬业,期末开展评选智慧教学名师活动。设立智慧教学名师奖,大力表彰在教育教学中做出突出成绩的教师。根据教学常规的不同模块,评选智慧教案奖、智慧课堂奖、智慧评课奖、智慧反思奖等。

2.开展形式多样的校园、班级文化活动,让师生寓教于乐

学校充分利用社团活动、传统节日以及教育纪念日,开展丰富多彩的活动,展示校园文化的内涵。其目的就是要做到"以善润心田,以智启心扉"。管理者要积极倡导学校的教师达到"做善师,育善人",要在德育活动过程中"秉智善理念,播智善信息,启智善指向,导智善行为"。要围绕"智善"的核心,从小处着眼,从细节入手,将"智善教育"渗透于常规的德育活动、少先队活动之中,引导学生说善言,行善举,有善心,努力打造学校德育工作特色品牌。

（1）千帆竞发,加强社团活动建设。

社团在学生的眼里是一个"快乐的天地,自由的王国",在这里,每个学生都有一个充分表现自我的小天地,可以充分发挥自身的主体作用,开展创造性活动,激发创造兴趣,增长创造才干。因此,加强学生社团建设,更有利于促进学生成长。学校组织的艺术类、文学类、运动类、综合类四大社团的活动,在满足学生需求的同时,又将德育、美育、体育有机地渗透其中达到教育目的。

（2）浸透心灵,加强主题活动建设。

学校结合不同的主题,设置了丰富多彩的校园节日活动,滋润着他们的心灵,让他们在活动中树立起正确的价值观。如棋艺节主题活动,挖掘了不少棋手人才;体育节主题活动,发现了不少运动好苗子;读书节主题活动,让书香伴随孩子的童年成长;文化艺术节主题活动,展示了孩子们的多才多艺;儿童节主题活动,让孩子们有了童年最温馨的回忆;感恩节主题活

动,让孩子们懂得了"赠人玫瑰手留余香";科技节主题活动,让孩子从小懂得会发明、学创造,插上科技的翅膀;心理健康月主题教育,让孩子们拥有一个健康的心理状态,做一个健康、阳光、向上的好少年;书法文化节主题活动,则让孩子们领略和传承了中华民族的传统文化。

(3)沉心静气,加强常规管理建设。

德育是学校教育的重要组成部分。大量的德育工作落到实处又都是一些琐碎的、繁杂的、细小的事务的重复。细节决定成败。因此,要持续推进德育常规的精细化管理,不断加强班务、队务建设,充分展示我校学生良好的整体精神风貌。

(4)表达敬意,加强传统节日教育的建设。

以"我们的节日"活动为载体,弘扬传统文化及美德。努力挖掘传统节日的文化和精神内涵,弘扬中华文化,建设中华民族共有精神家园,充分利用传统的拗九节、清明节、重阳节等,结合学校实际情况组织开展丰富多彩的"我们的节日"主题实践活动,发挥优秀传统文化的滋养和引导作用,推进未成年人的思想道德教育。

(5)励精图进,加强仪式教育建设。

仪式教育是学校教育的重要组成部分,具有很强的导向性、感染性、教育性。庄严而神圣的仪式,规范、激励和塑造着学生的道德品质和道德行为,有助于潜移默化地提升学生的精神境界。借助入学仪式、入队仪式、毕业仪式、少先队聘任仪式等,加强学生的荣誉感。

学校"智教慧学"理念与实践体系的构建,"智善课程体系"的教学探索和实施,让每一个钱塘师生在探求真知、追求真理、提升素养的道路上不断努力,不断发现,不断提升。

第六节　智善教育的学生成长

先哲有一句名言:"播下一种行为,收获一种习惯;播下一种习惯,收获一种性格;播下一种性格,收获一种命运。"我国伟大的教育家陶行知也说过:"教育就是促使学生养成良好的习惯。"

钱塘小学围绕"智善"的核心,提倡"智善教育"的理念,把社会主义核心价值体系融入教育之中,坚持以德树人的根本,以理想信念教育为核心,以社会主义核心价值观为引领,加强德育工作,指引孩子们前行的方向,引导他们从小事做起,从现在做起,从身边做起,引导学生说善言,行善举,有善心,促进学生的成长,"扣好人生的第一粒扣子"。

一、智能育人,启蒙智善

随着移动互联网、大数据、云计算等技术的发展,教育信息化已经成为教育改革的主流趋势。"互联网＋德育"的模式应用,可以说是一场全新的德育创新。建立在信息平台上的充满活力、拥有动力的学校、家庭、社会三位一体的德育体系时代已经来临。在信息技术环境下,牵手互联网,真正实现学校、家庭、社会三者之间的"无缝对接",使"三位一体"的德育网络文化更具导向性、针对性、实效性,真正发挥协同教育,促进学生良好道德品质的形成,培养全面发展的健康人才。

(一)依托信息化管理,助力学校教育提升

传统的德育工作,主要通过学科渗透这一主渠道,以及"两课"和社会实践活动来开展。今天,教育的时空由于网络得以延伸,不再拘泥于人数众多的课堂,也不必占用学生的课余时间。网络大潮对传统教育的观念、途径、形式和内容都提出了前所未有的挑战。开放的、资源共享的、交互式的、个性化的网络,使传统的教育观念,尤其是德育观念受到强烈的冲击,而信息化手段对于我们工作的开展可以说是一个非常有利而且便捷的教育手段,在信息环境下进行德育工作,是德育工作的一种创新。

1.德育内容更加丰富

网络技术的支撑,提高了学校德育工作内容的存量。学生良好道德的建构是一个系统工程,信息技术的发展拓展了德育的内容,除传统的道德教育内容外,德育的内容也具有了鲜明的时代特征,它不分国界,精彩纷呈,是一个自由、开放、共享、个性化的广袤平台。它能使学生更详尽、更直观地了解世界文明及发展现状;感觉到他们所处社会的各种意识、潮流;有机会主动参与,而不是被动地接受。如网络道德教育、礼仪教育、心理健康教育、安全教育、法制教育、人文素养的培养、和谐社会的理念、以人为本的理念、理解生命的价值和意义等等。网络德育利用网络进行道德教育,通过建立数量庞大而质量高的德育网站把德育信息内容传递给未成年人,带

来了更多更广的正能量宣传。如:组织学生参与"六一争当美德少年"网上签名、"向国旗敬礼"网上寄语、"反邪教知识竞赛"网上竞赛等网络教育活动充分调动了学生参与的积极性,给学生留下了深刻的印象。再如,学校在开展法制教育活动中,彻底摒弃了以往简单的案例说教、干巴巴的法律条例讲解的口头教育,而是打开教室一体机,带领学生一起走进央视的《法律讲堂》《道德观察》等法制频道栏目进行在线观看,案例的呈现、情景剧表演让学生兴趣盎然,在老师的讲解点拨下看得津津有味。生动的影音视频的观感,让孩子们学得更生动、懂得更到位。网络的精彩,使得学生真正能从思维上打破传统的条条框框的束缚,开阔眼界,培养了学生的创新意识,提高了素质。

2.教育手段更加多元

网络教育双向互动、开放、活泼,符合素质教育要求,适应学生身心发展的规律,学生个性化得到了更广阔的发展空间。网络极大地动摇了传统德育的基本模式。一种教学双方(甚至多方)彼此互动、高度开放的全面德育模式诞生了。如:学校建立的微信公众号,对学校大型活动方案、考评细则、结果及时上传和通报,并配上精彩的活动剪影,让每一次活动都成为学生童年最美的记忆。72个班级都设立了班级空间,开通《班级动态》和《家庭教育》栏目,每当遇到学校有大型活动时,比如艺术节、颁奖仪式、升旗仪式、主题教育活动等,我们都有意识地把相关图片、影像资料等,转化成计算机能处理的文件格式保存在相册里,组织学生观看、交流、讨论。这种以事论事的方法,优于单纯的说教,便于学生良好行为的形成,增强学生的集体、个人荣誉感。这一形式,彻底改变了传统教育形态,其形式也达到了一个高度丰富、多姿多彩的新境界,让德育教育更加形象、生动。

3.道德评价更加精准

学校德育评价是推动学校德育管理的重要手段,具有很强的整体性和导向性功能。它是整体构建德育管理体系的重点和难点,然而,我们将信息化的大数据介入评价体系,问题迎刃而解。在道德评价中,首先,我们构建了班级星级评价体系。该评价体系以大数据平台为支撑,解决了学校基数大,班级行为规范评比存在疲于统计、反馈不及时、整改不到位、不够客观全面等问题。在征集了大队辅导员、年段少先队辅导员以及班主任、任课教师的意见,整合了《鼓楼少年好习惯实施纲要》的基础上,最终确定了八项与学生日常学习息息相关的常规——有氧早餐、静心悦读、升旗仪式、班务常规、早操眼操、文明礼仪、放学路队、课前准备等作为网上道德评价的内容,涵盖了学生在校行为规范的方方面面。学校通过 OA 平台,在几秒内就能生成所需数据,操作高效便捷。让德育工作者及时掌握目前学校学生行为规范方面所存在的主要问题,并采取有针对性的措施,或是组织相关主题活动,加强教育,实现学校育人工作的指导性。(图 3-5)

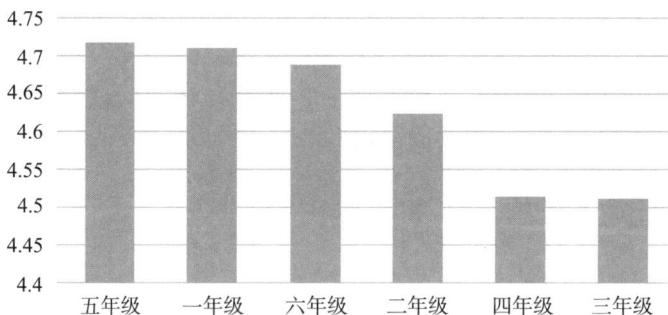

图 3-5　钱塘小学德育 OA 平台

　　通过相应的数据分析,我们可以很清楚地了解到行为规范养成教育各年级的整体水平,进而做出针对性的教育指导。(图 3-6)

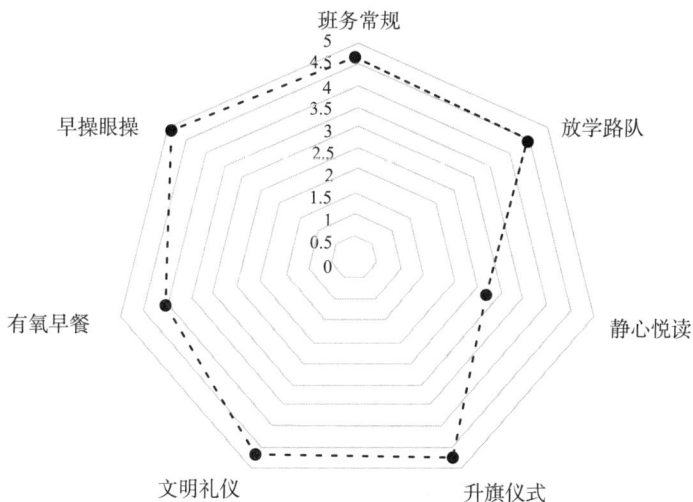

图 3-6　钱塘小学德育评价数据图

　　通过图 3-7,学校可以了解"七项常规"中学生的表现情况。很显然,静心悦读在"七项常规"中表现最为薄弱,不足三颗星,这项工作应作为近期强化教育的重点。其次,我们创建了班主任评价网络平台建设。该网络平台以学生个体和班集体评价为主体,全面评价学生一日在校行为规范。利用电脑,通过学校 OA 平台,在几秒内生成所需数据,通过这种即时、可视、客观的评价,让班主任对学生的教育更具有针对性。这些统计数据,不仅能直观、全面、客观地了解全体学生的行为规范,还能帮助具体的职能部门——德育处、少先队明确行为规范教育的不足,进而采取措施,进行有针对性的强化教育。对我校行为养成教育以及学生的思想道德教育具有指导性的意义。可以说,信息环境下的道德评价,利用大数据,具有可视化、即时化、自动统计、客观分析等优势,真正实现了德育的高效管理、考评的精细化,树立了学校德育评价的新标杆。

(二)借助互联网力量,拓展家庭教育力度

在信息环境下,构建以学校教育为主、家庭教育与社会教育相结合的网络德育体系,以期打破传统家庭德育的板滞,弥补传统德育方式单一的不足,促进家长对学生德育教学模式的优化升级。

1.交流渠道更加多样

传统家庭教育的交流方式大多采用电话沟通、家长微信沟通、与家长面谈等,有一定的局限性。而借助互联网的力量,家校联系的方式则更为多样化。如今,各个班级都建立了 QQ 群和微信群,让所有的家长都加入其中,创建了更为和谐统一的德育氛围。QQ 群、微信群已成为家长了解学校、了解孩子在校学习情况的纽带。从信息传播渠道扩展和家校合作的发展趋势来说,微信、QQ 是传媒技术变革的产物,也是拉近班主任老师与学生家长距离的有效工具,有利于家校互动,缓解家校矛盾,提高家校互信度,进而促进家校的长效合作。在互联网的环境下,家长可通过微信、朋友圈、QQ 签名等途径,及时与学校配合,察看和交流学生思想动态,从而有针对性地组织德育内容,并选择学生喜闻乐见的德育方式开展德育工作。这一形式轻而易举地超越了时空阻碍,使教育达到了最大限度的延伸。

2.交流内容更加饱和

有了互联网的支持,家校交流的内容得到质的飞跃,不再是单一的行为反馈、成绩反馈,更多的是家庭教育策略的沟通。交流的内容明显丰富起来。一方面,老师可以在 QQ 群、微信群中更多地与家长交流班级管理的策略,促进学生养成良好的学习习惯。例如,老师们将当天的教学内容、预习要求、课后作业发布在群里,让家长配合并与学校的日常管理工作保持同步,助力教学信息公开透明,减少孩子学习过程中家长与教师之间的信息不对称。另一方面,老师也可以在网上为家长们传送大量的关于家庭

教育的好文章,传授成功家长的教子经验,为家长正确教育孩子提供方法,对于提高家长素质、促进教育发展而言,无疑有"润物细无声"的功效。例如,学校的公众号网络平台上专门设置了"特色网络课堂",内容涵盖了心理健康教育、心理漫谈、书法鉴赏、书法课堂的特色内容,这样,通过在信息环境下,线上宣传与线下活动的紧密配合,大大拓展了教育内容的内涵,为家长提供了更加可靠、多元、便捷的教育服务。

3.家长培训更加便捷

教育是一个系统工程,只有把学校教育和家庭教育结合起来,形成教育合力,才能真正促进孩子们健康快乐地成长。在这一理念指导下,钱塘小学一直致力于加强对家长们的教育培训,让家长们不仅能更新教育理念,同时也掌握了与孩子沟通的技巧,目的是更好地引导孩子。传统的家长培训更多的是依靠家长会以及家长学校的方式进行面授和培训,如今,学校成立了家委会,并在家委会下设立了快乐家族、故事家族、科普家族、墨韵家族四大家族的家长人力资源网,协同推动学校心理健康教育工作、阅读推广、科技教育、书法教育的发展,进而提高"三位一体"德育网络机制建设。这四大家族相继开通了各自的家长志愿者团队的微信群和 QQ 群、微信公众号等,充分发挥网络平台的优势,让更多的家长借助网络这一平台实现跨时空的交流探讨,相互学习。例如,"快乐家族"日常活动利用 QQ 群讨论为主,对学生的行为习惯、心理发育、心理焦虑等多方面进行在线讨论,由群主主持讨论主题,而后群友家长积极发言、交流沟通,家长参与成本低,针对性、互动性强,影响面广,社会反响热烈。墨韵家族和故事家族定期在 QQ 群发布相关知识,及时上传活动信息、图片,为所有热爱书法和阅读的学生和家长创设了浓浓的学习氛围。网络交流跨越了时间和空间的限制,在很大程度上促进了家长和家长、家长和老师、家长和学校间的交流互动,四大家族的网络研讨、专题培训更是在很大程度上提升了家长的育人水平。

(三)共享网络资源,挖掘社会教育功能

社会教育具有独特的功能和作用。学校德育要有效地进行,就必须协调好学校与社会各方的关系,利用社会教育的优势,弥补学校德育的不足。学校必须善于捕捉并利用有益于实现教育目的的社会环境,积极寻找可行性途径与社会各方面达成共识,协调统一,努力营造良好的育人氛围。为此,学校也非常注重在信息环境下社会资源的利用与整合,进一步挖掘社

会教育资源的功能。

1.教育资源更加广泛

互联网上更加广泛的社会资源为教育者打开了另一条教育通道,除了传统的校外教育以外,更多的是增添了大众传媒教育。"大众传媒"改变了传统社会教育的单一性和纯粹性,网上无所不有的教育资源变封闭型教育为开放型教育,变单一型教育为多元型教育,变平面型教育为立体型教育,有效地延伸了德育网络,扩大了德育基地,收到成效。如,对学生进行安全教育时,除了传统的安全讲座、安全知识竞赛、安全手抄报活动以外,我们更可以通过登录安全教育网络平台,与学生一起学习安全知识。这里有更加丰富的资源可供选择,"安全教育管理机制"板块、"安全教育教学体系"板块、"安全教育活动课"板块、"安全教育资料库"板块,所有的安全教育资料在这里都可以找到,广泛而又丰富的社会资源为安全教育提供了更加广阔的天地。

2.资源共享更加畅通

社会资源网络平台的搭建,拓展了德育的时空,延长了学生接受社会实践教育的绝对时间,使学生得到了更丰富的社会体验。例如:结合学校的人文环境主题教育,组织学生先上网收集生态农业、无土栽培等相关的知识内容,而后带领学生参观了福建省科普教育基地——"海峡现代农业示范园",线上学习与线下参观合二为一,带来了更深刻的体验;为了提高学生的法律意识,感受到法律的威严和神圣,组织钱塘小学小记者团来到省、市人民法院,参与了他们的"法院开放日"活动,而后在互联网上进行感悟分享,传播正能量;为更加广泛地开展好阅读工作,学校携手深圳三叶草绘本馆、福建省课外阅读基地等开展了丰富的阅读活动,并通过互联网进行跨越空间的阅读互动……每次的社会实践活动,我们都会通过网络进行直播、讨论,将社会资源在网络平台上进行共享,丰富了社会教育的内涵,社会教育的信息交流显得更加畅通。

3.活动参与更加自由

传统的社会实践受到时间、人数以及物质条件等的限制,因此,社会实践活动的辐射面以及影响力有一定的障碍。而通过网络参与的社会教育活动,则完美地弥补了这一缺憾。如,学校在进行热爱家乡教育的时候,总是会带领孩子们到实地去感受,这就对组织者提出了更高的要求。而自从有了互联网的资源信息共享,一切都不成问题了,活动的人数、时间则显得更加自由。打开手机,进入"鼓楼微文明"公众号,搜寻《魅力街巷》栏目,福州的各条极具特色的街巷介绍尽在其中,阅读公众号内容可以带领孩子们在网上走街串巷,了解民俗文化,了解民俗风情,美丽福州已在孩子们心中扎根。这样的活动方式不受时间、空间、人数的限制,内容更是包罗万象,活动时间与活动形式的自由度更高,教育的影响力就显得更加广泛。

由此可见,随着移动互联网、大数据、云计算等技术的发展,教育信息化已经成为教育改革的主流趋势。"互联网＋德育"模式的应用,可以说是一场全新的德育创新。建立在信息平台上的充满活力、拥有动力的学校、家庭、社会三位一体的德育体系时代已经来临。利用信息技术数据平台科学分析的结果,能全面、客观地了解学生目前的思想道德建设水平,及时跨越空间和时间的限制,形成崭新的德育教育工作的新机制,真正实现了学校、家庭、社会教育目标的一致性和行动的同步性,实现了学校、家庭、社会三者之间的"无缝对接",使"三位一体"的德育网络机制更具导向性、针对性、实效性,真正发挥了协同教育在对学生思想道德教育方面的作用,促进学生良好道德品质的形成,助力培养全面发展的健康人才。

二、环境育人,烘托智善

实现育人的途径除了教育、服务、管理外,绝离不开环境。环境育人更无声。环境文化对学生产生的潜移默化教育和影响是巨大的。在校园环境建设中,根据"智善"的内涵,学校精心设计,既有总体设计,又有分步创设,不断营造和提升浓厚的智善教育环境,让墙壁会说话、让花草能传情。学校倾力打造的智善环境提升了校园文化的品位,真正体现了以师生为主体、以校园精神为特征的文化特点,深深地吸引着师生,潜移默化地影响着师生,让他们情不自禁地善学、善教、善思、善行。如今的校园环境就像一本充满智善理念的鲜活的、立体的、形象的、丰富的教科书。

(一)精美的石头会说话

——智善石

校门外的石头上刻上了"智善"二字,言简意赅地总结了学校的办学理念和育人信仰。勉励钱塘学子学知识、学做人。矗立在学校大门口处,显得意义非凡,奠定了钱塘的整体办学方向,刚劲有力又富有内涵。(图 3-7)

——励志石

在北区图书馆的入门处,在红花檵木与郁郁葱葱的灌木丛的映衬下,有这样一块石头,上面有原来的福建省副省长潘心城题写的"励志"二字。这是不断告诫钱塘的学子要努力学习,励志向上。

——树人石

当你走进北区校门,正眼望去,便能看到在高大的朴树下,有这样一块石头卧在其中,上面刻着"树人"二字。立德树人是学校的根本要义,作为钱塘的师生,不仅要传授知识,学好知识,更要树人,树一个顶天立地有责任有担当的人。

图 3-7　钱塘小学智善石

——悦园石

在学校生态长廊的入口处,一块并不起眼的石头悄然立于此处。上面有福建省语文教学界大师林学舜老师题写的"悦园"二字。一所学校,不仅应当是学园,更应当成为学生学习生活的乐园、师生开心工作生活的悦园,在这里,能感受到工作学习的欢悦。

(二)精巧的设计会达意

——智善校门开启幸福的一天

校门,设计得与众不同。钱塘的校门由直尺和圆规构成(图 3-8)。校门前的圆规代表了钱塘的智慧像圆一样有始无终,教育孩子们做事要学会变通,圆融和善;穿过圆规的直尺则代表了方的理念,告诫学生们行为要坦坦荡荡,方正守礼。圆规和直尺的交融,正是智圆和行方的融合,代表了"止于至善"、臻于完美的追求和理想。钱塘校门正代表了"智圆行方　止于至善"的校风。

图 3-8　钱塘小学智善校门

——智善升旗台见证学生的成长

"半亩方塘一鉴开,天光云影共徘徊。"钱塘的升旗台建在水上,别有风格。这半亩方塘有美丽的钱塘故事传说,蕴含着深刻的智善理念,智善交融,则大道可期,成才可望。

——智善长廊展现办学思想

学校的长廊怎么利用才是最恰当的？如何让墙壁说话？这里的设计可以说是完美地诠释了这一困惑。钱塘的校风、学风、教风,生动有力的活动画面在墙面徐徐展开,带有冲击感的画面让人深刻体会到由智善引申的不一般的理念。(图 3-9)

图 3-9　钱塘小学智善长廊

(三)精致的园亭会传情

——上善园、行智亭

在北区的顶层,有一个上善园,园中亭台楼阁、绿草茵茵;南区的顶层,有一个行智亭,这里鲜花盛开、翠竹成林。漫步在这林荫小道、石林铺路上,你会觉得心旷神怡,毫无杂念,虽说是空中花园,但与城市中常见的公园还是有区别,因为这里散发着浓浓的"智善"味。把"智善"的内涵、"智善"的办学理念,做成屏风矗立在花园中,让学校的办学特色思路一目了然,起到了画龙点睛之用。(图 3-10)

图 3-10　钱塘小学行智亭

（四）惊艳的彩虹横跨南北

——智善桥

我校也是目前福州市唯一的一所拥有校内天桥的学校,智善桥像一条惊艳的彩虹横跨南北校区,形成一条独一无二的风景线。这里也成为学校对学生进行思想道德教育的"智善桥"。智善桥顶透明圆球和水纹方块中的文字,字字珠玑,意味深长。《惜时间》《立大志》等智善少年的具体行为篇章,传达着"身正则人正,循规则有序"的殷殷期许。

图 3-11　钱塘小学智善桥

"一草一木会说话,一墙一壁皆育人。"校园环境文化,正全面发挥着强大的教育功能,彰显着学校独具特色的校园文化内涵。学校打造极具特色的校园环境文化建设,让一景一品"春风化雨,润物无声",达到"此时无声胜有声"的育人境界,让校园更富魅力。

三、活动育人,践行智善

（一）节日活动,传承美德

中国是一个具有五千年历史的文明古国,悠久的历史使中国的传统节日丰富多彩,文化寓意深远。春节、端午节、清明节、中秋节、重阳节等传统节日是弘扬中华民族优秀传统文化和传承中华传统美德的重要载体。中华传统节日作为中国传统文化中的重要组成部分和表现形态,它常常以一种潜移默化、寓教于乐的形式,来展示中华民族的精神世界,表达着人们对美好理想与伦理道德的追求和向往。

　　钱塘小学的学子们秉承钱塘精神"向善向美　求智求真",开展"我们的节日"主题教育实践活动,弘扬中华民族的传统美德,进一步了解中国的传统节日,用心去体验我国传统节日中蕴含的意义。

　　1.春节、元宵节

表 3-2　春节与元宵节活动内容及要求

活动内容	活动要求
听听父母或长辈讲讲他(她)们记忆中的年味,发现一个优秀家风故事(诚信友善、勤俭持家等)。可在爸爸妈妈的帮助下,配以图画或照片记录下来	1.每班上交一份德育作业记录表,电子文档上传给段长 2.每班编辑一份"记忆中的年味"的家庭美篇,上传至鼓楼教育公众平台和年段段长 3.每班制作两张新年贺卡参加评选,段长负责收齐
留意餐桌上的美食,与父母一起设计年夜饭食谱,在动手做的过程中,了解各种美食的来历,品味其深意,通过拍一拍、做一做、写一写,制作出"舌尖上的年味儿"大集锦	1.每班上交一份德育作业记录表,电子文档上传给段长 2.每班编辑一份"舌尖上的年味"的家庭美篇,上传至鼓楼教育公众平台和年段段长 3.每班制作两份 A4 大小的春节小报参加评选,段长负责收齐
与家人赶一次"年集",学会到菜市场或超市采购年货,根据年夜饭菜谱购买食材,了解长辈是如何办年、迎年的。将观察了解到的内容写出自己的感受或社会调查	1.每班上交一份德育作业记录表,电子文档上传给段长 2.每班编辑一份"集市上的年味"的家庭美篇,上传至鼓楼教育公众平台和年段段长 3.每班上交两份《家乡的春节》800 字作文(语文方格子),段长负责收齐

　　2.拗九节

　　新时期的少先队员不仅要尊老爱亲,还应有一份感恩之心,乐于助人,乐于奉献,懂得回报亲人,回馈社会。学校少先队结合福州传统节日——拗九节,让队员通过实践行善、敬善,在行动中乐行善事,尽善尽孝,推进未成年人思想道德建设。

　　3.清明节

　　清明节是中华民族的传统节日,是对青少年学生进行革命传统教育和传统美德教育的有利契机。我校少先队活动以网上向先贤先烈鞠躬献花和抒写感言寄语,网下清明祭扫、主题队活动课等活动为载体,引导未成年人慎终追远、缅怀先辈,铭记革命先烈光荣事迹,倍加珍惜今天的幸福生活,不断增强热爱祖国、热爱人民、热爱中华民族的情感,从小立志为实现中华民族伟大复兴的中国梦而奋斗。

4.端午节

端午节是我国的传统节日,通过主题活动了解端午节的由来以及屈原一生热爱祖国,坚持真理,关心人民疾苦,为追求美好理想不惜献出自己生命的故事,激发学生热爱家乡、热爱祖国的情感,体会生活甜美的幸福。

5.中秋节

中秋节是中华瑰宝之一,有着深厚的文化底蕴。中国人特别讲究亲情,特别珍视团圆,中秋节尤为甚。中秋,是一个飘溢亲情的节日;中秋,是一个弥漫团圆的时节。这个时节,感受亲情、释放亲情、增进亲情;这个时节,盼望团圆、追求团圆、享受团圆……德育处以中秋节为活动契机,培养少先队员学会感恩。因为心怀感恩,我们才懂得尊敬师长,才懂得关心帮助他人,才懂得勤奋学习、珍爱自己,才会拥有快乐,拥有幸福。

6.重阳节

"百善孝为先"是我们中华民族的传统美德,作为炎黄子孙,自然应当继承传统、弘扬传统。为进一步营造敬老、亲老、爱老、助老的社会风尚,引导少年儿童学会感恩,树立良好的家庭美德观念,增强少年儿童的社会责任感,我校特在重阳节之际,针对我校全体队员,开展重阳节感恩主题活动。

总之,中华传统节日作为中国传统文化的载体,体现了中华民族的传统信仰、价值观念、行为规范等,与民族源远流长的悠久历史一脉相承。我们通过清明扫墓祭祖、端午悼念爱国诗人屈原、中秋诗词朗诵、重阳登高敬老等这些传统节日活动,让队员们通过节日主题教育实践活动,增长知识、开阔视野,深刻认识和领会到中华民族的优秀传统文化,增强队员们的爱国情怀。弘扬传统文化,传承民族精神!

(二)艺术活动,展现风采

校园文化艺术节是我校规模最大、影响广泛、特色突出的校园文化活动,目前已成功举办了二十届。每年的12月,学校都会如期举行校园文化艺术节暨迎新文艺汇演活动。艺术节活动充分展现了钱塘小学智善教育的文化精髓,展示了钱塘学子良好的风貌和综合素质。可以说,通过校园文化艺术节这个窗口,可以展现我校师生团结协作、奋发向上、自信自强的精神面貌,激发学生热爱艺术、勤奋学习、努力成才的热情与动力,促进审美能力和水平的提高;激发创造和创新能力,促进学生全面发展。

1.校园民乐大赛,拉开艺术风采之幕

民乐比赛节目丰富,分为舞蹈、键盘、管弦乐和民乐四个赛场,每个赛场都由专业的艺术老师担任评委。学生们精心准备的节目不仅形式多样,而且极具创造性和想象力,他们用精湛的技艺、激情昂扬的音乐和动人心弦的情感,演绎出了音乐之声、民族之韵,同时更展现出中小学生良好的艺术风采,体现了精彩的美好校园生活。

2.笔琴墨意大会,挥洒艺术之美

伴随着古筝音乐提笔着墨,墨香氤氲。各组的选手"竞相斗艳":有刚正不阿的楷书,有古色古香的隶书,有潇洒飘逸的行书,还有飘逸洒脱的草书、篆书等。现场气氛热烈,大家兴致盎然,泼墨挥毫,以字切磋,翰墨飘香,在墨香中散发出书法艺术及中华文化的独特魅力。

3.舞台技艺风采,品鉴智善之味

举办艺术节汇报演出成为学生体验艺术氛围,充分展示、交流艺术才能,抒发艺术情怀,尽情彰显智善品位的多彩艺术空间。一届届艺术节汇报演出正一步步拉近艺术与钱塘学子的距离,不断培育着校园优美和谐的艺术人文氛围,也孕育着一代代充满朝气和活力的钱塘人。

（三）科技活动,创作收获

为培养少年儿童科学创新精神、科学探究能力和逻辑思维能力,以践行社会主义核心价值观为根本,本着让队员们在体验中成长,在创造中收获的目的,我校从 2010 年至今,已举办了八届校园科技节活动。通过科技竞赛、科技展示、科技讲座的方式让广大儿童在参与中感受活动的乐趣,在良好的文化氛围中树立勇于创新、求真务实的思想品质。

1.趣味科技节开幕

科技节开幕式是每一届科技节顺利举办的触发器,近年来,我们的开幕式均以趣味实验的方式来开幕,在南区的开幕式以科学老师展示激发学生思考为主,北区的开幕式则以学生科技实验晨会的方式来展示。

2.系列科技主题活动

科技竞赛类活动是历届科技节中钱塘学子最热衷的活动,我校结合钱塘学子现状,开设了不同的竞赛项目。有机器人主题竞赛、纸膜主题竞赛、科技互动展示活动、邀请专家来校进行科技知识讲座,丰富的活动安排令孩子们目不暇接。

科技节是一个属于所有学生的展示舞台,在这里尽情展示学生的科技才能。在科技节里,学生的奇思妙想和美好的希望通过创新的想象展示在我们眼前。科技节实现了"人人参与、人人发展、人人收获,给每一个孩子展示自我机会"的活动宗旨,让同学们从小就在幼小心灵中播下了科学的火种,体验到科学的魅力。科技节活动让每位同学都意识到只有从小努力学习科学文化知识,培养创新实践能力,长大了才能承接建设祖国、促进祖国科技腾飞的重担!

(四)心健活动,愉悦身心

钱塘小学深度贯彻和落实《中小学心理健康教育指导纲要》,在每个班级每周一节心理健康课之外,还开展了一系列丰富多彩的心理健康活动,以此为载体,不断向学生宣传科学的心理健康知识,多方位多角度地帮助学生提高心理健康素质,提供优质的心理健康教育。其中,一年一度的心理健康月活动为同学们搭建了方便、快捷、丰富的心灵服务平台。

心理健康月活动以加强心理健康教育、增强师生的心理健康意识,培养良好心理品质、促进学生全面协调发展,潜移默化渗透知识、培养学生阳光健康的心态,宣传心理健康工作、为学生解忧找到合适途径为目标。

1.多彩开幕式,营造热烈的活动氛围

历届心理健康月都以丰富多彩的心理健康活动作为开幕式,每年的心理健康月都有一个明确的主题。(表 3-3)

表 3-3　钱塘小学心理健康活动主题一览表

年份	主题
2011	给心灵开启一扇窗
2012	阳光心灵,快乐成长
2013	相伴心成长,汇聚正能量
2014	智善心、致善行
2015	以善润心,以心致行
2016	怀智善心,行智善事
2017	心沐阳光,快乐成长
2018	智善同行,阳光相伴
2019	启智明善,心悦钱塘

近年来,我校秉承智善教育的办学理念,心理健康月活动也在不断推

进这一宗旨。"智善"是我校近年来一直秉持的教学理念。以德养心,以心育德,凸显了我校对学生心理健康和品德修养的重视。我校坚信一个拥有健康心灵和高尚品德的人将会是我校的骄傲。

2.静心策划,学生活动形式多样

(1)心理健康知识宣传活动。

秉承全面育人、育全面人的宗旨,历届心理健康月都会开展广场心理咨询活动,同时展示心理健康知识,以此向全体学生宣传基础的心理健康知识,提升个体心理健康水平。

在广场咨询活动中很多有苦恼或疑虑的同学因为无所适从而寻求老师的帮助,比如其中有的学生看到自己的父母吵架感到很难过,但是不知道该怎么办,还有的同学对自己不喜欢学习感到很苦恼,不喜欢上太多的兴趣班,但是又不了解如何与父母沟通。老师都耐心地为他们讲解,还指导了一些放松的好办法。广场咨询的目的是让学生知道可以在有困扰的时候找老师咨询,帮助同学解决心理上的困扰;由专业的心理老师来对学生进行辅导,激发学生关注自身的生活体验,了解自己的心情,找到合适的宣泄点,放松心情,让同学们快乐地成长,寓教于乐;发掘学生潜能,普及心理学知识,培养学生的心理健康意识;加强老师与学生之间以及同学与同学之间的沟通与交流,同时营造出校园积极、健康、和谐的心理健康教育氛围,丰富校园文化生活,引导大家树立正确的心理健康观念,更好地帮助大家解决学习和生活中遇到的一些心理困惑,以更积极的心态投入到学习和生活中,促进学校育人工作取得好的成效。

(2)团体心理辅导(团体沙盘)。

团体辅导是心理健康课的一种有益补充,每一届的心理健康月,"快乐岛"心理咨询室都会针对各年级的行为偏差生,开展相关主题的团体心理辅导,让学生学习新的态度与行为方式,促进良好的适应与发展。针对不同年级,我们设置了不同的团辅主题,具体内容一般为:一年级的入学适应问题;二年级的注意力训练;三年级想象力、创造力训练;四年级合作与竞争;五年级人际关系辅导;六年级青春期、自信心辅导。

(3)心理电影赏析。

历届心理健康月都会开展心理电影赏析活动。该活动选在五年级和六年级开展,选取该年龄阶段会出现心理困扰的相关电影,观影活动在同学们热情期待中展开。该活动的目的在于让同学们更加关注自己的心灵成长,正确面对自己的各种情绪,学会调节自己的情绪。心理健康月开展以来放映过的心理电影有《来自星星的孩子》《头脑特工队》《小孩儿不坏》《叫我第一名》等等。

（4）心灵绘画活动。

心灵绘画，儿童画是儿童无意识的一种传达，是孩子情绪与人际关系的展示，儿童画不仅给人艺术的享受，同时也让人直观地感受孩子的内心世界。通过对儿童画的分析，解析孩子心理，是一种投射测验。孩子自己在绘画的过程中，也能得到情绪的宣泄与表达。所以，绘画是儿童心理咨询与治疗的一种有效手段。"快乐岛"心理咨询室组织低年级小朋友在广场进行"房—树—人""家庭动态图""心情涂鸦"等主题的绘画活动，心理咨询师现场为孩子解析、点评、分享，在这样的互动过程中，让孩子感受心灵的熨帖。

我校心理健康教育各项工作在全体教师的共同努力之下，得到了升华和提高，成了学校一道独特的风景线。短短几年时间，学校的心理健康教育工作得到了上级的认可与表彰。2015年被评为全国心理健康教育特色校，这也是目前福州市唯一一所小学获此殊荣。

（五）阅读活动，书香校园

读书使人明智，读书使人高尚。为了深入实施素质教育，创建良好的校园文化，营造浓郁的读书氛围，学校决定举办校园读书节，旨在激发师生读书的兴趣与热情，让每一位师生都亲近书本，喜爱读书，学会读书；让每一位师生在读书活动中沐浴文化的恩泽，接受传统的洗礼，享受阅读的快乐。同时邀请一群热爱读书的家长也参与进来，组成一个"阅读推广志愿者"团队——蒲公英故事家族。每周，爸爸妈妈们都会走进班级，给孩子们讲故事。他们还利用业余时间，开展各种与阅读有关的活动，和孩子一起读书，一起交流，一起成长。

1.借助专家引领

邀请诸多文学家、作家走进校园，带来精彩的讲座。学校先后邀请到了：台湾作家子鱼老师为家长们做"经典的魅力"讲座；儿童作家、翻译家苏杭博士带来了"阅读与儿童成长"精彩讲座；深圳三叶草故事家族发起人周其星到钱塘小学举行讲座"科普阅读与儿童成长"；儿童文学作家伍美珍、安武林的快乐读写讲座；德国科普作家雷纳科特博士讲座"一起体验科学的乐趣"；何捷老师带来讲座"和家长们谈写作辅导——作家教子作文的启示"等等。

2.依托校外教育基地、教育机构

我们和福建省读书援助协会、福州市未成年人阅读基地、书香童年绘本馆、漳州博文图书代理机构开展了一系列的儿童阅读活动。如城乡共读同一本书、童书漂流、援建爱心图书室等等,让孩子们在活动中得到历练。

由福建省教育厅关工委、福建省读书援助协会、北京麦田房产经纪有限公司、福州钱塘小学蒲公英故事家族联合开展的"爱心图书室"现场捐赠仪式在寿宁县犀溪中心小学举行。钱塘小学 24 个家庭的成员也不远千里从福州赶来参加这一图书捐赠活动。

3.品尝"书香下午茶"

针对不同年级儿童阅读水平不同,引进福州市不同的名师工作室名师,分别就不同年级学生和家长开展"同一本书"的阅读活动。每月定期举办"书香下午茶"家长阅读沙龙活动。鼓励家长和孩子一起阅读童书,更好地理解儿童,帮助孩子阅读。活动面对社会开放,力求辐射到更多学校和更多人群。

4.分年段读书月系列活动

按照年龄特点,有针对性地开展丰富多彩的系列读书阅读活动,在活动中感悟文字美、文学情。来一场与诗歌的心灵之约;来一次经典作品咏唱比赛。一首诗,传承千年文化;一篇文,照亮成长之路。读书月让同学们感受到了中华文化的无穷魅力,展现了他们追求美、展示美的情怀。

阅读活动让同学们在诵读中亲近中华经典,在亲近中热爱中华文化,从而提升了他们的人格品位,提升了他们的文化素养、审美品质及语言文字应用能力。最是书香能致远,腹有诗书气自华。阅读,钱塘学子已在路上!

四、实践育人,深化智善

(一)立德树人,树"善"品牌

德育工作是学校工作的灵魂,它致力于对学生思想品德和人格素质的培养,体现着学校教育的基本目的,对青少年学生健康成长和学校工作起着导向、动力和保证作用。德育品牌是学校在德育工作中形成的具有一定影响力和知名度、广受认可的德育特色标志,是学校德育工作的高度提炼和浓缩,是学校无形资产和核心竞争力的具体体现。钱塘小学德育工作践行学校智善教育理念,本着"立德树人,向善向美"的育人宗旨,以丰富多彩的活动为载体,努力打造钱塘小学"善"主题教育品牌,引领学生植善心,说善言,行善举,做善人。

1.目标体系

人的品德包括道德认识、道德情感、道德意志、道德行为四个层次。由于学生与社会接触程度不同,对社会信息敏感程度不同,学生个体识别能力有差异,道德品质的形成也存在一定的差异。俄国教育家乌申斯基说:"如果教育家希望从一切方面去教育人,不仅要了解学生成长的外部条件,更要了解学生成长的内部因素。"作为德育工作者,我们不仅传授学生知识,更要不失时机地对学生进行积极的道德教育。要引导学生树立正确的人生观、价值观,应遵循一定的原则,运用恰当的方法。所谓的规律就是学生的年龄特点及生长规律。只有全面了解学生成长的内部因素才能让教育实现自我突破,而不是靠外部的约束来捆绑孩子的道德品质。因此,我校德育处根据学校教育理念,制定了"智善少年"培养目标,并结合学生的年龄特点,针对低、中、高年级学生提出了具体的道德品质目标:

(1)低年级:友善待人,关心同学。

(2)中年级:善贵乐行,温暖他人。

(3)高年级:心存感恩,奉献社会。

2.活动体系

瑞士著名心理学家和教育家皮亚杰指出:儿童道德成长或发展的根源不在于简单的外部环境,也不在于单纯的主体内部,而在于主体与其道德环境的积极的交互作用——活动或实践,在于这种活动或实践引起的矛盾和思考。只有通过亲身体验,他们才能从活动中更深刻地认识道德规则,从而调节自己的言行,促进良好道德行为的养成。学校提倡"智善"教育,就是希望同学们以善言善行做善事,以善道善德当善人,以善学善才尽善职,以善思善念行善心。德育处坚持立德树人,结合社会主义核心价值观,以24字价值观中的"友善"为抓手,把"善"作为学校学生道德品质培养的核心,以月重大节日为契机,确定了9月学善月,10月崇善月,11月遵善月,12月艺善月,1月乐善月,2月尽善月,3月行善月,4月汲善月,5月敬善月,6月扬善月,7、8月践善月等月活动品牌。每个月结合大主题开展相关活动,以活动浸润学生的心灵,培养谦恭睿智、从善如流的钱塘学子,塑造学生健全的人格。表3-4给出了钱塘小学德育"善"主题教育品牌安排示意。

表 3-4 钱塘小学德育"善"主题教育品牌安排表

月份	主题月	具体内容
9月	学善月	以学规则、守纪律为主题,规范学生的言行,在新学期伊始让学生树立向上、向善的努力目标
10月	敬善月	以国庆节、队庆日为契机,组织系列活动,激发学生的爱国情感,建立亲善关系为目标,以一年一度的少代会为载体,引导学生相互信任、相互合作,创造了一种相互信任、相互满意、相互合作和相互敞开心扉的人际互动关系
11月	遵善月	以巩固、强化学生遵规守纪为目标,结合心理健康月开展系列活动
12月	艺善月	以学校的校园文化艺术节为载体,陶冶学生的情操,充分发挥艺术对学生潜移默化的思想教育作用
1月	乐善月	引导学生对过去的一年进行自我总结,对新的一年充满期待和愿景,培养学生乐观、自信、向上的积极心态
2月	尽善月	以学会感恩、回报为主题,结合拗九节、三八妇女节等开展少先队主题活动,让学生通过实践行善、敬善,在行动中尽善尽孝
3月	行善月	以学雷锋月为契机,以"日行一善"为活动载体,引导学生在本月多做好事,行善举,积累善行。让学生从帮助同学做起,逐步走向社会,友善待人,热情助人
4月	汲善月	读一本好书,就像在和一个高尚的人谈话。4月22日是国际阅读日,希望以此为契机,激发学生的阅读兴趣,让学生阅读一本好书,养成良好的阅读习惯,向书本学习,向书中的贤德睿智者学习
5月	崇善月	以爱祖国、爱劳动、敬业奉献等为主题,以劳动节、学英模以及端午节为契机,开展少先队主题活动,激发学生对先进人物高尚品质的崇敬之情
6月	扬善月	以六一表彰为契机,弘扬善行,以优秀的榜样弘扬善行,激励学生努力向善,形成良好的道德品质
7、8月	践善月	充分利用暑假时间,挖掘社会资源,与家庭、社区、社会携手,积极开展有益于学生身心发展的实践活动,不断增强学生的社会责任感、创新精神和实践能力。如21天培养一个好习惯,各类夏令营、研学旅行等

（二）行为习惯,养成教育

教育家叶圣陶先生曾说:"什么是教育?简单地说,就是要养成习惯。"习惯是日积月累的细节,培养孩子良好的学习习惯和高尚的道德情操,应从"大处着眼,小处着手",在一举一动、一言一行中逐渐养成,而良好的习惯一旦养成,将会成为他们一生受用的宝贵财富。为此,钱塘小学制定了一系列的好习惯教育实践养成计划,并在全校开展了全面性、针对性的专题活动。

1.借助评价机制,促进学生好习惯的养成

钱塘小学大力开展"好习惯每天行,钱塘少年大家赞"专题活动,并将该活动贯穿学校教育教学工作中,以点带面,广泛宣扬典型,引导学生转变思想、增强意识,使学生自觉地遵守规范,养成良好的行为习惯,促进学生良好道德品质的形成。

学校利用 OA 网络平台,全面推进《钱塘小学班级星级评价方案》,实现了对学生行为习惯的即时化评价。在校园醒目位置,开辟了"鼓楼区璀璨星少年""钱塘好习惯点赞榜""收获好习惯 摘下智善果"等专栏,展示各级各类"好习惯之星",树立典型,以点带面,用榜样激励学生养成良好行为习惯。

好习惯是方向,发现身边的好习惯是目标。为此,钱塘小学举办了鼓楼区"璀璨星少年"评比活动,让孩子们在活动中发现身边的好习惯,树立形成好习惯的意识。榜样的力量是无穷的。一个人、一个故事、一段话语,看似平凡简单,却能点燃许多人心中的激情与梦想。"以人为镜,可以明得失",榜样不仅是一面镜子,也是一面旗帜!

2.让好习惯走进课堂,规范学生的言行举止

我们把好习惯培养目标进行月分解,充分利用少先队活动课程,把好习惯的教育和培养融入课堂。

(1)系列活动之"路队整齐,礼让有序"。

路队是班级班风、班貌的体现,也是体现学校文明形象的一个窗口,是我校学生好习惯养成的第一步。全校统一标准、同一要求进行评比,由当日的值班行政老师、大队部干部进行检查及评定,各路队情况每周一评比,对路队表现优秀的班级进行表彰和表扬。对路队的严格管理,不仅能够减少学生交通、饮食、防溺水等安全问题,更重要的是对学生优良品质的进一步形成,对学生养成好习惯等,都起到了积极的促进作用。

(2)系列活动之"眼保健操我最棒"。

眼睛是心灵的窗户,它带我们看过美丽的四季,多彩的世界里有了它,让我们心情愉悦。如今,中国人群中近视眼的患病率非常高,而且近视人群有越来越年幼化趋势。我校为了让孩子意识到眼睛的重要性,形成良好

的用眼习惯,开展了"眼保健操我最棒"评比活动。

(3)系列活动之"每天微笑一分钟"。

法国作家雨果说:"笑,就是阳光,它能消除人脸上的冬色。"生活就像一面镜子,你对它笑,它同样也会对你报以微笑。钱塘小学希望孩子们通过微笑,发现生活中的真善美,学会用微笑面对今后生活中的坎坷与困难。微笑是一种力量,微笑是教育教学的法宝,成就了教育事业的天梯,是和谐教育的保障,更是成才教育的摇篮!

(4)系列活动之"养成良好的学习习惯"。

孔子说:"少年若天性,习惯成自然。"如果孩子能够在少年时期养成良好的学习习惯,那么他便会将追求知识、努力学习当成生活中一件重要的事情来对待。钱塘小学相信一个良好的学习习惯是孩子追求知识的资本,孩子通过每天不断地积累和巩固,将会影响孩子一生的发展。培养学生的良好习惯是一种启迪,是一种教育,具有长期性、反复性,是一项艰巨的任务,必须持之以恒。只有这样,我们的学生才能青出于蓝,才能有创新,才会有创造。

(5)系列活动之"播种友谊,收获好习惯"。

马克思说过:"人的生活离不开友谊,但要得到真正的友谊并不容易;友谊需要忠诚去播种,用热情去灌溉,用原则去培养,用谅解去护理。"这些都是作为"人"的生活所不可或缺的。钱塘小学利用队会课活动,在孩子心中种下了友谊的种子,通过朋友间的互相帮助、互相学习,既收获了友谊也收获了好习惯。

3.养成良好的行为习惯,为孩子成长奠基

习惯成就未来,在生命的路途中,每个人都会遇到各种各样的困难,有些人徘徊于岔路的干扰,停在原地,不知所措;而那些具有良好习惯的人,在困难面前从容不迫,应付自如,所以他们脱颖而出。

英国著名哲学家培根就曾说过:"习惯真是一种顽强而巨大的力量,它可以主宰人生。"没有人天生就拥有超人的智慧,成功的捷径恰恰在于貌似不起眼的良好习惯。钱塘小学通过多种多样的专题活动,把好习惯的养成贯穿于学生校园生活的点点滴滴,让孩子在无形中感受到形成一个好习惯的重要性,从小养成良好的行为习惯,为自己的成长奠基。

(三)研学实践,行与学中

研学旅行是研究性学习和旅行体验相结合的校外教育活动,是学校教育和校外教育衔接的创新形式。作为多学科融合的课程,钱塘小学根据学龄段设计开发专业线路和课程,以年级为单位、以班为单位进行集体活动,学生在班主任和任课教师的带领下,确定主题,以课程为目标,以动手做、做中学的探究形式,遵循提出问题(去哪里)、寻求实证(能不能去)、交流表达(情商生成)、集体讨论(收获分享)、记录过程(研学感受)等六大步骤,并在教师的帮助下,书写研学日志(游记等),做到在实践中汲取知识的营养。

1.落实制度

根据研学旅行的规划和目的,学校依照《鼓楼区中小学 2018 年德育工作要点》,制定了《福州市钱塘小学生研学旅行—社会实践制度》《研学旅行(春)秋游乘车安全教育》《钱塘小学研学旅行春秋游带队教师制度》《研学旅行春秋游安全责任签名一览表》《福州市钱塘小学研学旅行春秋游安排表》等,从各个实践层面保证和把控研学旅行的高效发展和安全有序。

2.主题研学

福州市钱塘小学研学实践安排见表 3-5。

表 3-5　福州市钱塘小学研学实践安排表

一年级		二年级		三年级		四年级		五年级		六年级	
亲近自然		绿色生态		文化传承		探访名人		国防教育/红色之旅		国防教育/自主实践	
上学期	下学期	上学期	下学期	上学期	下学期	上学期	下学期	上学期	下学期	上学期	下学期
可选择的项目											
西湖	动物园	超大农场	休闲农场	马尾船政文化	西湖博物馆	三坊七巷	贵安花海公园	军博园	社会实践(龙翔基地)	社会实践	森林公园(烧烤)

一年级以"亲近自然"为品牌,兼顾考虑低年级学生特点,研学旅行地均选取较近的场所,比如福州西湖、左海公园等。

二年级以"绿色生态"为品牌,对出游地做了拓展延伸,辐射各就近公园和绿地,比如温泉公园、儿童公园等,利用福州得天独厚的绿化概率,揭示品牌主题的真意。

三年级以"关爱生命"为品牌,对旅行地点的内容做了形式扩充,开始组织学生到森林公园(鸟语林)和动物园等进行研学实践活动,体会大自然的美好。

四年级以"文化传承"为品牌,开始教育学生了解中国传统文化和遗失的传承,比如马尾船政文化、罗星塔公园等,包括"三山两塔"在内的多处福州历史文化圣地。

五年级以"国防教育/探访名人"为品牌,开展了参访各类社会实践基地(龙翔等)和访三坊七巷名人(林则徐纪念馆、严复故居)等的活动。

六年级以"国防教育/自主实践"为品牌,重心放在国防教育实践基地和实践教育上,以自信自立、互助友爱、坚韧不拔、刻苦顽强为主要项目精神,为晋升高一级学校打下良好基础。

3.研学团队

研学的意义在于培养团队精神。出发前,组织学生聆听学校的安全教育,然后再根据团队的实际情况进行安全、文明教育。在学生出发前做好点名工作,确保参加研学活动的人员悉数到齐,对于没有参加研学的学生要求出示请假条,班主任签字,交学校德育处。从学校到目的地这段时间,不论是乘坐交通工具还是步行的环节,均为班主任在前,另一带队教师在后,确保学生行进间的秩序和安全。带队教师要负责教育学生做一个文明的旅游者,爱护公园的公共设施以及花草树木,不乱扔垃圾,各团队就餐后,要就自己团队所在方阵进行垃圾清理。活动期间,带队教师要始终和学生在一起,每个学生不能脱离带队教师的视线范围。研学旅行结束,班主任及带队教师要确保亲自把孩子交到家长手中,各班学生家长全部接走后,班主任和带队教师要签名以示负责。

4.海外研学

在钱塘小学的国际化办学理念中,"智求博雅 善贵乐行"的精神理念引导钱塘学子走出校门,先后到澳大利亚、美国、英国、菲律宾、泰国、新加坡等国开展访问研学活动。

比如2016年,钱塘小学就组织了32名学子参加加拿大温哥华的游学,学生们从中体会到异国风情和教育文化的差异,体会到自由学习和钱塘"智选"课程的差异,在全英文的授课环境和寄宿家庭的交流中,相当有体会和收获。

5.国防研学

来到国防教育基地,接受国防教育是我们研学实践的必修课,用精神充实和情感交流超越自我,接受爱国、自律的洗礼。学校五、六年级都要到龙翔国防教育基地参与社会实践活动,钱塘学子走进军营,歌声嘹亮,学会了服从和自律,有了责任和担当,自理能力得到极大锻炼。像叠被子、洗碗筷等等极大地提升了他们的精神气,使学生们有了乐观的氛围和组织纪律性。在后来的感想记录中,同学们都谈道:良好的纪律是一切的保证。

6.节日研学

研学的内容可与节日相结合,比如清明节的缅怀烈士活动,同学们通过网上祭英烈、墓前寄哀思和各类实践活动记录以及"传承民族精神、弘扬民族文化"为主题的手抄报活动等走出家门,让智慧放眼到四面八方。墓前祭扫,庄严肃穆,孩子们怀一颗赤诚之心与烈士的英灵做无声的交流,达到了不忘历史、牢记使命的目的。

(四)志愿服务,传播文明

钱塘打造志愿服务队,其意义和价值在于传递爱心、传播文明。学校成立"小水滴"志愿队,借由小水滴之名,宣扬滴水穿石的精神品质。始终践行"奉献、友爱、互助、进步"的志愿精神,在校园内部推崇帮助他人、服务学校、贡献学校的宗旨。用实际行动诠释志愿服务的优良品质,实现提升素质、充实生活、享受生命、升华灵魂、凸显价值,不断推动志愿服务事业世代相传、源远流长。

1.自主参与,组建四支志愿者队伍

(1)升旗手

成立钱塘小学的升旗手队伍,旨在培养学生护旗、升旗、爱旗的精神品质,向全校师生传递社会主义核心价值观,树立"爱国、爱党、爱民"的榜样,同时充分展现智善钱塘的魅力和风采。具有崇高且庄严的使命感,兼具自豪且自由的荣誉感,也是钱塘小学一道美丽的风景。

(2)礼仪队员

创立钱塘小学的礼仪队,重在培养倡导校园文明礼仪文化的志愿者,礼仪队员树立和蔼可亲、平易近人的形象,旨在营造校园文明氛围,以智雅、端庄的仪表影响并带动身边的同学,以文明、礼貌的行为教育大家。在学校的各类活动中均有他们的身影,践行服务钱塘、奉献钱塘的伟大精神。

(3)大队中队执勤人员

创设钱塘小学大队中队执勤机制,符合校园"智圆行方　止于至善"的精神。大队、中队的小水滴志愿者们自觉带着标志,在校园各个角落,为校园的文明添砖加瓦。在钱塘小学的南北区设置了失物招领处,高效地为每一位学生提供强大的后勤保障。让每一位学生有家的感觉,也帮助学生们学会独立生活,培养良好的生活习惯。

（4）小导游队

学校创立钱塘小导游队。孩子们紧锣密鼓地排练,出色地完成任务,向来宾展示了智善校园的精彩。同时,小导游队全面了解钱塘的校园文化、历史底蕴、发展目标、校风校纪等,成为钱塘小学形象的传播者和守护者。

2.立足校园,以志愿者精神塑形象

钱塘小学自成立小水滴志愿服务以来,紧紧围绕"奉献、友爱、互助、进步"的青年志愿服务精神,结合钱塘小学"个性、负责、勤业、超越"的校训,以践行社会主义核心价值观为主线,以形式多样的志愿服务活动为契机,以发挥学生团队智能为基础,坚持不忘初心、继往开来的工作思路,凝心聚力、砥砺前行,引导广大学生积极参与志愿服务活动,弘扬正能量。为了全面塑造钱塘小学积极向上的完美形象,努力做社会主义核心价值观的实践者、良好校园风尚的倡导者、爱心善行的传播者。

志愿是种精神,服务是种行动,小水滴志愿服务队的价值关键在于"恒心"。"奉献、友爱、互助、进步"是小水滴志愿服务队共同的追求,"助人为乐、乐人乐己"是小水滴志愿服务队共同情怀。在志愿服务旗帜下汇聚集结,争当志愿服务精神的倡导者、弘扬者、践行者,自觉升华为一种生活新常态、时代新风尚。将志愿服务精神和钱塘小学的办学理念相融合,用智慧服务校园,用行动传播爱心,在全校范围内营造传递友爱、共襄善举、守望相助的校园风气。

五、管理育人,展示智善

不学礼,无以立。培养学生良好的行为习惯是学校德育工作的重点、难点和关键。为了激励师生树立比学赶超的意识,推动良好班级文化的建设,促进鼓楼好少年、钱塘好少年良好行为习惯的养成教育工作,学校提出了以"四jing"为核心内容的行为养成教育,并制定了《福州市钱塘小学星级评价制度》。该制度以学校的"四jing"为核心内容,借助信息化的网络平台,实现对班级的规范化管理,同时改变单一的三好学生评选方式,增设智善少年、钱塘之星的特色评选,加强精细化管理,展示智善成果。

(一)"四 jing"管理

1."四 jing"目标

静——静静阅读,静静倾听,慢步轻声。

净——校园干净,教室整洁,个人卫生。

敬——尊敬师长,大方问好,热情待客。

竞——友善协作,不断创新,勇争第一。

2.评价制度

采用《福州市钱塘小学星级评价制度》的办法对学生的管理进行考核。

(1)星级班级标准。

星级内容包括"静、净、敬、竞"四大项。"静""净""敬",每天每项10颗星,做到一项得一颗星。"竞"每周50颗星,每项5颗星。按照"静、净、敬、竞"满星计算,每周各班会获得200颗星。附设奖的得星直接加入"四大项"一起计算一周总星数。学校评比打破年段格局,按照南区和北区进行整合评比。每周南北区分别评出五星班级9个,四星班级12个,三星班级15个,周得星总数低于120颗的班级为无星班级,以示警告。周星级的评定以一周活动星星的总数来评定,一到三年级按照得星总数排序。如果出现星级末尾并列,则增加该级别星级个数。增加附设奖,1~3每项奖励5颗星,第4项一人次一颗星。

(2)网络平台系统设置。

"静""净""敬"按照天设置,每天每项10颗星,默认获得10颗星,具体内容有点击一项,就取消一颗星。"竞"按照周设置,每周评一次,默认每项5颗星,一项被点击就少5颗星。附设奖:每周有就评价,没有就不评价。1~3为每项默认5颗星,第4项设置成人工输入。

3.评价效果

评价即时、可视,具有针对性。我校的星级班级评价可以从微信公众号进入,也可以通过电脑从学校的OA平台进行(图3-12~图3-15)。假设评价人来到五(4)班,发现他们班集体离开教室,电灯没有关,评价人就可以拿出手机,通过微信进入星级评价平台。这是对评价即时、可视的最好诠释。在评价人点击提交的同时,系统会自动以微信推送的方式通知班主任。这样班主任就能根据班级存在的问题即时进行有针对性的教育和整

图 3-12 钱塘小学教育集团
智慧平台

图 3-13 钱塘小学教育集团星级
班级评价校区切换

图 3-14 钱塘小学教育集团
年段班级星级榜

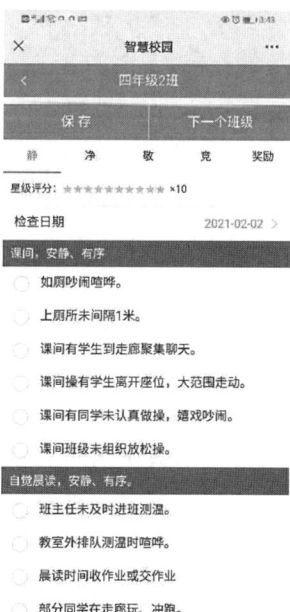

图 3-15 钱塘小学教育集团星级
班级评价单项细则

改。这个平台还有很多功能,可以根据需求设定。

平台主要功能如下:

(1)查看班级一周具体情况。

(2)查看过往评价。

(3)评价员仅行政和评估人员可视。

(4)可上传图片,可语音留言。

(5)自动统计各班周星级班级情况。

(6)设置评价人员的撤销功能。

(二)智善少年评选

为进一步推动学生管理的成效,增强"新时代好少年"在未成年人思想道德建设中的示范性和带动力,引导广大未成年人身体力行社会主义核心价值追求,学校德育处结合工作实际,决定在全校学生中开展"认星争星,争当智善少年"活动。这一活动深入贯彻落实了《中共中央国务院关于进一步加强和改进未成年人思想道德建设的若干意见》(中发〔2004〕8 号)精神,以全面落实科学发展观,构建社会主义和谐社会,推进社会主义核心价值体系建设为根本,围绕我校"智善教育"实践主题,通过典型引路、示范带动,促进了广大未成年人践行道德规范。

1."智善少年"评选方案

分为七个阶段,分别是:

第一阶段:学生自荐及民主推荐。该阶段班主任认真审核各位候选人条件,符合条件者参加班级的竞选演讲,然后由民主投票产生 2 名候选人。如果个别班级确实有较多优秀且符合条件的学生,可适当增加候选人推荐数。

第二阶段:材料审核及初审结果公布。学校考核小组组织对各班候选人提供的佐证材料进行审核,并根据材料进行量化。

第三阶段:事迹宣传及入围名单公示。学校根据候选人提供的材料进行量化考核,确定入围名单。学校将通过彩屏进行为期三天的候选人先进事迹展播,在学校范围内进行主要事迹宣传。

第四阶段:事迹演讲及大众团评审。每个入围的候选人要进行时长 3 分钟的个人事迹演讲。以投票的方式推荐自己心目中的钱塘"智善少年"。

第五阶段:教师测评及学生民主测评。学校考核小组将组织六年段的全体任课教师及候选人所在班级学生对候选人进行测评。

第六阶段:党政工讨论并公示结果。在考核小组完成各项量化的基础上召开党政工联席会议,讨论最终获评的 10 位候选人,另 10 名落选的候选人荣获"智善少年"提名奖,并进行公示。

第七阶段:表彰。结合六一表彰大会进行隆重的颁奖仪式。为"智善少年"颁发荣誉证书和奖杯,为"智善少年"提名奖颁发荣誉证书。

2."钱塘之星"评选方案

"认星争优、争当智善少年"活动分认星、创星、争优三个环节,重在学生自主选择星级目标、确定努力方向,重在人人参与,重在活动普及。学校可根据自身实际,细化和分解星级内容和标准,组织开展活动。

(1)认星。每学期开学初,由学生根据自身实际,对照"星级标准",自愿提出自己的争星目标,每人至少认一颗星,并在班级公开承诺。由班主任负责盖"认星章"。

(2)创星。学生根据自己认定的星级内容,在日常学习生活中努力践行。学生分发认星争优卡,并应及时做好活动记录。班主任一周组织一次考核认定。由学校统一印制"星星章",周考核通过的给予盖"星星章",学年集满 15 颗星星章就获评"班级之星",并有资格参加班级"钱塘之星"的推荐。

(3)争优。采取班会、队会等形式,每学期对创星情况进行交流,主要是认星学生的成果交流、感悟体会和努力方向,班主任或少先队辅导员可给予适当点评和鼓励。学年快结束时(3月底),由班主任进行考核、盖章,评出"班级之星",并向学校推荐"钱塘之星"候选人。

学校根据学生认星和创星情况,每学年表彰一次十大钱塘之星。表彰结果将作为推荐参评钱塘十大智善少年评选的前置条件。

3."智善少年""钱塘之星"评选成效

学校德育评价是推动学校德育管理的重要手段。它是整体构建德育管理体系的重点和难点,在学校德育工作中占有重要地位。我校德育工作在学生的评价上尊重学生个体,力求多元,既关注学生的日常行为规范,又关注学生的思想道德品质,将综合评价和个性评价有机结合,拟定了《福州市钱塘小学智善少年、钱塘之星评价方案》,通过表彰先进,树立典型,发挥榜样的育人作用,引导学生养成良好的行为习惯,树立正确的人生观和价值观。这种评价打破了以往只有极少数学生才有机会评上"三好学生"的格局,更加关注学生的个性、特长、兴趣、态度、习惯,内容涵盖了诚信、科技、阅读、环保、友善、文明、艺术、智慧、劳动、体育等十个方面的内容。"智善少年"的评选每年一届,每届 10 人,评价对象为毕业班学生,是为学生的六年成长做一个综合评价,可以说是优中选优,极具代表性、先进性。学校在毕业典礼上为获奖的 10 位"智善少年"举办隆重的颁奖典礼,为其颁发特制的智善少年水晶杯,并将他们的事迹载入校史,为更多的钱塘学子成长树立良好的榜样。"钱塘之星""智善少年"的评选告别了学生操行评定的单一性,广泛调动了学生的参与热情,激发了学生的潜能和兴趣,增强了学生的自信,浸润了学生的心灵。

六、协同育人,拓展智善

(一)组建家委会

学校的发展离不开家长的关注,学校的管理和教育教学工作离不开家长的关心与支持。苏联著名教育家苏霍姆林斯基认为,"只有学校和家庭志同道合,抱着一致的信念、一致的行动,儿童才能获得全面和谐的发展"。要实现家庭与学校的一致性,从而实现家校合作,共同推进素质教育,就必须构建好家校之间的桥梁与纽带,即家长委员会。家长委员会作为学校教育向家庭教育的延伸,不仅可以帮助家长有效行使对学校工作的知情权、评议权、参与权和监督权,而且有利于形成"家校携手、联合育人"的良好局面,完善学校、家庭、社会三位一体的教育体系,共同推动学校的发展,共同培育未来社会发展所需要的人才。

《国家中长期教育改革和发展规划纲要(2010—2020)》中明确提出要建立中小学家长委员会。2012 年 3 月,教育部专门下发了《关于建立中小学幼儿园家长委员会的指导意见》,要求各地教育部门和中小学幼儿园充分认识建立家长委员会的重要意义,把家长委员会作为建设依法办学、自主管理、民主监督、社会参与的现代学校制度的重要内容,作为构建学校、家庭、社会密切配合的育人体系的重大举措,创造条件推进建立家长委员会工作。

正是在这样的背景和形势下,钱塘小学家长委员会应运而生。学校多年来不断推动家校融合,在校蒲公英志愿者团队、各班级家长委员会等成功运作的基础上,进一步完善组织体系,多元化培训家长,不断促进和谐教育,为钱塘智善校园建设做出了应有的贡献。

1.完善管理，构建组织体系

完善的架构，对一个社会组织的建立和发展具有至关重要的意义。适宜、高效的组织机构，能最大限度地释放团队的能量，使组织更好地发挥协同效应。著名的"现代管理学之父"彼得·德鲁克，在他的著作《管理的实践》中专门论述了组织结构的重要性。众多社会组织的实践也证明，良好的组织架构对推动和维护社会组织的发展起到极大的作用。

中小学家长委员会是一种公益性的社会组织，完善的组织架构对推动其发展同样具有重要的意义。《教育部关于建立中小学幼儿园家长委员会的指导意见》就强调，地方各级教育部门要切实加强对家长委员会组建工作的领导，要把建设和组织家长委员会作为教育行政干部和中小学校长的培训内容之一。学校组织家长按照一定的民主程序，本着公正、公平、公开的原则，在自愿的基础上，选举出能代表全体家长意愿的在校学生家长组成家长委员会。特别要选好家长委员会的牵头人。要从实际出发，确定家长委员会的规模、成员分工。

钱塘小学家长委员会正是遵循以上的原则，从建立时开始，就本着公正、公平、公开的原则，通过民主选举选出代表和领导班子，并不断构建完善的组织架构体系。

（1）组织构成。

2015年9月，为进一步营造良好的教育环境，深入推进素质教育，钱塘小学决定成立校级家长委员会，并由学区党总支书记、校德育处主任、校总辅导员组成工作组，负责组建和联络校家委会。学校通过广泛发动各年段各班级推荐热心家长，经过慎重筛选、竞职演说、正式选举等环节，于10月正式组建福州市钱塘小学家长委员会，共有23名委员，分别由一至六年级各三名家长，及学校墨韵俱乐部、故事家族、快乐家族、科普家族的个别热心家长组成。2016年10月，又进行了新一学年校家委会的重新选举，新一届校家委会依旧由23名委员组成，其中留任委员19名、新入选委员4名。

①领导班子建设。校家委会经民主选举成立领导班子，由一名主任、两名副主任、一名秘书长、一名副秘书长构成。2016年换届后，为了进一步加强班子力量，选举产生了新一届家委会领导班子，增设了一名副主任、一名副秘书长。从家委会建立时起，就根据工作需要，成立了策划、宣传、执行、财务4个工作小组，分别由领导班子成员领衔各个工作小组，明确各小组的具体职责，全体委员自觉参与各小组的相关工作。

②三级协调机制。为了进一步加强校、年段和班级之间的沟通联系，

校家委会通过建立年段家委会群,指定校家委会中本年段的一名委员担任年段家委会联络委员,沟通联络各班级家委会,从而构建起学校、年段、班级三级家长委员会沟通、联络和协调机制,及时掌握动态,有效推进各项工作。

③四大家族管理。根据校家委会各委员个人及其孩子的特长,分别报名参与学校的故事家族、快乐家族、科普家族、墨韵俱乐部等四大家族的工作和活动,并逐渐承担起由校家委会委员组织领导四大家族工作的职责。

(2)运作规律。

钱塘小学家长委员会通过不断地实践和探索,总结出家委会组织运作的一些基本规律,可以归纳为"三大原则"、"三个方法"和"三条经验"。

①家委会工作三大原则。

以学校为中心原则。家委会的宗旨是"坚持家校沟通与合作,让家长充分参与学校管理,有效体现家长对学校教育教学工作的知情权、评议权、参与权和监督权"。因此,家委会的职责应以学校为中心,主动围绕、积极配合学校各项工作的开展,架设家校融合桥梁,当好参谋和助手,不添乱。

积极主动奉献原则。家委会是一个具有公益性的组织,全体委员都应本着主动奉献的精神,群策群力、主动作为、甘于付出、不求回报,积极参与各类活动的组织运作和各项事务的开展。

民主集中制原则。家委会各项重要决定、重大活动的开展等,均采取在广泛讨论、充分酝酿的基础上,由领导班子集体决策的方式来确定。

②家委会工作三个方法。

围绕学校工作重心制订年度计划。家委会的组织运作应充分围绕学校的中心工作,因此,家委会每一年度的工作谋划,应在充分了解和掌握学校年度工作重点和计划的基础上,配合学校工作的进程制订年度工作计划。

充分激发班级、家长和学生的参与热情。家委会是促进家校良性沟通的桥梁,因此,既要有效传达学校在学生教育、班级事务、活动开展方面的主要意图,又要分别站在老师、家长、孩子的角度考虑各方需求和感受,努力寻找他们的需求或兴趣点,充分调动家长和学生参与学校和班级各项事务的热情。

充分运用家长"朋友圈"的社会资源。众人拾柴火焰高,各班级家长分别处在各行各业中,群策群力将会产生极大的能量。家委会在推进各项事务和活动开展的过程中,若能充分运用好各班级家长的特长和人脉,往往会起到意想不到的效果。

③活动开展三条经验。

第一,以"项目制"引领活动开展。每一次学校重大活动的开展,校家委会均采取在全体委员广泛讨论的基础上,由自我推荐和领导班子指定相结合,组成3~5名委员的活动项目小组,采取项目小组负责制的方式,负责活动的具体筹划、运作和组织,这样,既保证了校家委会工作的集体领导,又充分发挥了项目小组的主观能动性和相对独立性。

第二,完善方案以达到事半功倍的效果。好的开始就是成功的一半,每一项活动的开展,均制定了详细的活动方案,并通过项目小组的不断修订和完善,使之更加符合实际、更加完整、更具有可操作性,为活动的创新和发展提供了细致有效的指导。

第三,宣传攻势贯穿活动全过程。高度重视活动开展的前期、中期和后期宣传。活动开始前,与学校领导沟通协调,充分了解学校意图后,通过学校、各年段和各班级微信群、QQ群等自媒体,大力宣传造势,阐述活动意义,普发活动预通知;活动开展中,通过在学校、各年段、各班级微信群、QQ群直播图片和视频的方式,引起老师和家长的广泛关注;活动结束后,以图文并茂的方式,通过各类新闻媒体和媒体微信公众号、学校微信公众号,及学校和班级微信群、QQ群等自媒体广泛开展活动宣传,既对活动进行很好的归纳和总结,又进一步提升了活动成效。

2.积极融入,促进和谐教育

学校发展离不开家长的关心和关注;和谐教育环境的形成和推进,更离不开家长的积极参与。教育部《关于建立中小学幼儿园家长委员会的指导意见》就强调,要发挥好家长委员会支持学校工作的积极作用,与学校共同做好德育工作,协助学校开展安全和健康教育,支持和推动减轻学生课业负担,营造良好的家校关系。钱塘小学家长委员会成立以来,在学校的指导下履行职责,积极参与学校管理,对学校工作计划和重要决策,特别是事关学生和家长切身利益的事项提出意见和建议,对学校开展的教育教学活动进行监督,帮助学校改进工作。同时,积极发挥各委员的专业优势和资源优势,为学校教育教学活动提供支持,为学生开展校外活动提供教育资源和志愿服务。

(1)整合优势,家长资源共享化。

家长资源是一种丰富的课程资源,既有客观的作为家长主体对象化的物质积淀,也有主观的体现家长素质的精神文化特征。若能深入挖掘、合理使用家长资源,并使之与学校的教育步伐协调一致,将使家校教育相得益彰,对小学教育的深化改革与发展具有重要意义。因此,每学期在新生入学时,学校就会发放《钱塘蒲公英志愿者团队成员登记表》,在全校范围内开展家长人力资源的调查,了解家长是否有担任志愿者的意愿,是否有各种兴趣和特长,是否愿意为学生的活动提供各种资源等。学校在对家长资源进行全面广泛的了解基础上,对这些家长资源进行分类,并建立起辐射全校的家长人力资源网。这样无论是学校还是班级,在开展各种活动时,都可以直接点击"人才库",选择自己心仪的"专家",配合本班开展活动,这样就充分实现了全校范围内的资源共享,实现了活动的最优化。

调查显示:97%的家长对此项活动表示支持,90%以上的家长表示希望在合适的时间能参与到家长义工的行列中来,为孩子的发展出一份力。家长们"八仙过海,各显神通",他们打破班级的疆域,强强联手,为学生们提供了广阔的活动空间,提升了他们的文化素养。这样,不仅促进了学生知识、经验和技能的发展,也帮助家长提升教育引导学生的经验和水平,更能有效利用家长资源,解决学生教育过程中老师知识、经验和时间不足的现状。助教活动使得学生、家长、老师三方均获得发展和提高。

(2)沟通协调,搭建家校桥梁。

校家委会是由全校学生家长代表组成的群众性自治组织,代表全体家长参与学校民主管理,支持和监督学校做好教育工作。一直以来,钱塘小学家委会积极发挥作用,参与学校民主管理,主动担当家校联系的桥梁和纽带。校家委会一项重要的工作任务,就是不断加强与学校的沟通交流,为促进学校、家庭与学生的进一步融合积极建言献策。校家委会各委员本就产生于各班级家委会成员,在推进各班级、家庭与学校之间的沟通与融合上,各委员具有责无旁贷的责任。各委员通过成立年段家委会主任群、建立家长与学校沟通机制等方式,既传达了学校的精神,又及时反映了家长们的意见建议。校家委会成立以来,多次将各班级、各年段家长反映的有关意见建议转达给学校领导并被采纳,得到各班级家长的好评,很好地发挥了家校沟通平台与桥梁的作用。

(3)精心策划,打造主题系列活动。

首先,创设特色家长会。

校家委会在学校开展相关工作中,主动发挥积极性和创造性,自主自觉地出谋划策、组织实施,真正做到了既当好参谋助手,又发挥了主人翁精神。如,积极参与学校家长会的策划、组织和实施。2015—2016学年下学期,学校决定进行各班级家长会的改革,由家委会为主组织实施。4月底接到这项任务后,校家委会在很短的时间内,制定了策划和实施方案,积极联络和配合各班级家委会召开家长会,并组成改革评议组,对全校1～5年级共60个班级家长会的策划方案和实际运作成效开展了综合评议。本次钱塘小学家长会所实行的整体性改革,极大地调动了家长的主观能动性和积极参与性,发挥了家长的集体智慧,促进了家长与老师之间的互动,得到社会各界的广泛关注,被媒体称为"脑洞大开"。

其次,积极传播知识文化。

校家委会成员及孩子们一起参观福州国家森林公园珍稀植物园,开启了别开生面的植物之旅。校家委会委员、福建榕树王规划设计院院长庄莉彬教授等专家发挥优势,亲自为孩子们仔细讲解植物知识,让大家眼界大开。

——遨游省博。校家委会组织委员家庭前往福建博物院,参观福建古代文明馆、海洋馆,让孩子们对福建的古代文明史和海洋文化有了初步的了解。

——中院开放日。由校家委会成员策划组织,钱塘小学小记者团参与的"法院开放日"活动在福州中级人民法院举行。小记者们聆听了法官们对法庭开庭情况的讲解,穿上法袍充分体验了当审判长、审判员的乐趣,学习到了未成年人保护法的相关知识,踊跃提问相关问题,度过了一段头脑风暴、满满当当的难忘时光。

再次,培养爱国爱乡情结。

——船政溯源。40多名福州日报小记者、钱塘小学记者站的小记者,走进马尾——中国船政文化的发祥地,感受船政文化魅力,了解那一段蓝色的历史。该活动由钱塘小学、福州日报小记者团举办,校家委会参与承办,是钱塘小学"2016圆梦蒲公英暑期主题活动"的一项重要内容,让孩子们了解了福州的近代历史,激发了他们努力学习、建设家乡的使命感。

——春伦品茗。由福州日报和钱塘小学小记者团、校家委会共同组织的"质量安全月"活动,共40多名孩子走进福州著名的茉莉花生产商春伦茶业,详细了解了福州市花茉莉花的种植、生产过程,欣赏了茶艺表演,进一步激发了爱乡情结。

——古镇畅游。校家委会组织部分委员家庭,前往中国历史文化名镇、中国特色小镇永泰嵩口镇,参观了嵩口古镇及月洲村、春光村,充分感受了福州市区周边自然和人文景观的优美和厚重,由此,也更加增添了对家乡的热爱之情。

最后,树立革命意志品质。

——送粥干休所。为配合学校的"拗九节"系列活动,在家委会的策划运作下,开展了以"敬老崇军记恩情、革命精神代代传"为主题的活动。来到福建省军区福州第四干休所,与老干部共迎"拗九节",为革命先辈们送爱心,听老红军讲述革命故事,让孩子们近距离地接触和感受先辈们为国奉献的精神。活动成效得到学校和干休所的充分肯定,也被各级媒体广泛报道。

——学英雄系列活动。配合学校为纪念长征胜利 80 周年而开展的学英雄系列活动,47 位新一届的大队干部、学校家长委员会的部分学生,走进武警福建总队保障基地,开展大队委就职宣誓活动,欣赏部队表演、参观战士内务,对同学们产生了极大的现实教育意义。

(4)志愿服务,优化校园周边环境。

随着社会环境的不断变化,学校的周边环境也在不断发生着变化。钱塘校园周边的治安、卫生等状况越来越受到学校和广大家长们的关注,校家委会不断倡导和呼吁广大家长自觉自发参与到校园周边环境治理中来。

倡导良好的环境意识。为了营造安全、整洁、和谐的校园周边环境,学校、各班级家委会的委员们爱校如爱家,自觉树立主动参与、积极建言的意识,一旦校园周边出现卫生脏乱差的现象,在身体力行予以整治的同时,积极呼吁家长、孩子们共同予以制止和维护;对校园周边出现的不健康文化传播、食品消费等现象,转达老师在班级里对孩子们进行教育,并向学校管理层进行反映,在全校倡导健康、文明消费的意识和行为。

安全志愿者队伍组织。按照鼓楼区教育部门的统一安排,在接到学校招募安全志愿者协助维护安全秩序的部署后,校家委会迅速行动起来,短时间内就组织了全校 72 个班级家委会,广泛发动各班级家长自愿参与钱塘巷上下学期间的安全维护和秩序协调。从 2016 年 10 月份起,全校 72 个班级的家长自觉自愿、积极上岗,出现了有的班级报名志愿者超过一半、有的班级甚至爷爷奶奶积极参与志愿行动的现象,在钱塘巷上演了一幕幕感人景象。

3.多元培训,提升家长素质

家长志愿者来自各行各业,他们有热情,有爱心,但缺乏一定的专业背景和实践经验。校家委会非常重视通过各种形式的培训,让家长们不仅能更新教育理念,同时也掌握了与孩子沟通的技巧,目的是更好地服务孩子,服务学校。注重通过分层、点面、内外等方面相互结合来开展家长培训工作。从培训对象上看,既有面向家长志愿者的针对性培训,又有针对全体家长的普及型培训;从培训形式上看,既有网络的培训,也有集中的学习;从培训的内容看,既有体验式的参观体验,也有即时的学习讨论;从培训的师资上看,既外聘专家,也有优秀家长代表;从培训的时间上看,有利用周末的时间,也有家长的自主择时。

(1)邀请专家引领

学校经常邀请著名的专家学者来校为家长们开设讲座,提升家长的素养。据统计,仅故事家族就相继请来了国内外 24 位著名的儿童阅读专家为家长们开设讲座,像德国科普作家科特·雷特,台湾儿童阅读推广人林文、桂文亚,国内著名作家梅子涵、方卫平、商晓娜、齐嵘、王一梅、薛瑞萍等都曾做客钱塘。他们的讲座高屋建瓴又深入浅出,吸引了钱塘乃至福州市五区八县的家长前来参加,每回会场总是座无虚席。

(2)举办家长讲坛

学校充分发挥家长的学识和特长,开设家长讲堂。通过举办讲座和沙龙活动,培训广大的家长,让他们从中获得先进的育儿理念、科学的沟通方式等等。比如快乐家族的志愿者张极妈妈,她是国家二级心理咨询师,拥有丰厚的心理学知识素养和丰富的心理咨询疏导经验。她利用周末的时间为家长们义务开设了三场讲座:"如何做一个成功的父母""怎么说,孩子才会听""家庭教育方式与孩子的心理健康"。她通过翔实的案例、生动的游戏,让更多的家长了解到如何与孩子沟通,如何培养身心健康的孩子。

(3)依托校外机构

学校还非常重视携手校外教育机构、民间团队,依托他们的力量,来培训家长。深圳"三叶草"故事家族是国内规模最大的民间阅读团体。他山之石,可以攻玉。蒲公英故事家族就很注意与他们进行联动,通过两个团队间成员的接触交流,学习他们的先进做法,引领家长更好地开展活动。我们请来"三叶草"的创始人周其星老师与家族骨干力量交流,共同商讨家族的建设、亲子阅读的开展等问题。故事家族的部分成员也奔赴深圳,与仰慕已久的"三叶草"家族成员进行了交流,并实地观看了深圳故事妈妈的活动情景。

(二)组建蒲公英故事家族

钱塘小学的蒲公英故事家族是一个为儿童播撒阅读种子的家长组织,

它由学校的热心家长组成,用业余的时间与孩子在一起读书、交流,开展各种和阅读有关的活动。如今,蒲公英故事家族已经在孩子们心中撒下幸福的种子,并且开始发芽。由于"蒲公英故事家族"所引导的亲子共读方式,在福州市小学中具有首创性,钱塘小学被评为"福州市未成年人课外阅读实践基地",蒲公英故事家族也被授予"阅读推广志愿者团队"。

1.设计标志(LOGO)

为了让家长们对故事家族有一种认同感和归属感,我们特意请福州教育学院的老师设计了蒲公英故事家族的标志(图3-16)。蒲公英旗帜的红色象征生命,黄色象征活力,蓝色象征智慧,绿色象征希望。孩童体的蒲字,传达纯真的童年、多彩的生活。每次的家族活动,我们都带上这面旗帜,希望阅读的种子能飘散在校园,能掠过学校的篱笆、围栏,去优游穿行于社区的上空,同时飞越千山万水,种植到乡村;希望能唤起更多人重视儿童阅读,重视未成年人的思想道德建设。

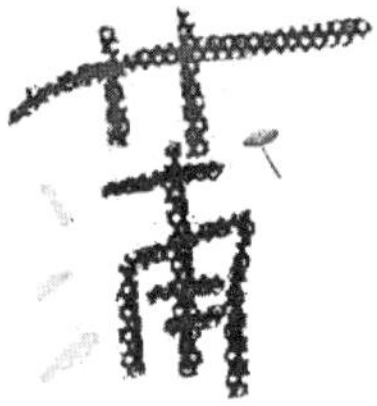

图3-16　钱塘蒲公英故事家族标志

2.提供交流平台

为了让更多的家长能有更多的探讨机会,我们构建了从校内到校外,从现实到网络的交流平台。只要是家长需要,学校的南区图书吧、北区图书吧和家长休闲室都无偿向家长开放,提供给他们作为开展阅读活动的场地。学校还定期印制《蒲公英故事家族专刊》,刊登故事家族的活动内容。同时我们还充分发挥网络平台的优势,开通了"云端的日子——钱塘蒲公英故事家族博客",与更多的热爱儿童阅读推广事业的同道人一起交流探讨。而"蒲公英家族QQ群"和"儿童阅读推广聊天室"两个QQ群,家长们常常为了探讨家庭教育问题摆开擂台,进行辩论,为组织家族活动献计献策。相聚是缘,每个闪亮的头像,都是真挚的朋友;网络是绳,牵起四面八方蒲公英妈妈的希望。在这里,教育不只是一个名词,更是一份情谊,一种期盼,一份理想!

3.设置岗位分工

蒲公英故事家族是一个民间公益组织。为了让活动更为有序地开展，我们召开家族会议，通过自荐和互荐的方式选举产生家族各个岗位的负责人（总负责人、休闲书吧负责人、QQ 群管理员、基金募集人、基金管理人、活动策划、宣传推广、培训联络），做到岗位分工明确，职责到位。

4.制度保障

为保障蒲公英故事家族工作的顺利开展，让更多的孩子受益，学校将蒲公英故事家族的工作纳入家校管理体系之中，并派专人负责指导、协调、沟通等工作。我们编写印制《钱塘蒲公英故事家族活动指南》，引导家长开展活动。家族骨干成员还共同商议制定了《钱塘小学蒲公英故事家族活动公约》和《蒲公英故事家族 QQ 群职责公约》，在制度上予以保障。同时为了保障教育教学秩序的正常进行，我们还为这些成员制作了胸牌，方便其进入校园开展工作。

5.家族活动开展

首先，借助专家引领。学校把蒲公英故事家族的工作纳入管理之中，创设一切机会对 36 位家长代表进行培训，通过各种形式的学习和观摩，更新家长的观念，激发家长的热情，使其积极参与这项公益事业。

其次，开发家长资源。钱塘小学有一支高学历、高素质的家长队伍。这些家长有的精通摄影，有的会手工，有的能讲英文故事……他们的兴趣、特长都是一笔无形的财富、巨大的资源，这些都能让我们的孩子受益匪浅。在校领导的倡议下，钱塘小学正式成立"蒲公英故事家族"，聘请了一至三年级的 36 位家长为首批蒲公英故事家族成员。孩子们亲切地称他们为"故事妈妈（爸爸）"。故事爸爸、故事妈妈进课堂讲故事，同时阅读活动也走出校园，走向社区，走向自然。他们利用业余时间，开展各种与阅读有关的活动：亲子读书会、好书交流与推荐、阅读讲座、城乡共读、班级故事会、书香下午茶、成果展示活动。蒲公英故事家族吸引了一大批热爱儿童阅读的家长，他们不仅成为亲子阅读的践行者，更迅速成长为儿童阅读活动的组织者和推广者。他们回到各自的蒲公英小家中开展丰富多彩、形式多样的活动，为孩子们搭建了各种阅读实践的平台，丰富了孩子们的体验，开阔了视野。在蒲公英故事家族活动的推动下，重视阅读已经蔚然成风。

最后，依托校外教育基地、教育机构。在"快乐阅读活动伴我行"的启动仪式上，我校被授予"福州市未成年人阅读实践基地"，是唯一一所学校分基地，蒲公英故事家族的家长代表二年（6）班的裴位妈妈接过了"阅读志愿者团队"的旗帜。近几年来,我们和福建省读书援助协会、福州市未成年人阅读基地、书香童年绘本馆、漳州博文图书代理机构开展了一系列的儿童阅读活动。如城乡共读同一本书、童书漂流、援建爱心图书室等等,让孩子们在活动中得到历练。

6.建立表彰机制

参与钱塘蒲公英故事家族活动,需要的是一颗公益心,需要的是默默奉献的精神。为了让更多的家长加入其中,我们为1～4年级各班推选出来的家长代表颁发聘书,聘任他们为家族的核心成员,一同为家族的发展出谋献策。对于开展活动出色的班级,我们还在学校的橱窗中张贴各个蒲公英小家的活动专刊。同时我们定期举办蒲公英故事家族经验总结暨表彰会,让这些活动开展得特别出色的家长代表介绍经验。

几年来,蒲公英故事家族迅速壮大,参与的不仅有本校家长,还有慕名而来的福州市其他学校的家长。"荐可读之书、导阅读之法、倡书香之风"的理念也深入人心。在这期间,故事家族举办了百余场活动,参加人数达到上万人次。《福建日报》、《福州晚报》、《福州日报》、《海峡都市报》、《海西教育网》以及福建电视台、福州电视台等主流媒体都进行了相关的报道和宣传,在社会上产生了一定的影响。从被动到主动,从独行到合作,从参与到策划,在一次次的活动中,家长们的观念也有了较大的转变。蒲公英故事家族在学校和家长之间搭建了一座沟通的平台。它让家长充分感受到只有家庭教育和学校教育很好地结合才能取得真正的教育成功。他们也愿意利用自己的自身特长和资源为学校、为学生服务。

(三)组建蒲公英快乐家族

苏霍姆林斯基说过:"我们要像对待荷叶上的露珠一样小心翼翼地保护儿童的心灵。"布鲁尔·卡特也说过:"孩子健康心理的培养比孩子身体的关心更重要,孩子只有具备了健康的心理,才能挑战未来,走向成功。"钱塘小学2006年开始心理健康教育工作,并将之作为一项极其重要的育人育心指标贯穿在学校整体规划与学生评价中。多年的实践使我们日益意识到健康的心理是儿童快乐成长、人格健全的基础。但单纯的学校介入在儿童心育过程中能起到的作用十分有限,家庭才是儿童心理健康发展的主战场。只有家校联手,才能给孩子的童年创设一个安全、温暖的发展平台。基于此,在钱塘小学"快乐岛"心理咨询室的倡导与组织下,依托"快乐岛"咨询室这个平台,成立了钱塘小学快乐家族,专门从事家庭与儿童心理健康教育宣传与指导工作。

1.定基调——认真调研 把握方向

我们认为,在新时代背景下,学校应该从传统的育人职能拓展到家长培训职能,促使家长成为一名合格的家长,如此,才能家校齐心,共育幼苗。因此家长培训计划被提上议程。

在学校心理健康工作中,我们发现这项工作细致而庞大,作为一所有4000多名学生的大校,只靠学校几个领导、几个咨询师的努力,是远远不够的。在这样的事实面前,我们想到了学校的家长资源,为何不能组织有心理学教育背景的家长组成一个志愿者团队,大家一起携手,共同为孩子们打造一个快乐童年呢?蒲公英快乐家族一方面推进学校心健工作全面开花,另一方面也能作为家长培训平台发挥作用。于是,一个以"钱塘小学快乐家族"为名的架构在心中搭建起来了!我们发放调查表、召开座谈会,广泛听取意见,收集资料,经过一段时间的筹备终于正式成立了"钱塘小学快乐家族",并为此定下总则,为家长志愿团队的活动开展定好基调。

在组织性质上,"快乐家族"为钱塘小学"快乐岛"心理咨询室以及学生家长共同组织推动的公益组织,它以"走进孩子,关注心灵"为理念,以"快乐家族,快乐成长,快乐心灵,快乐起航"为口号,旨在通过家校联手,为孩子的健康成长创设良好的心理氛围,培养孩子形成良好的心理素质与健全的人格,促进孩子的自我发现与自我成长;同时通过对家长的培训,促使每个家长都能成为有利于孩子健康成长的家长,每个家庭都真正成为孩子温暖的摇篮。在组织架构上,每个钱塘家长都是家族成员;从学生家长中遴选出30位左右具有教育学或心理学背景的高素质家长,与学校心理咨询室的老师共同作为骨干成员组成"快乐家族委员会"负责执行日常事务,组织开展各项工作;在学校方面,将"快乐家族"的工作纳入家校工作管理之中,由副校长直接分管,德育处协助,心理咨询室负责指导、协调、沟通工作,形成多方配合的四级管理模式。

2.办活动——精心策划 形式多样

"快乐家族"以钱塘小学"快乐岛"心理咨询室、QQ群、微信公众号为平台,以讲座、沙龙、网络平台讨论、亲子活动为载体,开展各项活动,精心创设从学校到家庭延伸覆盖的心理教育大课堂。

(1)快乐讲坛。

我校有近4000个家庭,家长培训以何种形式开展才能最有效地惠及每一个家长?经过认真思考,我们首先锁定讲座这种形式,一场大型的专题讲座,往往能广泛而迅速地普及儿童心理健康教育与科学家庭教育的知识。借鉴央视《百家讲坛》的形式,我们设置了《快乐讲坛》项目开展专题讲座。《快乐讲坛》专门围绕家庭教育、亲子沟通、家长心理健康、儿童心理健康教育开讲,旨在帮助家长们更加了解孩子,实施更符合孩子身心特征的教养方式,营造良好家庭氛围,培养孩子良好的心理素质与人格素养。主讲的既有本校的心理老师,也有校外知名心理学专家,既有高校的心理学教授,也有经验丰富的心理咨询师,有的还是钱塘的家长,讲起来,更有了更多的共同语言,有了更深层次的共鸣。

每场讲座之前,我们都会事先发放调查问卷,调查家长感兴趣的话题,了解他们的困惑所在以及喜欢的讲座呈现方式,尽量使讲座有的放矢。讲座结束后,发放回馈问卷,调查家长们对讲座的满意度及意见、建议,为今后的讲座策划提供借鉴。每一场讲座,都是理论与实践相结合,案例、情景模拟、互动游戏等形式交互呈现,既有营养又有味道,广受好评,成了快乐家族的品牌项目。

(2)家长沙龙。

讲座能广泛而迅速地普及知识,但其深入性有限,为了弥补这一不足,我们设置了家长沙龙。家长沙龙参与人数少,讨论问题深,事先确定主题,发放活动公告,筛选参与人员。一般一个沙龙由几十个具有同质性问题的家长参加,学校心理老师主持,邀请专业经验丰富的心理专家坐场答疑解惑。如"亲子沟通"这个主题沙龙,我们邀请了国家二级心理咨询师王晓芳女士,与数十位钱塘家长针对与孩子对话的技巧开展了探讨。一个半小时的沙龙中,专家传道授业答疑解惑,家长现身说法,经验共享,热闹而有序,具体而深入,家长们对平时的教育问题都觉得茅塞顿开,意犹未尽。

(3)成长课堂。

成长课堂是借用家长的力量进行的儿童心理健康教育活动。有心理学专业知识的爸爸妈妈进课堂,实施团体心理辅导。这个课堂有的仅面向学生,有的面向亲子组合。如林心恬妈妈曾在4年(5)班开展儿童安全教育专题课,告诉孩子们身体的隐私以及如何保护自己;张极妈妈面向来自不同班级的十二名孩子与他们的爸爸或妈妈,开展了正念减压训练,帮助家长和学生掌握减轻压力、克服注意缺陷、集中注意力的有效方法。每次的成长课堂,爸妈老师们都拿出看家本领,为孩子们设计既符合年龄特征,又好玩有趣的活动,深入浅出地应用心理学知识,让大家在活动中收获感悟。每次成长课堂都能收获满满好评,不少学生和家长都翘首以待下一次的课程。

（4）亲子活动。

我们看到，很多孩子在父母的爱中长大，但由于各种原因缺少和父母的沟通，使爱没有了具体的形式和表达。为此，快乐家族委员会精心筹划，组织亲子活动，带领孩子们走出户外，参与各种形式的亲子活动。比如：与贫困山区的孩子们手拉手，捐出自己的书籍，让他们也一起在阅读中成长；慰问敬老院的孤寡老人，为他们表演才艺，带去欢笑。比如，"我与爸爸妈妈换身份"，孩子与家长互换身份一天，感受彼此的快乐与苦恼，从而更能换位思考，增进亲子关系；"爸爸去哪儿"，让平时忙得神龙见首不见尾的爸爸与孩子一起参加心理游戏，鼓励爸爸多参与孩子的教育活动，促使儿童人格更健全地发展；"成长向前冲"，以家庭为单位参与紧张有趣的校园闯关夺宝活动，考察亲子的沟通状况与默契程度；还有"踏青寻春""端午赛龙舟""田间野趣"……一场场活动，不仅给孩子们带来了感动，也让参与的家长们在亲子活动中得到教育和震撼，而且在活动中亲子得到有效交流，更有利于孩子的身心健康，快乐成长。

（5）心理咨询家长开放日。

我们曾开展了别开生面的"解读亲子密码——钱塘小学心理咨询家长开放日"活动。活动中，我们设置了阵容强大的咨询师队伍，既有来自本校的专兼职咨询师，又有来自福州大学、福建师大、福州教育学院的高校咨询师团队，还有来自福州市未成年人心理健康辅导站的咨询师们，尤其值得一提的是，钱塘小学"快乐家族"的家长志愿者也活跃其中，用自己的专业知识和教子经验帮助来访家长。

咨询师们分成"儿童注意力培养""新生入学适应""儿童青春期心理健康教育""家长心理健康指导""综合类服务"五个方阵开展咨询，一共接待了钱塘小学 300 多位学生家长。咨询过程中，学生家长可任意选择心理咨询师针对自身心理问题或儿童心理、教育问题进行开放式、一对多、简短的咨询。现场家长提问踊跃，场面气氛热烈有序、互动性强，活动深受家长好评，收到了良好的预期效果。

钱塘小学"快乐家族"网络平台管理组还在现场把活动照片、活动情况介绍、家长关注焦点、心理咨询师的精彩回答同步发送到了钱塘小学"快乐家族"QQ 群，引发了"快乐家族"家长们的积极关注和热烈讨论，扩大了活动的影响范围和传播效果，同时很好地展示了钱塘小学"快乐家族"这一家校联合组织营造的教育新型环境的风采和魅力。

3.群论坛——讨论交流　共同成长

快乐家族日常活动以利用QQ群网络讨论为主(图 3-17),根据钱塘小学家长教育孩子过程中存在的困惑和提出的问题每周设置一个教育专题,由专人组织、家长参与、专家在线解答,进行一对一、多对一答疑解惑和心理辅导,还可以使用群相册、共享文件等多种方式进行共享交流。利用QQ群讨论,家长参与成本低,针对性、互动性强,影响面广。很多家长积极踊跃参与并反映从中受益很大,越来越多家长申请加入,讨论学术气氛浓厚,社会反响十分热烈。通过讨论,家长们逐渐认识到快乐的童年是孩子终生的财富,是孩子人格健全的基础,只有家校联手才能给孩子的童年营造一个安全、温暖的环境。同时,QQ群家长集中反映的问题将被选为下次讲座的专题,每期家长的精彩发言也会在《向日葵报》上刊登。通过这些丰富多彩的形式组合产生了聚合效应,扩大和巩固了教育成果,初步达到了学校设定的对家庭与儿童进行心理健康教育的目的。

图 3-17　快乐家族 QQ 讨论群

这样的一个交流平台,让越来越多的家长对快乐家族充满了感激,充满了期望,大家只要有自己的困惑在平台上提出,马上有不少的家长进行积极的回应,或感同身受,或出谋划策,或安慰,或鼓励,或期待,大家都用朴实的话语表达对 QQ 群的热爱:"这个平台真好!""虽然我不曾发言,但是我都在默默学习和关注!""感谢大家的留言,因为有了你们的指点,今天女儿表扬我了!"

综上所述,钱塘小学"快乐家族"自成立以来通过搭建快乐平台,组建家长团队,整合教育资源,策划公益活动,营造教育氛围,很好地为小学生的健康成长创造了良好的人文环境。当然,在前进的路上,我们也在思考,也在探讨,如何进一步完善活动形式,突出活动特色,打造品牌项目;又如何与社会机构开展合作,营造全社会正确的教育氛围,提升品牌的影响力,实现影响力倍增,造成"墙内开花墙外香"的效果等。这一切都需要我们不断努力。

(四)组建蒲公英墨韵家族

钱塘小学一直追崇的智善教育来源于对中华传统文化的思考和传承,钱塘小学也是鼓楼区首批授牌的全国书画教育实验校、首批福建省书法教育实验校。"端端正正写字,踏踏实实做人"成为学校开展书法教育的航标。书法教育成为钱塘小学一道靓丽的风景线,一张值得骄傲的名片。从书法兴趣小组到书法特色班,从书法特色班到成立书法俱乐部,一路走来,一路芬芳。一幅幅隽秀的作品,或潇洒飘逸,或刚劲有力,墨香里散发着钱塘学子的儒雅和大气。学校的书法育人成效卓著和有一支热心书法教育的家长队伍的大力支持是分不开的。他们利用自己的书法专长,倾情指导,无私帮助,使书法育人的种子开花结果。

1.家校联盟,共同助力

学校在 2013 年就组建了一支由热爱书法艺术以及有书法特长的热心家长组成的队伍——福州市钱塘小学墨韵家族。正是这一群默默无闻的幕后英雄,和学校一起撑起了书法教育的一片天。

在这个家族里,有福州市颇有名望的书法大师,有少儿书法教学经验丰富的专长教师,有擅长国画的顶级专家,尽管他们的专攻不一样,然而他们都有一个共同的身份,那就是——福州市钱塘小学墨韵家族的家长志愿者!为了让书法的国粹发扬,为了让中华的传统代代相传,他们不约而同地来到了钱塘,加入了"福州市钱塘小学墨韵家族"这个大家庭。在钱塘小学这个大舞台上,他们毫不吝啬地施展才华,亲身临摹,协助我校的书法俱乐部开展了一系列助教活动,为孩子们传经送宝,带孩子们走进艺术的殿堂,领略了中国汉字的魅力和精彩!

2.走进课堂,演绎精彩

这些有书法特长的热心家长们利用休息时间或者是调休时间,来到学校,为我校的书法特长生和书法爱好者讲授书法课。他们根据学生的书法水平、年龄特点以及自身需求,分时段、定教师、定地点、定学生、定教材开展此项课程。或颜体,或柳体,或欧体,或正楷,或隶书,这些热心家长利用自己的专长,为孩子们奉献上了精美大餐。在教学中,他们尽量用浅显易懂的语句,手把手一遍遍临摹,一遍遍示范,让每个孩子尽情地徜徉在书法的天地,提高了审美能力,培养了认真的习惯,学会了欣赏中华民族的文化瑰宝,从而让他们深深地爱上了中国汉字!

3.同写春联,共送祝福

每年春节前夕,福州市钱塘小学墨韵家族的家长志愿者和"墨韵书画"俱乐部的会员们一起上街为市民们义务写春联,演绎老少同写迎新春的精彩,吸引了许多市民驻足观看,构成了街边一道亮丽的风景线,成为钱塘小学的品牌活动。

每次活动,前来求春联的市民都是络绎不绝,活动现场总是被围得水泄不通。在刺骨的寒风中,墨韵书法俱乐部的家长志愿者们和会员们不畏严寒,精神抖擞,坚持为市民写春联。一幅幅火红火红的春联,一个个期待憧憬的眼神,一张张喜气洋洋的面孔……在短短的两个小时内,他们都用自己手中的毛笔,将墨迹凝结成的一份份最真挚的祝福——饱含祝福的春联送到市民手中。

4.协管 QQ 群,搭建平台

为更好地搭建书法教育的沟通平台,我们创建"钱塘'墨韵'俱乐部"QQ 群,请一些热心家长协助管理,定期发布书法知识,及时上传书法比赛信息、活动图片,欢迎学生和家长常来逛逛,踩踩脚,留下自己的困惑,分享自己的心得与体会,为所有热爱书法的学生和家长创设了浓浓的书法学习氛围。这个平台,不仅促进了学生知识、经验和技能的发展,也帮助家长提升教育引导学生的经验和水平,更有效解决了学生教育过程中老师知识、经验和时间不足的问题。大家一起在群里分享书法教育的心得,一起切磋书法教育的技巧,一起引导孩子领略书法的精彩。翰墨起舞,梦想飞扬。墨韵家族里的这批家长志愿者们,为这份墨香做出了巨大的贡献,给了"墨韵"俱乐部无限的动力。

(五)组建蒲公英科普家族

在切实强化青少年思想道德建设,提高他们综合素质基础的新时代,进一步强化他们学科学、爱科学、用科学的兴趣,培育科学精神,激发探索科学奥秘的热情显得尤为重要。为此,一支热心助力科学普及的家长队伍应运而生。

1.建起来,完善家族机构

少年强,则中国强;少年智,则中国智。唯有少年强大,中国才会富强,才会文明,国家才会有希望。学校非常重视学生智育方面的培养,除了书本知识、技能等方面的培养,还非常重视科学知识的普及,让钱塘学子通过各种活动获得对科学的热爱,用科学的兴趣培育科学精神。科普家族主要分成种植园小组、科技创新组、园林环保组、科普宣传组四个科普小组。学校通过组建科普家族为学生更好地学习科学提出了许多帮助,学校和家长合力成立了"科普家族",希望家族成员都能亲如一家,在家校配合之间让孩子们在实践中成长,营造出快乐学习科学的氛围和环境。

2.走出去,探索科普知识

钱塘小学科普家族通过制作翔实的活动方案,让科普家族的成员们走出去,有组织有计划地参加各种科普活动。如在大学生志愿者的带领下,孩子们在福建中医药大学识别了车前草、金银花、蒲公英等常见的花草;在时珍园长廊里,大家还品尝了菊花甘草凉茶;通过知识问答互动,每个孩子还得到了一份香草荷包。又如在海峡现代农业示范园内,孩子们参观温室大棚,了解植物如何播种、浇水,现场品尝摘下的生菜。在科研人员引导下,来到了一栋栋绿色半椭圆的房子里,那是现代化鸡舍,透过玻璃,看到鸡分层住在笼子里,它们下的蛋滚落到饲料槽下端的传送带上,传动带缓慢移动,将鸡蛋输送到工作人员手中。孩子们还陆续参观了发酵研究室、花卉研究室、珍稀鱼养殖基地和植物工厂等。通过走出去学习、体验、探索,孩子们学习到课堂内学不到的知识,而且这种学习直观而生动,丰富而有趣,无疑能激发孩子们的科学潜能,从小树立用科学的眼光看待问题的观念,提高科学素养。

3.请进来,校内普及科普知识

(1)科普家族成员给孩子做讲座。

除了走出去探索科普外,钱塘小学按照每学期的活动安排让家族成员的爸爸妈妈们根据自己的专业或学科知识定期给钱塘学子带来丰富、生动的讲座。在讲座中成员们用幽默的语言、丰富的图片、精彩的视频,把各种生态知识向孩子们娓娓道来,同时展示了他自己撰写的绘本小故事《蜘蛛不是猪》,孩子们听得津津有味。当把活生生的蜘蛛、蜥蜴展现在孩子面前时,孩子们都十分惊喜,发出了阵阵惊叹,对这些小生命充满好奇,都忍不住上前摸摸这些可爱的小生物。

(2)邀请专家给孩子做讲座。

科普家族成员利用单位及学科的优势,邀请专家学者及高校的老师们来校给孩子们做环保科普。讲座是由英国皇家赏鸟会、国家鸟盟、香港观鸟会资助,省观鸟会负责,全称为东亚—澳大利西亚候鸟迁飞路线保育计划(中国福建部分)——闽江河口湿地自然教育计划(Nature Education

Programme of Minjiang Estuary Wetland)。通过这场精彩的讲座,孩子们对国际濒危灭绝的神话之鸟——勺嘴鹬及其生活环境有了全面的了解。在讲座中,孩子认识到了人类对大自然的影响及作用,认清了当前的生态环境形势,加强了对环境保护的意识,增强了保护环境的决心,认识到保护环境就是要保护人类唯一生存的家园。

4.馆校联谊,触摸科技最新动态

对于学生而言,青少年科普教育工作是一项系统教育工程,仅凭学校的教育资源是不够的,省科技馆科普教育作为学校教育的重要补充和延伸,能够培养学生对科学的兴趣,开阔学生的视野,并促进学生发挥主观能动性,建立自主、合作、探究的学习模式,并且也能帮助学生解答课堂中不易解答的问题。如福州市钱塘小学科普家族的 30 多位成员们,齐聚福建省科技馆,聆听台湾孙维新教授"趣味物理,游戏科学"的讲座。在讲座中,孙维新教授以一个有趣的水杯不倒游戏,激发了孩子们的兴趣,让孩子们思考水杯不倒的奥秘。之后又演示了液态氨、加热可乐罐、燃烧花生米、旋转的陀螺等十余个物理小实验,科普家族的成员们都听得十分认真,一边听一边思考其中的科学道理。在讲座中,孙教授通过一个又一个有趣的游戏告诉孩子们要善于观察,在游戏中也能学到许多科学知识。一场场丰富的讲座、生动的体验都让孩子们体会到科学的神秘,孩子们在模仿中学习,在操作中探索,在互动中思维碰撞,这些都给孩子们带来无限的乐趣,为学生的成长起到促进作用。

第七节　智善教育的管理机制

学校教育的对象是一个个鲜活的个体,学校对师生的影响是潜在的、缓慢的。这就需要学校的管理者在教育管理中更要讲究管理的艺术与策略,力求"把简单的事做好就是不简单,把平凡的事做精就是不平凡",即管理者追求从"做好简单平凡的事"的精细走向追求不平凡不简单效果的精致,从而形成学校特有的智善教育管理文化。

一、落实"五精"，深化办学管理智慧

精细和精致，虽然只有一字之差，但含义与境界完全不同。精细管理主要是对管理过程所涉及的事物细节的管理，而精致管理则强调对管理结果所涉及的人的管理，是对被管理者精神的引领和品质的提升。不过，精细管理是精致管理的前提，没有精细就无所谓精致，而精致管理是精细管理的提升；精细是一种态度，而精致则是一种品质。它既注重细节，更注重结果。因此，在智善教育管理中，我们不仅着眼智善教育的标准和实施流程等刚性内容的制度完善，更着力追求一种"智求博雅　善贵乐行"的学校文化理念的渗透。在智善教育的管理中，通过精致建构智善教育管理机制、精确制定智善教育管理计划、精巧运用智善教育管理方式、精细落实智善教育管理措施、精实开展智善教育管理评价，朝着"管理精细、队伍精良、教学精当、环境精美、活动精心"的智善教育管理标准不断努力，让"精致"深入人心，让学校智善教育的社会美誉度持续攀升。

(一)精致建构智善教育管理机制

学校从"精"字着手，强化精致化智善教育管理运行机制的建构，使之既要符合教育教学管理规律，又要符合上级行政部门的要求，还要符合学校师生的实际需求，三维有机结合形成智善教育管理机制的最优化建构。

1.精密规划

接手学校掌舵人开始，就应该对精致化管理的理念、思路、方法进行重新审视。就拿我校来说，首先，应针对钱塘小学的校史、校园文化、办学特色进行深入的思考、总结与梳理；其次，结合学校发展实际，经过具体考查、论证之后，提出以"智善"为主题的校园文化特色建设的主旋律。"智"的灵感来自"智者乐水"，"善"的灵感来自"上善若水"。"知之深，爱之切"是智能促善、善源于智有机融合的最好体现。"智善教育"打造的就是一所用才智和善良来润泽生命的学校。根据这一理念，学校管理的所有架构都围绕"智善"，精密规划，制订出一套科学、规范、有效的管理机制作为学校的管理蓝图，为提升精致化管理水平奠定坚实基础。

2.精心部署

有了规划蓝图，就要有条不紊、按部就班进行精心部署。首先，在每一次的行政例会上，各部门认真回顾上周工作的执行情况，并提出新一周工作思路,再由校级层面作统一协调和部署,规范各项工作要求,强化目标责任落实。从校园环境的美化到德育推进,从教师队伍建设到教学质量的提升,从设施设备管理到规范办公秩序,从规章制度建设到师生多元评价考核,每一项管理都建立起相应的工作机制,形成在认识上有高度,思考上有深度,方位上有广度,工作上有精度,落实上有力度的"五有"管理方略,把精致化管理工作落到实处。努力把小事做细,把细事做精,从而实现精致化管理。

(二)精准实施智善教育管理方案

学校管理方案是以改进学校存在问题、追求学校发展为核心的具体措施,是智善教育管理落实的"抓手"。学校的管理方案,大致可以分为两类,一类是纵向层级管理方案,一类是横向阶层管理方案。二者相互衔接、配合,才能使智善教育管理从完善走向精致。

纵向层级管理方案,包括校级—处室级—年段级—班级一个纵向到底的过程。为此,校长应要求纵向各级都要根据岗位职责与特点制定出符合实际操作、适用本岗位的管理方案。首先,校级要认真思考,高瞻远瞩,制定出学校层面的实施工作方案;其次,在学校总方案的统领下,教导处、德育处、总务处围绕学校工作重点,制定自己的中层管理方案。而精准实施这些方案,就必须延伸至年段,各年段围绕中层方案,制定出更加详细的符合各自年段实施的低中高不同年段工作计划。当然,最后的落脚点是班级学生。班主任就是管理的主力军,就必须根据本班级学生的情况,制定出非常精准的,有针对性、有各自特性的班级管理方案。如此纵向拓展,层层制定方案,精准实施方案、落实方案,强化各层级管理之间的补短板、堵漏洞,从而使计划更加完善地落到实处。

横向层级管理方案指的是各层级内部之间所制定的方案。比如,教导处管理方案中,可以分解教学工作计划、师资培养计划、教研工作计划、课题研究计划等。虽然形式不同,内容各异,但是有一点是共同的,那就是所有计划都必须指向学校教育教学发展目标。因此,横向层级管理方案,其实就是一个横向到边不断延伸的管理方案。这样,横向层级之间的方案互相配合,互相协调,互相融合,互相衔接,从而使各项工作更加精准落实。

(三)精巧运用智善教育管理方式

在智善教育管理中,有些事情、任务可以通过直接下达指令完成,比如教学计划的制定、各项活动组织安排等;有些事情、任务则需要经过较长时间的积淀、凝练、升华才可以"熬制"而成,比如教师教学理念的提升、学校校风的形成等。由此看来,事情不同、任务的性质不同,所采取的管理方式也就不同。这就是说,既要重视显性管理方式,又要着力追求隐性的管理方式,只有二者完美结合,才能达到精致。

1.显性管理方式

显性管理是学校管理者为了实现一定的管理目标,有组织、有计划、有意识地对被管理者采取直接干预、控制等措施,从而达到管理目的的一种管理方式。比如,学校制定智善教育的各项规章制度对师生的行为进行约束;对教育教学工作进行督导检查;有计划地安排各种教师培训活动等。它是显而易见的管理方式,它包括了我们常常会运用到的制度管理、检查管理、督导管理、反馈管理等。例如,我校出台的《制度文化典章》就是一个体现智善教育理念的很好的制度管理方式典范。它涵盖了校园生活的方方面面,是一本非常完善的校园智善教育行动指南。又如,学校教导处制定的巡课管理,其优势就在于它具有目标明确、效率显著的优点,检查者只要按要求去做,自然就能顺利掌握教学情况。再如,德育处制定的星级班级评价,同时还具有"短平快"的优点,统一标准、统一要求,以班级为单位集中整治。学生的仪容仪表、行为习惯、文明礼仪等在短时期内就会取得较为理想的改观。因此,显性管理具有较高的执行力度,有利于抓落实;有利于就事论事,就事管事,抓住没有落实的"事",追究不落实的"人"。"执行"是显性管理的重要特征之一。一般对事不对人,更有利于实现公平、公正、制度、规则、标准。显性管理方式让管理者主持正义,在"阳光"下行使管理权,让制度说话,按规则办事,实质上就是一种刚性管理。

2.隐形管理方式

隐性管理则是通过智善的情感、认同、感化、渗透等措施对师生的意识、思想施加影响,从而达到管理目的的一种管理方式。它可以通过营造温馨的校园环境来陶冶师生的情操,通过对优秀师生的表彰带动校园内形成积极的氛围等。这是一种隐形的力量。例如,学校倾力打造的充满浓厚智善气息的校园环境布置,让师生时时刻刻都处于一种高雅、温馨、和谐的氛围里,久而久之就形成了一种熏陶;这样的柔性的隐性管理注重感化熏陶、潜移默化,它对人的影响是和风细雨的浸润,是春日暖阳的普照。这种浸润和滋养一旦沁心入脾,就会升华为血液的一部分,成为学校持续发展的强大力量。又如,围绕智善的主旋律,学校积极开展了富有自己特色的

"智善教师""智善少年"的评选与表彰,也使整个学校时时处处都有一种正能量的隐形力量在推进。我们知道,学校管理工作的核心是管人,管人的实质是管"心"。有效的激励在调动人的内在动力、激发人的潜能方面具有严苛的约束无法达到的作用。通过评选表彰宣传"智善教师""智善少年"的事迹,来凝聚正能量。这样的隐性管理方式使教师受到温暖、感化与激励。这样的教育管理的情感力量是巨大的。我们常说,心灵靠心灵来唤醒,激情靠激情来点燃,人的主观能动性一旦被唤醒、被点燃,就会产生无穷的力量……再如,学校围绕智善的中心议题,制定出相应的智善办学理念、办学思想、办学宗旨、钱塘精神等,这就是一种隐性力量的渗透。这种具有鲜明特色和主题的校园文化建设对师生的人生观、价值观有着潜移默化的深远影响。健康、向上、丰富的校园文化不断渗透进师生的精神世界中,促进了师生对学校文化的认同,并使他们逐渐形成高尚的人格,从而转化为学校发展的动力,实现教育的目的,这实质上就是一种柔性管理。

(四)精细落实智善教育管理措施

精细落实智善教育管理措施,是实行精致化管理的必由之路。在实施精致化管理过程的初期,管理措施是不全面、不完善的。伴随着精致化管理措施的不断深化,接近精致化管理过程的终点时,那管理措施一定是全面、完善的,更高层次的,而这正是精致化管理的归宿。智善教育管理的精细化措施主要采用以下"四化"的举措。

1.管理制度严格化

每一所学校一定都有各自的规章制度,随着时间流逝,制度也会不断与时俱进,需要不断修订与完善。我校就在实际操作中,不断总结与提炼,出台了越来越完善的学校管理制度手册,从《钱塘小学管理手册》到《制度文化典章》第一版,再到如今的《制度文化典章》修订版,随着教育集团的成立,又出台了《集团制度宝典》,越来越细化了各个部门的职能、各个岗位的职责,使各项工作有章可循,便于进行精致化管理。仅有制度手册汇编显然不够,关键还在执行。于是,学校强化执行力度,组织召开大会专门学习制度,依据制度对各项工作做出评判,做到制度面前人人平等。

2.教学工作主题化

教学工作是学校工作中永恒的主题,是实施精致化管理的重要领域。教导处特别精心考虑教学管理的各项具体措施的落实,突出主题化。如,教研活动有主题。每周一次的教研活动,一定是有备而来。一周围绕一个主题教材内容展开讨论与交流,就像数学学科教研,我们根据教材内容,将概念、计算、应用、统计、图表、几何等分散到每周进行专题教研,这样一个学期或一个学年形成一个完整的数学系列。又如,月赛活动有主题。每月组织一次不同内容的学生月赛,语文朗诵、数学口算、英语听力、硬笔书法、音乐素养、美术绘画等等都穿插在每个月份中进行,做到月月有主题,这也是考核教学成果的一个重要载体。

3.德育工作系列化

对于难以量化的德育工作,学校也想方设法加以量化、系列化。首先,按时间形成系列,制定《星级班级评价标准》,就班级管理、卫生状况、文明礼仪等几个方面分项打分,这样的评价措施形成管理常规,为期末总评比提供依据。其次,按内容形成系列。学校每个月根据教育主题,定期开展主题活动,例如一月的迎新活动、三月的尽善月活动,四月的读书节活动,五月的劳动节活动、六月的儿童节活动,九月的尊师活动,十月的爱国教育活动,十一月的心理健康月活动,十二月的艺术节活动。德育处根据主题内容,分头开展活动,各司其职,各展才能,使学生的自治、自理、自学、自创等各项工作开展得有条不紊、红红火火。

4.后勤工作有序化

要使教育教学工作能没有后顾之忧地正常开展,要使学校的运行成本得到最大程度的控制,后勤工作必须实行精致化管理。例如,学校的财产管理,要非常有序规范,为此,总务处制定了非常规范的财产管理制度,有专人负责进行保管,做到零失误。再如,设备管理,要达标安全,在采购之初,就严把质量关,在使用中,强调操作细则形成常规。又如,食堂管理要健康节约。所有厨房人员一定是健康持证上岗,食品采购一定是正规渠道够买,食谱的搭配采纳了营养师的建议做到荤素搭配,健康合理。同时,食品量的采购一定是量力而行,不铺张少浪费。这样的严格把控管理,使后勤管理做到最大限度的优化。

(五)精实开展智善教育管理评价

智善教育管理评价的目的,不仅仅是总结,更重要的是促进发展,是激励。学校管理评价的结果,不单纯是为了奖惩,更重要的是诊断、发现管理中存在的问题与不足,改善学校各部门的工作水平,提高学校的管理水平,提高学校的教育质量,促进学校整体的发展。

学校在实施智善教育的过程中,也十分注重探索适合本校特色的学校管理评价模式,把管理层的评价与师生评价有机结合起来,保证教育评价科学、真实、公正、公平,探索出"多元-组合"的评价模式。

"多元"主要指评价主体多元、评价内容多元、评价手段多元等。以我校开展的教师师德师风建设为例。首先,评价主体多元化。随着教育改革的发展,学校管理评价的主体不再"一元化",呈现出多元化的趋势。在加强师德师风建设过程中,不再是单一的学校领导层面的评价,甚至邀请了学生、家长等也参与其中。除了学校建立教师师德考评表以外,也向学生以及家长发放问卷调查表,体现"人人当家做主"的宗旨。其次,评价内容多元化。对教师师德师风的评价不仅仅局限在教学质量上,更多的也包含了教师的素质、礼仪、语言等方面的内容,形成综合性评价。最后,评价手段多元化。对教师的评价不再是单一的年度考核,也可以通过座谈、家长信、家长会、校长信箱等方式,对教师的师德师风进行全面考核,将形成性评价与总结性评价相结合;又如,学校不仅可以通过竞赛课、推门课、互听课、比武课等方式对教师的课堂教学水平做出教学能力评价,也可以通过与教师的座谈、谈心谈话、党小组活动等形式对教师的工作作风、工作态度进行评价,体现人性化管理理念。

"组合"是指建立并强化"组合式"的评价机制。即在学校管理评价中,把校长评价—分管领导评价—段长评价—班主任评价—学生评价相组合;在教师评价中,把教师个体评价—学科组或部门评价—学生评价相组合,形成一个完整的智善教育评价链,从而更加立体地实施智善教育管理评价。

总之,智善教育的精致化管理追求的不仅仅是目标的精准、细节的精准,更多的是一种永无止境的追求过程。只要我们能够从细微处入手,做到追求卓越、精益求精、周到细致的管理,做到既注重细节、过程,又重视结果的管理,做到质量与效益同步提高的管理,做到每一个管理机制都精致思考,每一次管理计划都精准制定,每一项管理方式都精细谋划,每一项管理措施都精细落实,每一次评价都精确有效,那么,学校智善教育管理一定就是精致管理,学校智善教育的每一项工作一定都是精美作品。从精细走向精致,也正是我们现在不断追求和探索的智善教育管理理念。今后,我们要继续沿着智善教育精细化精致化管理的道路向管理现代化目标阔步前进。

二、发挥"三力",提升办学管理水平

此外,为了让学校集团化办学的运行机制得以良性高效实施,更好地实现"智善教育",提升办学水平与集团化管理水平,就要注重科学地发挥校长的领导力、协调力和执行力。

(一)科学用好校长的领导力

福州市钱塘小学是一所在福州享有盛誉的学校,学生人数之多,居福州市之首;有口皆碑的办学效益,更是成为家长心中的理想学校。要当好这样一所学校的校长,最重要的是要有较强的领导力。只有这样,才能带领全校师生把学校办出水平、办出活力、办出特色,从而不断开创学校工作的新局面。

关于"领导力"的界定,学界中见解不一。有将领导力视为领导者应当具备的能力,如美国学者本尼斯所言:"领导力是一种能将目标转化为现实的能力";也有学者认为,领导力是领导者激励员工自主、自发地在团队中发挥重要作用的能力。① 还有的学者将领导力视为影响力,就如马克斯维尔所说,领导力就是一种影响力。② 综合而言,领导力,即领导者凭借自身的专业技术能力以及综合素养,借由领导的权力及各类实际因素,于各类环境中产生积极促动作用,进而辐射周边的员工,指引员工有组织、有目的地实现统一目标。

就教育领导者而言,囿于教育对象的多变性、教育活动的多元性,对教育领导者的领导力提出了更高的要求,更需要领导者对行政班子以及教师员工通过合理的方式方法加强沟通交流,激发工作效能,达成思想共识,形成聚合之力。

1.制度管理——校长领导力的着力点

学校管理是一个系统工程,牵涉方方面面。一所学校要健康、稳定、可持续地发展,不仅需要必要的硬件,更需要具备完善的规章制度、严格的管理措施。为此,加强学校的制度管理,应成为校长治校的着力点。

---

① 科兹,鲍斯勒.领导力[M].北京:中国轻工业出版社,2005:3-7.
② 中国科学院"科技领导力"课题组.领导力五力模型研究[J].领导科学,2006(9):20-26.

制度管理内容涵盖哪些？制度管理又该如何具体实施？从这几个层面出发进行思考,可得知:学校管理制度是规范学校行为最基本的"软件",是遵循学校教育规律,不断把素质教育引向深入的学校"立法",是以条文形式显示学校对其行政干部、师生员工提出的基本要求及行为准则,是学校所有成员日常行为的基本规范。因此,我校确立了"建章立制,制度管人"的管理理念,制订了一套规范而严格的制度体系,从岗位职责类、工作规范类、激励机制类、制度建设类四个角度搭建框架,形成了覆盖行政、德育、教学、教科研、后勤等工作方面的规章制度,并编辑了一本《学校内部管理制度汇编》。这本制度汇编的主要内容有九个方面:管理目标、岗位职责、党支部管理、行政管理、工会管理、教学管理、德育管理、总务管理、安全管理。它对全体教职员工在教书育人、管理育人、服务育人等方面发挥了巨大作用,它促使学校的每一位教师都以积极、乐观、向上的精神状态参与到学校的日常管理工作中。同时,《学校内部管理制度汇编》也明确了学校内每一个工作岗位责任人的工作职责,以便于将管理责任具体化、明确化,做到"事事有人管、人人有事做"。学校管理制度的建立,使学校的各项工作井然有序。

2.文化塑造——校长领导力的关键点

学校是以人为中心的,要强调组织目标的实现,更要强调"人"自身的发展和需要,促使他们形成巨大的凝聚力和向心力。校长应该采用"文化塑造"的管理理念,从景观文化、书香文化、特色文化等方面下手,将学校文化外化为办学理念、课程设置、教学研究、育人环境等载体,渗透到校训、校风、教风、学风中,推动学校发展。同时,校长应要求全体教师梳理"以学生发展为本,坚持全体学生的全面发展,关注学生个性的健康发展和可持续发展"的理念和意识,逐步建立以学生全面发展和教师持续发展为核心的学校文化塑造。

(1)景观文化——成为教育的无声力量。钱塘小学的校园景观浓缩了学校百年的办学历史。校园"一处一景,一步一品",像一部百科全书,每面墙都能"召唤",每棵草都能"寄语",每个角落都能"熏陶"。舒适合宜的景观设计,让孩子们尽情地遨游在知识文化的海洋里。景观文化于此处起到"此处无声胜有声"的教育效果。

(2)书香文化——成为孩子的精神食粮。学校利用周一主题晨会表演时间,安排各班根据主题组织学生展示,有中国的传统节日教育,爱国主义教育、环保教育、安全教育、文明礼仪教育、法制教育等。周一的晨会主题活动成为学校德育工作的重要平台。此外,学校的蒲公英广播站每天为师生精心准备了一份有氧午餐,称之为"书香下午茶",周一有《老师讲历史》、周二有《好书推荐》、周三有《国文诵读》、周四有《快乐英语》、周五有《快乐心巴士》,一天一个主题,一天一分收获。就这样,诗词歌赋、天下大事、新鲜事、外语学习在不经意间透过蒲公英广播站传遍了校园的每一个角落,传进了孩子们的内心。这是一份难得的"有氧盛宴"! 有这样的"盛宴"饱餐,钱塘小学的孩子逐渐拥有了大气、正气、儒雅的气质与底蕴。

（3）特色文化——彰显学校的品牌教育。在钱塘小学校训中,第一个关键词是"个性"。在教育的过程中,校长应尊重个体,提倡有教无类,因材施教,多元发展,尽量让每一个孩子都点燃学习的兴趣,释放学习的能量。为此,以蒲公英为品牌的办学特色日益彰显,形成一种以蒲公英故事家族（阅读）、蒲公英快乐家族（心健）、蒲公英墨韵家族（书画）、蒲公英社团（管乐、思维、三棋、科技等）为体系的蒲公英特色文化,这种新颖的家校联动模式成为钱塘教育的一张亮丽名片。

3.服务意识——校长领导力的落脚点

治校最核心的不应该是通过"限制""规避""约束""否定"来"管住"师生。如果说"制度管理是学校管理之术、文化塑造是学校管理之道",那么服务意识就是学校管理之魂。不论是通过制度管理还是文化塑造,只要是以"管住"师生为主的管理思路,就没有脱离管理者的"官本位"思想。因此,作为校长,要形成"管理即服务"的意识。校长要经常深入教师群体之中,有时间就去听随堂课或者参与教学研讨活动,了解教师的工作状态和生活情况,这些对于校长今后制定与调整学校的规章制度可以提供很好的参考。由于经常深入教学一线,对于教学实践中存在的问题和教师的心理需求有着比较清晰的认识,这样就能及时为教师提供力所能及的服务。如,学校开展的"教师阅读沙龙"活动——为提升教师的文化内涵服务;开展的"教师三笔画训练"——为提升教师的基本功服务;开展的"身边好人"——为传播和宣扬高尚师德服务;开展的"钱塘微讲坛"——为青年教师提供学习平台服务……校长在提升自身服务意识的同时,还要强调教师也要有服务意识,要为学生的学习和生活服务,要以服务学生当下和未来的成长为主要目标。因此,我校推崇"分数很重要,但兴趣比分数更重要;成才很重要,但成长比成才更重要;成功很重要,但幸福比成功更重要"的教育教学理念,强调学校的一切工作要服务于学生的可持续发展,让学生能健康、快乐、优质地成长成才!

（二）加强行政团队的协调力

随着社会系统的日益复杂化,社会成员之间的联系越发紧密,信息变更与传输速度不断加快,如何更好地落实"智善教育"理念,促进部门职能的合理分工与交互融合,完善集团化办学的内部管理运行机制,加快各部门之间的信息收集,提升信息沟通能力? 行政团队协调力的提升与加强显得尤为重要。

在教育领域里,要提升领导的工作效率,除了强化个人专业技能水平、优化工作方式方法、提升管理能力,还需要提升领导团队的协调力。首先,领导要对不同的部门进行职能的细致划分与工作分配。其次,在应对重大项目时,各部门行政职能要协调凝聚,互通互联。最后,在面对突发状况时,原本的平衡被破坏的时候,需要领导的协调能力,需要行政各部门的协调商议并发挥集体的智慧,开发新的方案,提升团队的抗风险能力。只有着力提升各部门行政的协调能力,才能使各个重大决策以及大型活动更加和谐有序地开展,而领导的协调能力在这个过程中发挥着重要的桥梁作用。

有这样一本关于校长的报告文学,书名是《圣园之魂》。"圣园"就是校园,"魂"即校长的精神与思想。所以,从某种意义上说,一个校长就是一所学校。校长是一校之"魂",正是因为这个"魂",学校才显出了生命的蓬勃生机。但校长不是"神",光凭校长一个人的智慧和思想还远远不够,更多的要依靠学校领导集体和全体师生共同谋划,共同努力,才能使学校得到快速发展。因此,一个校长带领一套好的行政班子才是办好一所学校的关键。

福州市钱塘小学教育集团学生数达到 6218 人,教师数 277 人,如此庞大的队伍,更需要一支有战斗力、凝聚力的行政班子来引领。为此,在学校管理中,十分注重行政班子的团队建设,并将它作为管理工作的重中之重。目前,我校共有班子成员 15 人。从年龄段分析,年龄都在 30～50 岁,正是思想最成熟、精力最旺盛、经验最丰富的时期。从学科分析,班子成员既有担任主科教学,也有担任综合科教学,几乎涵盖了所有学科,非常有利于分管具体的教学工作。从业务能力上分析,行政班子中高级职称有 6 人,占了近一半,全体行政班子成员均是各学科的学科带头人、骨干教师、名师。做到了让懂业务的人来管理学校,结合学校工作实际,借助"五个力",加强智慧管理,努力打造一支凝心聚力、求真务实的团队,一支勇于创新、团结协作的高效行政班子团队。

1.统一目标,提升凝聚力

央视有则精辟的公益广告语:"凝聚产生力量"。学校领导班子是否具有凝聚力决定了一个团队合力的强弱。只有以共同的事业、共同的目标和共同的利益把学校领导班子成员凝聚在一起,形成校兴我荣、一荣俱荣的共识,在提升学校的同时也才能成就领导班子的每一个成员。

为此,校长应带领全体班子成员共同构筑远景目标,统一办学方向。共同的愿景设立必须是自下而上,再自上而下,充分发扬民主,做到上下一致,齐心协力。让每一个行政班子成员都能在这个愿景中明确自己发挥的作用,通过个体目标的实现,完成共同愿景的绘制。可以说,共同的愿景是班子成员智慧的共同体。只有形成了共同愿景,在班子中才会形成一股合力,大家对此才有共同的理解和认识,才有源源不断的内驱力,才能为实现这个共同目标做不懈的努力。鉴于这样的感悟,校长应多次召开行政例会,梳理学校发展轨迹,探讨学校发展方向,寻求学校特色办学思路,力求达成共识。经过多次论证、协商、研究,理出了学校发展的共同远景,即以"智求博雅　善贵乐行"的办学思想为核心,遵循"以智启智　以善育善"的办学理念,秉持着"育智善学子　塑智善教师　办智善学校"的办学目标,努力构建"智善文化"的办学特色,把"智善润泽生命"的办学宗旨作为引领全体班子成员孜孜追求的永恒目标。正是有了这一共同目标,学校领导班子中的每个成员才会发自内心来干工作,变"要我干"为"我要干",从而形成充满活力的行政班子。大家在统一思想、凝聚共识、明确目标的基础上,通过教师会、家长会等各种契机,进行目标宣讲,使教师、家长、学生看到了希望,看到了学校的美好未来,大家就团结起来朝着这个目标迈进。如今,在大家的共同努力下,我校智善教育的理念早已深入人心,每个钱塘人都能对智善教育做到耳熟能详,了然于心。

2.团结协作,凝聚向心力

团结就是力量。作为校长,首先要团结领导行政班子成员,引领他们之间相互配合,形成向心力,并通过他们凝聚全校教师员工之心。常言道:"家和万事兴"。我们每个人都不可能是全能全才,因此就要做到小事勤沟通,大事多商量,团结协作,密切配合,让班子成员成为一体,做到心往一处想,劲往一处使,做到在政治上成为志同道合的同志,在思想上成为肝胆相照的知己,在工作上成为密切配合的同事,在生活上成为互相关心的挚友。如今,学校的各项活动开展,做到全体行政都要参与,不分彼此,只不过根据任务不同,有主次之分,形成以一个科室为主,其他科室为辅,共同参与完成的良性局面。在团队里,大家各自分工,目标明明白白,任务清清楚楚,程序有条不紊,做到不交叉、有重点。该谁分管的工作就由谁解决,不当二传手,不踢皮球,不推诿扯皮,以增强责任感和主人翁意识。在工作中,校长意识到:学校工作作为一盘棋,只有致力于集体,甘于奉献,工作上相互协作、相互沟通、求同存异,做到"分工而不分家",团结如一人,劲往一处使,配合像左右手,齐心协力,步调一致,学校的发展才会收到事半功倍的效果。因此,领导者要切实提升行政团队的协调力,以加强集团成员的相互激励、督促,促发其内驱力。

3.加强沟通,增强决策力

沟通交流不可忽视。校长要努力发挥团结的、群策群力的、集思广益的班子整体力量,靠的不仅仅是权力,更要靠沟通和交流。思想需要沟通才能统一,统一之后才能有效决策,从而避免了校长的主观武断、专断独行,各项工作只有在充分沟通后才能顺畅开展。而班子之间相互沟通才能和谐,人事需要沟通才能发展。在这样的局面下,学校层面的决策才能取得大家的一致认可,人心才能齐。可以说,没有沟通就等于失去了共同的工作语言,缺乏了起码的尊重,形成不了领导班子的"合力",自然会影响校长的决策力。因此能否有效地沟通,是一个领导班子是否和谐的试金石。通过沟通来有效提高领导的工作效率,通过沟通来提高领导分析问题、处理问题的应变能力,通过沟通使班子成员更团结。只有这样,我们才能把每一项工作、每一件事情做好,才能建设一个坚强有力、和谐的领导班子。例如,学校承担诸多的来校跟岗校长培训班的学习任务,一个学期常常接待四五批学员,学习的内容可以说是学校方方面面的工作。因此,校长首先与各个行政班子进行沟通,形成重要决策。而后由分管跟岗工作的副校长做总负责人,由教导处的一名副主任具体分管。该主任就会事先将跟岗学习的任务做好清单,标明学习时间、学习内容、学习地点、行政负责人、后续反馈等,并发至行政群进行共享,让每位行政人员都做到心中有数,明白自己的工作职责,相互之间也彼此了解工作范畴,不至于重复、叠加和雷同,不至于闭门造车、各行其是、各司其职。有效及时的沟通形成的决策,让跟岗工作开展得有声有色,颇受跟岗校长及教师的赞赏与欢迎。

实践证明,学校行政班子团队就是学校的灵魂,优秀的学校领导班子是精干有力、运转灵活、适应性强的群体,是能在新情况、新问题面前正确、及时地做出判断,并积极应对,能够与学校师生有一致的奋斗目标,并为实现既定目标而努力的团队。高效和谐的班子团队,就像一个握紧的拳头,伸开的指头个个强。作为校长,只有借助这"五个力",不断提升智慧管理水平,才会有一个和谐的班子;有一个公正透明、作风过硬、勇于创新的班子,才能带领学校创造一个又一个辉煌,让钱塘小学成为一张鼓楼教育的烫金名片。

(三)高效提升管理的执行力

在提升集团化内部管理运行机制上,为更好地达到"人尽其才、物尽其用",使各项资源能够合理配置,还需要有效提升管理的执行力。

执行力,是为了促使各部门协调、配合、有效运作而汇聚成的行动力。执行力受制度的领悟力、团队的组成因素、活动的流程、领导管理能力、人力资源的分配、临时突发状况等方面的影响。面对"执行不力、行而无果"的现象,就体现出管理者在有效解读、积极指挥、精细化指导与监督上不够到位。

1.知人善任,提高战斗力

美国著名政治家罗斯福曾经说过:"一位最佳领导者,是一位知人善任者。"所谓知人,包括知人所长和知人所短,就是校长必须熟悉、了解每位行政人员的基本情况和个性特长,并根据他们的个人素质特点安排、分配工作,使他们在工作中各司其职、扬长避短、人尽其才。所谓善任,则是要用其所长而避其所短,并充分信任,不求全责备,给职授权,让其在工作中发挥重要的作用,以求才尽其用。知人善任是校长选人用人技巧的核心。校长只有做到知人善任,使他们在自己的工作岗位上乐于工作、勤于工作、善于工作,充分发挥他们的聪明才智,才能使学校各部门工作相互配合,形成协调一致的运行机制,产生强大的力量,形成无往不胜的战斗力。

好校长应是知人善任的。一位资深校长曾经这样说过:"一个学校绝对不能卧虎藏龙,是龙就得让它腾,是虎就得让它跃,龙藏着虎卧着,就是一种最大的浪费。"纵观我校班子成员,每位行政教师都是名优骨干老师,可以说个个都是业务骨干,经过多年的行政历练,都能独当一面,但是他们彼此又各有千秋,所以,校长要善于挖掘他们的闪光点,充分发挥他们的才能,做到事得其人、人尽其才、互相补充。例如,有的外向活泼,善于策划少先队活动,就分管德育工作;有的思维缜密,业务能力拔尖,就适合分管教学工作;有的身强力壮,充满活力,就适合分管后勤工作;有的文笔流畅,善于梳理,就适合做办公室管理……只有根据每个人不同的特点,做到专业互补,能力互补,个性互补,才能在大事小事面前发挥各自潜能,才能克服和弥补各成员个体的片面性和局限性,才能扬长避短,使不同能力的人发挥其优势。因此,校长应该有一双慧眼善于发现人,应该有一双巧手能够栽培人,应该有一份胆量敢于使用人。

2.关注细节,扩大执行力

俗话说:细节决定成败。在学校日常管理中,我们经常会发现,有的学校确实也制订了比较严格规范的规章制度,有一整套清晰的奖惩措施,但由于学校一直没有形成一种强有力的执行力,在实际操作中说一套、做一套,时常会"走形变调",出现有章不循的情况。由于执行力差,久而久之就使学校管理大打折扣。为此,作为校长,应重视管理细节,扩大执行力。

"以身作则做表率"是调动班子积极性的前提和原则。"榜样的力量是无穷的",好榜样如此,坏榜样也如此。要求行政班子做到的,作为校长,必须先做到。在日常管理中沉下去关注细节,身体力行,抓好细节,力求把细节处理得尽善尽美。尤其在工作的细节上,校长应严格要求自己,起到表率作用。例如,要求开会期间拒绝接听手机,校长一定要自觉地在会前就开启手机静音模式,试想,开会经常接打手机的校长,在别人手机响的时候批评是多么苍白?要求班子开会不迟到,自己也一定准时,甚至提前到场。要求班子学会倾听教师呼声,自己也一定要经常深入教学一线,深入教师一线,悉心倾听周围的声音,了解最真实、最接地气的想法。再如,布置的每一项工作,绝不是口头布置,一定要做到跟踪落实情况、了解完成进度、提醒工作细节,做到"件件有布置、事事有跟踪、时时有反馈"。只有这样,在指导班子工作时,才能做到让大家心服口服,让班子感觉到依靠的力量、信任的支撑,从而最大限度地发挥行政班子成员的力量。

在集团化办学教育中,管理的执行力强调在各项决策、方针政策颁布之后,各管理层需要正确解读,通过各种方式方法对上级政策、决策进行具体的项目设计、方案研发、人员资金调配,以保障该行政决策方案的有效落实,科学化的教学体制与管理机制在其中起到了重要的作用。在这个动态变化的项目推进过程中,要更好地进行各活动的落实,就需要提升管理者的执行力。执行力的实施程度极大地影响着总体目标的实现进程,执行不力或执行过力都是不可取的。管理者需要依据现有的活动开展条件、外部环境的变化、组织的创新、人员的灵活分配、提升内部张力、完善监督体系等方面实现执行力的不断完善与提升。

第四章

智善教育的未来展望

规划有度——憧憬智善教育愿景，描绘未来教育蓝图

早在 1912 年，著名大教育家蔡元培就言明："教育者，非为已往，非为现在，而专为将来。"邓小平同志在 1983 年 10 月 1 日为景山学校的题词点明："教育要面向现代化，面向世界，面向未来。"习近平总书记在中国共产党第十九次全国代表大会上的报告中强调："不忘本来、吸收外来、面向未来。"为此，我国政府从国家层面下达了互联网＋、人工智能等多个指导意见与规划，加速推进未来学校相关行动。教育部学校规划建设发展中心出台了"未来学校研究与实验计划"，将未来教育、未来学校纳入工作重点，全面推动。我们终将走进未来学校，迎来智慧时代，未来学校的智慧不仅体现于技术理性的闪耀，更体现于价值理性的绽放。

因此，智善教育的未来，应该是现代、自主、科技相融合的教育。未来的教育，随着整个社会的发展将越来越智能化、自动化、数字化。以互联网、云计算、大数据、物联网、人工智能等为代表的信息技术在教育领域中的应用也一定越来越广泛，教育领域也必将变得智能化、自动化和数字化。目前，MOOC、翻转课堂等都已经得到了广泛应用，智能教学系统(ITS)、智能决策支持系统、智能计算机辅助教学(CAI)系统也迅速发展，信息技术在教育领域的应用能够提高教育的效率，降低教育投入的成本，取得更好的教学效果。随着信息技术的日益进步，可以预见信息技术在我国教育领域

必将得到更广泛的应用。

　　同时,学校的办学模式将发生改变。将从标准化、系统化和统一化组织严密的模式,而随着社会需要的变化和信息技术的广泛应用,开始进入追求个性的时代,即从千校一面到个性发展。目前,大多数学校是以统一面孔出现的,统一组织体制,统一课程体系,统一授课模式。随着社会发展,这种组织模式将彻底颠覆,人们未来的教育需求将从教育需要的满足向追求更好教育的方向演进。所谓的更好教育就是适应每个学生特点的教育,在教育基本普及的情况下,人们更加期望选择符合学生特点的个性化学校。这必然要求学校向更加个性化的方向发展,只有更加具备个性的学校才能够满足人们对更好教育的需求。同时,学校的组织模式将更加弹性灵活,即从金字塔式的垂直管理体系向弹性学制的采用和组织结构的扁平化体系转变。学校将根据学生的个性化学习需要采用更加个性化的教学安排和活动安排,组织层级也将相应减少,金字塔式的垂直管理体系将日趋扁平化。

第一节　智善教育下的学校发展方向

　　学校是面向未来的事业。伴随国家发展的总体安排,社会的变化以及学校自身演变的规律,在智善教育理念下,未来的学校将在技术发展、素养培养、知识结构、学习模式等方面都有不同的发展与升级。

一、技术发展的升级

(一)全学习生态系统形成

　　如果说学校环境 1.0 是解决基础的功能问题,2.0 介入了审美与技术的革命,那未来的 3.0 必然是全方位促进学习的生态系统,简称"全学习生态系统"。

　　让所有空间环境都可学习,有意识与无意识都在学习,全部流程动作都围绕学习,处处指向学习目标,无边界有秩序,让未来校园走向科学平衡的环境、空间、技术与文化校园生态建构,同时又让"全世界成为师生的学习资源"。这样的校园从学习状态、学习内容、学习逻辑出发,形式跟随功能,空间支持"终身学习"目标,形成全时段泛在学习的有机环境。也就是说,环境成为课程的一部分,空间是学习方式的一部分,社区情境教育化、学校教育情境化,满足全球最优秀教育体系的共同愿望。

(二)立体式研学环境的生成

适应新一轮课程改革的新要求,教学方法及学习模式逐步转向,更多的学习活动需要在室外开展,学习越来越多涉及制作、模拟浸入式体验或者处理复杂数据、解决真实情境下的问题等。"校园立体研学"环境必须好玩好用,融合设计。我们以国家基础课程、学校校本拓展课程为依据,以学校自身特色文化主题故事,设计成一个个课程型景观节点,让校园每一处环境节点都能讲故事,串联成不同的研学岛屿,支持学生、老师、员工以及全球社区间的学习、探索和对话,带来更具合作性和创造性的学习探索体验。学生通过项目式学习参与环境互动,不但深入理解学校文化,分享意义和价值,还整合了校园各种资源,方便进行跨学科学习。这样的学习真正实现将课标、教材、教学融为一体,将知识、能力、价值融为一体,将学科课程、研究性学习、社会实践活动融为一体,将自主、探究、合作、展示融为一体,将学与用融为一体,以用促学,在用中学。

(三)全能超级教室的兴起

当未来的学习趋向集约、高效,课堂活动的机会大大增加,教学范围更加广泛,教育变得全面且更具启迪。空间将成为教育的一部分,不是简单的承载体,而是主动的参与者,也是从心理学、行为学层面上启发、影响使用者的重要因素。

对于教室的使用者学生及老师来说,他们对空间其实有着更多需求。教室不仅是学生学习知识和能力养成的场所,还是师生聚集、共同生活的"白天的家"。

超级教室出现的意义就在于,任何学校都可以根据实际发展需求,寻求一种或多种专属的教室类型,根据校园环境、课程特色、学生基数、教学要求等量身定制的超级教室方案,将满足学校从现状到未来的需求。超级教室将空间重构,与生活发生连接,带来更多生活化的气息,也为 AI/大数据/5G 环境支持预留位置,实现以学生为中心的个性化学习、自主学习、探究性学习、协作性学习。学生在效率倍增、参与度增强的同时,也能在学习方式、学习进度等方面获得更多自主权。

简而言之,超级教室就是基于项目合作,基于团队展示,基于自主学习,基于自由讨论,基于休闲放松,基于工程设计等多样化的未来学习空间。

(四)"空间赋能于学习"的推出

针对已建成校园,也需要做出适当调整,以丰富校园环境,将以教室教学为主的模式,转变为以培养学生自学和创新能力,提升综合素质为主的模式,提升师生与生生互动,提高学生的团队意识和交往能力。

人们非常喜欢随意性的交流环境和自发讨论的场所,这给了校园空间发挥的余地。如果能充分利用加以设计,不仅能解决建筑空间不足的问题,更能在师生无边界学习和自发的交流讨论功能上发挥影响力,创造出自由开放的教学氛围。

二、素养培养的升级

未来世界将呈现三大趋势——不对称性、复杂性、不确定性。可以肯定的是,未来的社会,这三大特征将变得更加显著,影响更为深远。教育,要想适应这样的变革,系统性的组织变革在所难免。

在过去的二十年,世界教育组织和各国的教育改革正在努力适应这样的变化。重要的一个变化就是教育目标的重新定位,教育不仅仅是传授知识,更重要的是培养学生能够适应终身发展和社会发展的素养。这样,学生才能应对当前和未来复杂世界的生存和挑战。

1996年,世界经合组织正式提出了"知识经济"的概念,第二年开始发起关于核心素养的研究。显而易见,核心素养的研究是为了应对21世纪特别是知识经济的挑战。随后,美国、新加坡、英国、澳大利亚、芬兰等国纷纷从国家教育战略和目标出发,提出了各自的核心素养框架,并积极行动起来,将核心素养的主张落实到实践层面。

2016年,由北师大林崇德教授领衔研制的中国版核心素养正式对外公布,此框架的颁布"吹皱教改一池春水":《关于新时代推进普通高中育人方式改革的指导意见》《关于深化教育教学改革全面提高义务教育质量的意见》相继颁布,凝练高中各学科核心素养,修改各学科课程标准,改进学生的评价方式,推进单元设计教学。从实践层面积极回应着时代对于人才培养的要求,回应核心素养的改革号角。

未来的十年,甚至更长的时间,学生核心素养的培养将是教育与经济和社会深入互动、同频共振的主旋律,是教育搭上时代快车的主路径。我们有理由相信,更多从学生素养培养出发的教学实践和改革将如雨后春笋般出现在校园和课堂。在育人目标的驱动下,教师的"教"与学生的"学"将发生深刻的变化,更多地体现了以学习者为中心的能力培养。

(一)注重跨学科空间的可持续性

随着越来越多学校开始升级学习方式,从单一知识、技能转向综合素养,从学科学习转向跨学科学习,从灌输走向探究,跨学科空间也备受关注。

跨学科空间设计鼓励合作,让基于项目的学习在真实的空间进行,调整空间以促进协作参与,满足学习者而不是教师的需要。其关键点在于学科之间的连接,这也是很多学校缩减学科空间、拓展跨学科空间的原因。

对于跨学科空间的研究,我们发现,一个空间所承载的功能和使用者并不属于某一个学科,空间本身的定位和教与学的方法,都影响空间的构建及使用。而跨学科空间的意义,不只是为了多学科使用的便捷性和兼容性,更多在于构建起一种立体思维模式和知识架构,让空间功能融合后1+1>2。所以,在跨学科空间的设计及建设中,必须综合考虑空间的改建和建设,集合更好的管理和服务,打造可持续的学习空间。

(二)注重图书馆的多元服务性

随着电子阅读的兴起,传统图书馆已经很难满足师生的学习需求。复合型空间的产生,首先来自功能统整的需求。在设计诸多的各项功能空间时,我们发现,有些功能区块有较为相似的情景,为了满足用户快捷、高效、充满体验感的使用需求,综合化的区块空间应运而生。比如学校图书馆,今天我们把它全面设计成复合型的学习空间,支持更多学习方式的展开,更加充满学习性、体验性、生活性、科技性,一个学校的图书馆成为其教育理念的核心呈现区。

在未来,学校图书馆空间利用会朝着跨领域的多元化支持去发展,这要求有更多的可操作空间被考虑,甚至,整个学校变身为一个巨大的"图书馆",其功能从单一建筑中解放,通过合理规划,延续腾挪到校园利用率较低的区域,使它们焕发新的能量。

(三)注重新型运动空间的核心性

健康、积极、有趣的体育运动对孩子心智的帮助,在现今的校园越发受到重视,而平板、手机各种智能设备迭代更新的网络时代,更需要有符合儿童成长特征的环境空间,这就是我们设计校园运动新空间的根本缘由。

学校运动新空间设计宗旨:以"主题性、故事性、参与性"为主导,并配合多元环境考虑,将常见构筑物、空间空地、高差关系、单一功能、建筑结构、景观小品等与特性、丰富个性化的儿童景观因地制宜地结合,充分考虑经济实用、环保可持续。运动新空间将为学校带来多元、积极、充满和谐氛围的综合性空间,成为学生运动、学习、休闲、交往和集会的场所。

三、知识结构的升级

(一)对于知识的认知不断演进

明天的知识概念也将有全新的变化,联合国教科文组织 2016 年颁布的《反思教育:向"全球共同利益"的理念转变?》,对于知识、学习和教育有了重新的定义:"知识在有关学习的任何讨论中都是核心议题,可以理解为个人和社会解读经验的方法。因此,可以将知识广泛地理解为通过学习获得的信息、认识、技能、价值观和态度。知识本身与创造及复制知识的文化、社会、环境和体制背景密不可分。"这一论述,概述了当今全球社会变革进程中的某些趋势、张力和矛盾,以及这一过程呈现的知识前景。

智善教育背景下,所传授的知识是学科的、跨学科的、经验的和程序的,而且还将知识与技能、态度和价值观并列作为能力的集合,应对复杂的需求,带给学生们对于知识全新的认识。

智善教育所引领的知识不只是固定的,印在教科书上的文字,或者说流动在网络上的信息,还是与个体发展休戚相关,至关重要的价值观和态度。这将给智善教育带来革命性的变化,智善教育的教育内容将紧紧与人的发展联系起来,教育不仅仅是教,更是育。智善教育不再仅仅关注理性的、可复制的知识,还关注感性的、不可复制的知识,使得教育充满了无限的张力和软力。

智善教育的教育理念认为,21 世纪最激动人心的突破,将不会来自技术,而是来源于人类对"生而为人"的本质认识。未来最重要的知识必定是不可复制的知识,如自信、选择、健康、提问、娱乐、分享、有趣,还有现代社会所需要的创造力、批判性思维、合作能力、自我管理能力、幸福的能力,这些才是真正的知识,也是智善教育未来学校学习的趋势。

(二)学校的发展与技术紧密结合

罗振宇在 2020 年跨年演讲中讲道:2019 年的经济现象,背后本质上是因为技术进步的速度太快,而社会演化的速度太慢,这二者之间产生了摩擦。这样的摩擦也发生在教育现象。如果说今天的教育还有什么遗憾的话,那就是学校的演化远远落后于技术的发展。

未来学家凯文·凯利在谈到未来的趋势时,说道:"所有的东西都在不断升级。"毫无疑问,在未来的日子,技术还将不断升级,成为促进教育变革最重要的力量之一,并呈现与教育深度融合的趋势。技术在教育领域的升级体现在现有的技术不断优化,与实际教育教学不断契合,还体现在对于教育规律和学生成长规律的厘清下的主动追求和升级优化。如果说 21 世纪第二个十年是教育技术蓬勃发展、广泛开发的十年的话,那第三个十年将是深度应用、深度融合的十年。

未来时代,技术的力量不仅是显性的,直接作用在学习者身上,还赋予技术更多的价值和意义,如何具有正确的义利观对待技术,如何培养学生成为理性的技术主义者等等。更为重要的是,技术还会衍生独特的价值,那就是技术应用背后所产生的大数据。英国学者维克托·迈克-舍恩伯格提道:大数据的核心是预测,大数据时代最大的转变,就是放弃对因果关系的渴求,取而代之的是关注相互关系。大数据蕴藏着巨量的财富,为教育技术升级提供了路径指向。

技术的变革和升级最终的作用是促进教育形态的变化。学生将不再依赖传统的、人们世世代代沿袭的学习和教育方式,而是采取更灵活、线上线下、个人定制式的、混合式和自主式的学习方法。过去十年涌现出"自媒体"的新词,今后"自学人"将成为学习者的重要特征,自己制定学习目标,自己寻找学习资源,自己寻找学习方式。

四、学习模式的升级

（一）学习科学将方兴未艾

学习是如何发生的？发生的过程是怎样的？不同的人学习是如何产生差异的？教育实质上是科学。教育研究正在从经验导向转向实证和科学导向，这也是学习科学所担负的重要使命。

学习科学最根本的原理是：人脑是可塑的，是人的活动在塑造人脑的发展，人类的学习是通过种种经历给周围的事物赋予意义，形成概念。学习科学的任务就是找到大脑思考和学习的认知规律，并适当予以干预和调控，实现"因脑施教"。

学习科学是一门综合心理学、教育学、神经学、生物学等多种学科的科学，在全世界范围内方兴未艾。近年来，学习科学也开始进入国人的视野，北师大认知神经科学与学习国家重点实验室是国内最早开展并持续引领我国脑与认知神经科学基础与应用研究的重要机构之一，近期产出了诸多富有分量的成果。2017年中国认知科学学会成立神经教育学分会，深耕学习科学。这些都是国内对于学习科学重视的结果。教育部原副部长、中国神经教育学发展的重要推动者韦钰如是说："儿童早期教育的加强就是脑神经学家喊出来的。"

今天教育还是存在着诸多"顽症"和"痼疾"。如孩子是否一定不能输在起跑线上？大量的背诵和记忆对于学生的认知发展是否有利？双语教学，与单语教学相比是否真的能够促进大脑发育？强势智能是否能够促进弱势智能的发展？人工智能是否促进学生的认知发展？

智善教育理念引领下，学习科学将是一个重要研究领域，学习科学将在今后一个阶段厚积薄发，为人的学习提供科学合理的理论和实践支持。

（二）个性化学习成为主导

"教育应着眼人类社会未来发展"，联合国教科文卫组织的《2030年可持续发展议程》里的这一表述，成了中外教育领域的深刻共识。未来学校将成为未来时代的教育缩影，倡导创新方法与先进技术的融合。无论是创新方法，还是先进技术，未来学校以为学生提供个性化学习体验为主要目的。

在过去一个阶段,未来学校建设已成为学校变革的重要内容。环顾世界各国,未来学校的形态层出不穷:博物馆式学校、野趣学校、森林学校、项目化学校、STEM 课程学校、可汗实验学校、混龄学校、创业型学校、研学学校等等。这些学校真正颠覆了传统的学校办学模式,与高歌猛进的时代变化交相呼应,展示教育创新的无限魅力。

2500 年前,孔子提出的因材施教教育理念至今还影响着世界,成为每一个教育工作者的指导思想,创新型学校正是因材施教的生动实践。未来社会呼唤着未来学校,未来学校塑造未来公民。技术的成熟,对于学生个性的呵护,教育本质的回归,都预示着未来学校的建设将汹涌而来,蓬勃发展。

(三)"校园品牌生态圈"的建构

新 IP 时代,学校品牌该如何设计? 面对信息互联时代,从教学日常到品牌建设,我们需要的不是以信息传达为中心,而是以人的连接为中心,是一套带动学习和文化的驱动体系。

这个驱动体系从学校内涵发展、人的协同发展、文化环境发展三个维度来实现,但"人"才是价值的载体,品牌符号需要突破形式美学,从内涵情感出发,创造具有原创性的动态价值符号,并对时空、地域、人进行延伸和探索,形成物与人的系统化链接,实现可持续性、开放性及包容性的品牌生态。

学校品牌设计也将从工业时代的"规模化识别符号",转向打破思维边界,建构"教育品牌生态圈",让学校品牌 IP 化。"教育品牌生态圈",就是将各种功能性的学校特质进行整合梳理,建立完整的品牌集群,形成 IP 化的品牌生命力,围绕学校内涵发展、人的协同发展、文化环境发展三个维度,为教育品牌蓝图创造可持续发展的生产力。

总之,智善教育理念下的未来学校就是一个复杂的自适应系统,如生命系统一样,拥有会造成综合效应的一系列相关流程,总是在适应和进化,并与周围环境形成一种动态关系。未来学校从学生的体验出发,将在以下领域发生深刻变化:大规模的定制化成为常态;学生在移动性场所学习;教师的教学计划整合学生的社会、情感和物理需求;课堂上开展的是差异化教学;学校提供虚拟的、不受限制的、多样化的学习资源;课程系统体现了生活的路径;在线学习平台支持混合学习,从而让学生站在教育的正中央。学校的组织、空间、教育者、学习内容、学习方式、教育目标和评价体系各要素都发生了革命性的变革,而不仅仅是单一要素的变化。

第二节　智善教育下的教师发展方向

美国《教学 2030》报告对未来教学工作提出这样的构想:随着教学生态的变革,特别是认知科学的应用,将促使教师和学生进行沉浸式个性化学习,以及混合式学习(面对面与在线学习相结合),将无缝整合教师、学生、家庭、本地与远程专业人员、志愿者和商界人士等教育活动参与者,使得学校成为整个社区的学习中心。因此教师将扮演更加多样化的角色,包括学习指导者、个人教育顾问、社区智库规划员、教育巡查员、社会人力平台开发员、测评设计师等。

扎克伯格曾在给女儿的信中预言"未来教育发展的四大趋势":

一是学生将根据自身的兴趣、需要和目标来寻找教师,学习将是个性化、定制化的;

二是基于互联网的学习将突破时空限制,同样也不会受到同龄人学习进度的束缚;

三是学习将不再是记忆前人的经验、知识,而是掌握可实践的技能,甚至探索前所未有的领域;

四是教师将不再是一种全职职业,它将不受年龄、职称、学历的限制,只要某个人在某个领域很牛就可以在这个领域灵活地教学生。

由此可见,伴随着学习方式的多元化与教育形态的革命性变革,未来教师的角色也呈现出多样性与专业性结合的发展趋势。

传统学校模式下的以教师为中心、以知识传授为主导的角色特征将逐渐被消解,未来教师的角色将被重塑,呈现出符合未来学习、教学与教育变革需要的多样性和基于学习、教学与数字技术融合的专业性。

一、角色多样化

（一）教师是学生学习过程中的领航员

人工智能＋教育的时代已然来临，学生将在真实和虚拟世界中同时学习，真实学习场域里的教师会与虚拟的 AI 老师一同承担起学习领航员与指导者的角色。

为满足学习者的个性化需求，人工智能系统会为学习者量身定制学习计划，并根据个人需求变化随时自动更新，学生与教师、虚拟 AI 老师构成学习共同体，共同围绕学习者的学习目标、任务与内容、方法，全程参与知识掌握、问题解决与知识创新过程。当然，教师将更多地依据学生个性化的学习活动及其进度，面对面进行适配性的个别化指导，并且依据学生学习过程的动态变化及时调整。教师更为关注学生的认知、情感与行为等综合素养的养成，并将在学生的学习进程中同时扮演激励者的角色，鼓励学生敢于面对学习中的不确定性与风险，引导学生进行基于问题的探索与知识创新，激发学生潜能，培养学生的创新意识与能力。

（二）教师是学生学习的评估者

未来的学习评价，将打破知识与生活的界限，鼓励学生将知识学习与问题解决、创新能力提升结合起来，让学生运用所学知识解决实际问题，培养创新能力、问题解决能力。在评估过程中，教师将突破传统的纸笔标准化测试，借助于信息技术平台，全面收集学生学习与发展的数据信息，综合评估学生发展状态，重视对学生创新能力、合作能力、学习适应与社会责任等关键能力的评估，及时将信息反馈给学生，并与学生一起依据评估信息调整学习进展。教师彻底从关注学习者的知识信息获取力转型到促进学习者核心素养的全面发展。

（三）教师是学习情境的创设者

为了适应未来人才能力需求，教师需要依据真实问题重组教学方式，创设以不同学习内容为主的学习情境，采用主动、探究式、项目化的学习方式，创设更多的实践与动手操作机会，让学生在解决实际问题的过程中掌握知识与实践变革之间的深层联系，在积极体验中学习知识、培养能力、养成个性。①

在学习情境创设上,既可以基于问题创设情境,以问题研究为平台建构课堂教学,也可以创设一些开放性、生活性、现实性的教学情境,特别是从抽象、枯燥的概念学习中解放出来,走向生活,让每个学生真正感受到学习的乐趣,有效地促进学生的学习。

(四)教师是学生发展的交流者

未来教育课程将突破学科与生活界限,着眼于加强学生个体与自然、社会生活的联系,通过校内外课程资源的有效整合,学生对以知识学习为主的课程的选择自由度将显著提高。虽然信息技术特别是人工智能的应用,有利于学生随时随地开展学习活动,但学生成长发展是认知、情感与行为协商一致的素养综合的提升,学生在社会性的学校环境中必然面临着思想与价值、学习与压力、交友与生活等多方面的困扰。

从这个意义上讲,未来教师将更为重视学生在非学习领域的发展问题,更注意发挥面对面教学在意义的生成、情感的熏陶与价值的建构等方面不可替代的作用,及时与学生交流,了解学生发展中存在的身心困惑与问题,平等、民主地与学生交流,引导学生形成正确的世界观、人生观、价值观,从而引领学生跨越成长困扰,促进学生全面发展与个性发展。

(五)教师是学习资源的开发者

随着课程教材开发、教学设计广泛应用数字技术,学习内容将呈现出可视化、虚拟化、全息化等特征,从而促进学生的深度体验与问题学习。

教师将更多地关注如何将学生的学习、教学与信息技术有效结合起来,开发出支持学生自主学习的学习资源、学习软件与平台,构筑起支持自主学习的线上线下学习网络,并能够为学生和所有在线学习者提供使用学习资源的指导。

因此,教师既是学习资源的选用者、驾驭者和开发者,决定着与课程有关内容素材的识别、积累、选择和利用,并且将接触到的各种思想、观念等信息整合到自己的课程内容中,使之成为素材性课程资源的一部分;同时也是学习资源系统的管理者,通过多种途径将素材性课程资源与条件性课程资源、校内资源与校外资源,以及人力与物资等各种资源整合起来,形成

---

① 叶澜.教师角色与教师发展新探[M].北京:教育科学出版社,2001:200.

一个资源系统，从而全方位地支持学习者自主、个性化、定制化的学习。

（六）教师是专业成长的自主学习者

未来教育里，主动、探究式、项目化的学习方式将越来越多。促进学生学习方式向交互性、情境性、连续性转变，促使学生主动、深度与跨界学习，让学生在积极体验中学习知识、养成个性、培养能力将成为教师专业发展的一个核心导向。

为了能够在瞬息万变的技术变革中成为优秀的教学工作者，教师就必须致力于成为专业成长的自主学习者。教师要能够充分了解学科发展的前沿，把握基于解决问题、创设情境所需要的跨学科知识的发展脉络与趋势，充分认识学生认知、情感与行为的发展状况并积极应对学生学习的需求与挑战。同时，能够及时总结反思自身的教学专业发展状况，在教学实践中实现教学内容、方法与信息技术、教学策略的有机结合，持续激发学生的学习兴趣，在学生的成长中实现专业成长。

二、素养全面化

（一）专业素养

教师作为学生学习的支持者与服务者，要实现教育教学形态、学生学习方式的变革，教师以何种方式介入这一变革进程且能达到何种程度与深度，将决定着未来教育教学方式能否成为现实。因此，未来教育需要教师承担多样化与专业化的角色，更需要教师具备应对未来教育变革的更高层次与水平的专业素养。

（二）研究素养

教师成为研究者，既是对教师通过反思、研究持续改善教学的内在要求，也是教师自主专业发展的重要路径。要应对未来学习、教学与教育变革的挑战，教师首先要通过研究与学习，洞悉未来教育教学的变革方向，熟悉数字化资源、环境与学生、学习内容相互融合、联通的内在机制，使教师自身成为未来学习、教学与教育变革的参与者、体验者与促进者。其次，为学生的个性化、定制化和自主学习提供支持是今后教育服务的基本方向，因此教师开展教学工作最重要的前提，就是了解学生的认知、情感与心理发展状况和水平。当然,对学生认识的难点在于如何深入了解学生的思想认识、个人经历、生活背景、价值观念、情绪情感等复杂问题。这就需要教师能够借助心理学知识和信息技术、人工智能技术的工具、手段,系统掌握每个学生的背景,从而基于每个学生的个体差异,为学生研究制定匹配的个性化、定制化学习计划、进度安排与评价方式。

（三）创新素养

教师的创新素养就是要对教育教学具有挑战心、好奇心、想象力,把教育教学看作引领学生主动学习、探究反思、变化更新的创新过程,在教学中持续不断创新,把每次教学都当作创意设计和实施的过程。同时,把学生当作创新主体,在教学中为学生提供创新的时间和空间,形成激活学生创新欲望、培育学生创新潜能的作用力,而且要宽容学生的失败,鼓励学生适当冒险,营造教学中激励创新的氛围。

（四）跨学科素养

跨学科素养关注的"统整"学科知识的能力,是反映在每个学科领域并将不同学科间的知识以及将知识与情境关联起来的核心和关键能力。

要培养学生的跨学科素养,就要求未来的教师不仅要系统掌握本学科本专业知识,而且要有意识地提高自身跨学科的知识与素养;不仅要形成知识的整体观,准确地把握不同学科知识之间的内在关联,从学科相联系、相交叉、相渗透之处提出并探究具体的问题,而且要将知识的学习与学生所处的真实情境包括时事政治、经济发展、科技动态、乡土人情等建立关联。特别是要在基于数字技术的课程、课例开发中准确地运用跨学科知识,引导学生在学科领域的知识学习中综合运用知识、技能去解决问题,从而促进学生实践创新能力的提升。

（五）信息素养

信息素养在当前的大数据、人工智能时代越来越重要。教师的信息素养是教师认识、评判、运用信息及其媒体的态度与能力的总和;教师不仅要有获取新信息的强烈意愿与意识,能够主动从生活实践中不断查找、探究新信息,而且具备对各种信息进行选择、理解、质疑、评估和批判的能力,对不良信息具有较高的辨认能力和免疫能力,进而能够有效利用各种信息开展教育教学实践和为学生的学习提供信息支持与服务。①

最为关键的是,教师必须具备运用各种人工智能技术开发数字化学习资源、创设数字化学习环境的能力,实现内容、方法、技术与策略的高度融合,从而将各种信息的运用融于数字化课程、学习资源与环境的建设和运用中。

三、能力时代化

(一)大数据分析素养

基于大数据,我们身边更多的科技成果不断地融入生活、学习、工作,智慧交通、智慧医疗、智慧城市建设成效斐然。

反观人类教育的发展,所取得的巨大成就是无可批驳的。站在互联网风口上反思教育问题,以大数据思维来审视,传统教育流失最为严重的,不是理念,不是人才,是庞大的数据,关乎一个个鲜活生命成长的真实的庞大的数据。智善教育理念下的教师必备大数据时代的技能,能为每位学生提供个性化的教育服务,呈现个性化的成长记录档案。

未来教育一定是大数据时代的教育,未来的教师也必将具备大数据处理的专业技能。智善教育作为未来学校、未来教育的探索者必将先行一步。试图通过各种方式收集每个孩子的原始数据,以便能够对孩子们进行观察、评估,形成原始数据库,并根据数据设计出最初的教育方案。然后,根据孩子的学习过程形成的反馈数据,对教育方案进行调整、优化,实现个性化教学。用于评价、激励学生的日常素养培养,也用于培育教师的数据意识与素养。运用平台或工具,收集、分析、反馈学生成长中的各种数据,一定是未来教师必备的基本技能、教育素养。

(二)编程素养

未来的时代必定是高科技高智能的时代,未来的教师也必将成长为有高智能技术的教师。为了使计算机能够理解人类的意图,人类必须将需要解决问题的思路、方法和手段通过计算机能够理解的形式告诉计算机,从

---

① 　熊英.发展学生核心素养背景下的中学教师胜任力影响因素分析[J].教育理论与实践,2019,39(11):33-35.

而使计算机能够根据人的指令一步一步去工作,完成某种特定的任务。这种人与计算机之间交流的过程就是编程。

对于未来教师而言,课程的开发、建设、实施、评价,对教育教学活动的优化、重构,就是编程。未来教育,必定更加智能化、个性化、精准化,必定要为每个学生提供专属于个人的教育服务,要让每位学生拥有一份属于自己的课程体系,这将极大挑战教师的编程素养。

编程要立足体验。教师的编程项目,一定是基于学生体验的,只有学生认可的、喜欢的,才是真正成功的编程。只有这样,教师的课程才能打破"指定式课程",转向"选择式课程",变"命令你学"为"服务你学"。

编程还要追求至简。事实上,很多成功的人,都极力推崇至简主义。对于苹果公司的乔布斯来说,只要能用一个按钮来实现的程序,绝对不会用两个按钮。对于教师而言,在"课程即产品"的未来教育中,教师的编程,必须追求"至简"。

(三)共享理念素养

党的十八届五中全会提出"创新、协调、绿色、开放、共享"五大发展理念。关于"共享"的论述:"坚持共享发展,必须坚持发展为了人民、发展依靠人民、发展成果由人民共享,作出更有效的制度安排,使全体人民在共建共享发展中有更多获得感,增强发展动力,增进人民团结,朝着共同富裕方向稳步前进。"

"共享"迅速走上社会前台。自媒体早就催生了资讯漫天共享。随着滴滴打车、共享单车等公共服务诞生后,自行车也不用买了,出门行走,随处可见共享单车;私家车也可以不用开了,共享汽车也已在大中城市高调面市。人们不经意间生活在了共享时代之中。共享,给我们带来无比的快捷与方便。它,代表一个潮流,引领一种趋势,必将成就一种生命态度和社会品位。

今天,时代赋予教育创新的大气候,给予丰富的平台和资源,智善教育必须努力打破这种局面。比如,语文学科教学,一位理性思维强的教师可以与另一位感性思维强的教师合作,分别承担相对应的教学任务;一位总是讲不透数学应用题的教师,可以把其他教师的应用题微课资源用来教学。运用更加先进的教育技术,可以实现跨境学习。

借助网络,从未体验过下雪的南方孩子完全可以实现与北方的孩子同步体验。借助科技,很多学校早已常态化组织教师与国外教育同仁开展实时同步教学,共享教学智慧。美国报告《教学 2030:我们必须为学生和公立学校做些什么? ——现在与未来》指出:2030 年的教师职业结构,应该是格子状的"晶格"(lattice),而不是阶层性的"梯子"(ladder)。教师不是从头努力向上攀登,而是各司其职,发挥特长,与其他教师合作,比如创造稳定的、环环相扣的 6～8 人一组的教学团队,包括专家型教师、普通教师、新教师等,以合作的方式为学生及其家庭教育服务,支持全方位教学,改进教学绩效。

共享教育,对于教师而言,一要成为内容生产者,做一名"有料"的能分享之人;二要成为规则缔结者,做一名"有品"的会共享之人。

(四)融合理念素养

"融合",字面上理解,指熔成或如熔化那样融为一体。作为一种发展策略,未来教育,基于互联网+,基于科学技术,同样可以打破很多壁垒,实现优质的教育融合。

学科融合。随着技术的不断革新和内容的不断立体化,未来学习将越来越淡出学科单一化、教师单一化、空间一极化,从而走向学习主题化、教学团队化和时空立体化。

空间融合。可视化学习,泛在学习,线上学习,基于 AR、VR 技术的学习,正在不断打破过去学习空间的壁垒,让学习变得越来越多维起来。

资源融合。从现在直至未来,教育将不缺资源。作为政府,已从政策层面鼓励社会资源进入学校,服务教育;作为家长,也越来越积极地将个人的人力资源、物质资源等输送到学校,协助学校管理,参与活动,甚至承担课程;作为教师,有效选择、组织、融合庞大的资源"为我所用",将是未来教育事业上一条全新的起跑线!

未来的学校将成为面向所有学习者,开放共享、互联互通的学习社区,通过建设内容与技术深度融合的多样化课程与学习资源服务于每个学习者的个性化需求,学习将以学习者为中心,呈现出个性化、定制化、娱乐性和以探究为基础等特征,在学习中,问题解决、灵活性、创造力和反思等技能与态度的获得将比知识的掌握更为重要。

未来的教师则需要积极适应未来教育与学习的变革,在教学工作中承担更为多样与专业的角色,具备更高更全面的专业素养。对教师专业教育体系、专业教育模式与课程、专业教育标准等进行系统性改革,培养能够胜任乃至推动教育教学变革的未来教师,是未来学校教学成功的关键因素。

第三节　智善教育下的学生发展方向

在智善教育背景下,我们要培养孩子成为什么样的人?儿童时期是人生的起步阶段。教育的目的不仅是高分和听话,而更应该是人的全面发展,培育孩子既要拥有基本的知识和技能,更要有健全的人格和精神追求。我们希望孩子们成为正直、善良、诚实、有爱心的孩子,成为有远大志向的孩子,热爱党和祖国,努力学习,锻炼身体,积极向上,长大以后有本领,把我们的国家建设得更加美好,让更多的人生活得更加幸福。

智善教育背景下,社会各界都要有科学的成长观、人才观、教育观,社会教育、学校教育、家庭教育要紧密结合,坚持育人为本,以德为先,把思想引领和服务学生成长成才结合起来,创新载体手段,把中小学共青团、少先队组织建设成为人人都平等、人人都是主人、人人都追求进步、人人都相互关爱、人人都能拥有美好童年和未来的团体。

北京师范大学教授林崇德指出,未来社会人才所需要具备的能力,无论世界各国如何描述,宗旨都指向一个目标——全人教育。他组织研究的重大教育成果《中国学生发展核心素养》,已成为当今教育界最火爆的热词。它是中国教育改革的"关键",是新课标的"源头",更成了中高考评价的"风向标"。

2013年5月,林崇德教授承担了教育部哲学社会科学研究重大委托专项,领衔5所高校90余名研究人员,组成了"我国基础教育和高等教育阶段学生核心素养总体框架研究"项目组。经过长达三年的集中攻关,组织了48场访谈,涉及575位专家,在教育政策研究、国际比较研究、传统文化分析、课标分析和实证调查的基础上,由教育部基础教育课程教材专家工作委员会进行审议,最终形成了研究成果。2016年9月13日,《中国学生发展核心素养》总体框架正式发布。[①]

---

　　① 中国学生发展核心素养[N].人民日报,2016-09-14(2).

一、具备核心素养的人

"学生发展核心素养",是指学生适应终身发展和社会发展需要的必备品格和关键能力。具体内容主要包含三个方面:核心素养是学生知识、技能、情感、态度、价值观等多方面的综合表现;它是每一名学生获得成功生活、适应个人终生发展和社会发展都需要的、不可或缺的共同素养;发展是一个持续终身的过程,可教可学,最初在家庭和学校中培养,随后在一生中不断地去完善。

学生发展核心素养的框架里,由三大领域塑造了"全人教育",它们是:文化基础、自主发展和社会参与。这三大领域的综合表现,形成了中国学生发展的六大核心素养。那就是:人文底蕴,科学精神,学会学习,健康生活,责任担当,实践创新。具体可以细化为 18 个基本要点。这是以学生发展为核心的一套完整育人体系,它通过课程设计、教学实践和教育评价等三个方面进行落实。

(一)文化基础

通过学习掌握和运用人文、科学等各领域的知识和技能,让学生发展成为有宽厚的文化基础和更高精神追求的人。

文化基础包含了人文底蕴和科学精神两大素养:

1.人文底蕴

学生在学习和运用知识技能中形成的基本能力、情感态度和价值取向,具体包括了人文积淀、人文情怀和审美情趣等基本要点。

人文积淀:具有古今中外人文领域基本知识和成果的积累;能理解和掌握人文思想中所蕴含的认识方法和实践方法等。

人文情怀:具有以人为本的意识,尊重、维护人的尊严和价值;能关切人的生存、发展和幸福等。

审美情趣:具有艺术知识、技能与方法的积累;能理解和尊重文化艺术的多样性,具有发现、感知、欣赏、评价美的意识和基本能力;具有健康的审美价值取向;具有艺术表达和创意表现的兴趣和意识,能在生活中拓展和升华美等。

2.科学精神

学生在学习和运用中形成的价值标准、思维方式和行为表现,具体包括理性思维、批判质疑、勇于探究等基本要点。

理性思维：崇尚真知，能理解和掌握基本的科学原理和方法；尊重事实和证据，有实证意识和严谨的求知态度；逻辑清晰，能运用科学的思维方式认识事物、解决问题、指导行为等。

批判质疑：具有问题意识；能独立思考、独立判断；思维缜密，能多角度、辩证地分析问题，做出选择和决定等。

勇于探究：具有好奇心和想象力；不畏困难，有坚持不懈的探索精神；能大胆尝试，积极寻求有效的问题解决方法等。

（二）自主发展

自主发展的目的是让学生能够有效地应对复杂多变的环境，最终成就出彩的人生，成为一个有明确人生方向、有生活品质的人。

自主发展包含"学会学习"和"健康发展"两大素养，主要强调了学生有效管理自己的学习和生活、认识和发现自我价值、发掘自身潜力的能力。

1.学会学习

学会学习指的是在学习中形成学习意识、学习方式方法、学习进程评估调控等方面的综合表现。具体包括了乐学善学、勤于反思、信息意识等基本要点。

乐学善学：能正确认识和理解学习的价值，有积极的学习态度和浓厚的学习兴趣；能养成良好的学习习惯，掌握适合自己的学习方法；能自主学习，有终身学习的意识和能力等。

勤于反思：对自己的学习状态有审视的意识和习惯，善于总结经验；能根据不同情况选择和调整学习方法等。

信息意识：能自觉、有效地获取、评估和使用信息；主动适应"互联网＋"等社会信息化发展的趋势；具有网络伦理道德和信息安全的意识等。

2.健康生活

健康生活主要是学生在认识自我、发展身心、规划人生等方面的综合表现。具体包括珍爱生命、健全人格、自我管理等基本要点。

珍爱生命：理解生命意义和人生价值；具有安全意识与自我保护能力；掌握适合自身的运动方法和技能，养成健康文明的行为习惯和生活方式等。

健全人格：具有积极的心理品质，自信自爱，坚韧乐观；有自制力，能调节和管理自己的情绪，具有抗挫折能力等。

自我管理:能正确认识与评估自己;依据自身个性和潜质选择适合的发展方向;合理分配和使用时间与精力;具有达成目标的持续行动力等。

(三)社会参与

社会参与的目的是让学生成为有理想信念、敢于担当的人。处理好自我与社会的关系,培养社会责任感、道德准则和行为规范,提升实践和创新的能力,在实现个人价值的同时,推动社会发展进步。

社会参与包含责任担当和实践创新两大素养。

1.责任担当

责任担当主要是学生在与世界相处中形成的情感态度、价值取向和行为方式。具体包括社会责任、国家认同、国际理解等基本要点。

社会责任:自尊自律,文明礼貌,诚信友善,宽和待人;孝亲敬长,有感恩之心;热心公益和志愿服务,敬业奉献,具有团队意识和互助精神;能主动作为,履职尽责,对自我和他人负责;能明辨是非,具有规则与法治意识,积极履行公民义务,理性行使公民权利;崇尚自由平等,能维护社会公平正义;热爱并尊重自然,具有绿色生活方式和可持续发展理念及行动等。

国家认同:具有国家意识,了解国情历史,认同国民身份,能自觉捍卫国家主权、尊严和利益;具有文化自信,尊重中华民族的优秀文明成果,能传播弘扬中华优秀传统文化和社会主义先进文化;了解中国共产党的历史和光荣传统,具有热爱党、拥护党的意识和行动;理解、接受并自觉践行社会主义核心价值观,具有中国特色社会主义共同理想,有为实现中华民族伟大复兴中国梦而不懈奋斗的信念和行动。

国际理解:具有全球意识和开放心态,了解人类文明进程和世界发展动态;能尊重世界多元文化的多样性和差异性,积极参与跨文化交流;关注人类面临的全球性挑战,理解人类命运共同体的内涵与价值等。

2.实践创新

实践创新主要是学生在日常活动、问题解决、适应挑战等方面所形成的实践能力、创新意识和行为表现。具体包括劳动意识、问题解决、技术应用等基本要点。

劳动意识:尊重劳动,具有积极的劳动态度和良好的劳动习惯;具有动手操作能力,掌握一定的劳动技能;在主动参加的家务劳动、生产劳动、公益活动和社会实践中,具有改进和创新劳动方式、提高劳动效率的意识;具有通过诚实合法劳动创造成功生活的意识和行动等。

问题解决:善于发现和提出问题,有解决问题的兴趣和热情;能依据特定情境和具体条件,选择制订合理的解决方案;具有在复杂环境中行动的能力等。

技术运用:理解技术与人类文明的有机联系,具有学习掌握技术的兴趣和意愿;具有工程思维,能将创意和方案转化为有形物品或对已有物品进行改进与优化等。

教育,注重的是过程,关注的是学生在过程中的体验和感悟,而不是结果导向。

学生发展的六大核心素养是一个伴随终身的可持续发展的动态优化过程,在科学的指导方针下,智善教育所要培养的人,是拥有终身学习能力的人,是全面发展的人,是完整的人,是能够适应未来社会的人。

二、有终身学习力的人

陶行知先生说过:"学生就是学会生活的人。"智善教育培养的学生是会生活的学生,是拥有终身学习能力的人。

(一)具备完善的综合素质

培养拥有终身学习能力的人,必须加强学生的素质教育。突出素质教育,关键是加强学生的"养成教育",培养学生从小养成良好的品质、修养。素质的形成,要靠从小对学生的养成教育,靠平时一点一滴的积累。在这方面,智善教育将学生的素质教育和学习成绩放在同等重要的位置,积极学习先进、多动脑筋,从德智体美劳等方面,制定切实有效的教学计划,扎扎实实把素质教育落到实处、取得实效。

(二)具备较强的学习能力

培养拥有终身学习能力的人,必须重视学生的能力培养。当前,现代社会对学生能力的培养,以及对学生能力的要求已经发生了变化。首先,要求学生具备学习能力。知识是死的,方法是活的,授人以鱼不如授人以渔,活到老,学到老,讲的都是不断学习、不断积累的道理。陶先生说过:"教学就是教会学生学习的方法。"不会学习、不善学习、不能学习的人,迟早会被淘汰。

（三）具备宝贵的创新能力

创新是一个国家和民族的灵魂，也是一个人身上最宝贵的品质。基础教育课程改革最重要的目标之一，就是要培养和挖掘蕴藏在学生身上的创新精神和创新能力。每个学生都有天赋，都有自己的潜能，都有自己的兴趣爱好，尽管受体制和条件的限制，智善教育背景下，还是要给学生提供一个空间，搭建一个舞台，培养学生的创新精神和创新能力。创新精神和能力不是一朝一夕形成的，需要长期坚持、锲而不舍。这项工作非常艰苦，但非常非常重要。同时也要求学生具备团结协作的能力。

（四）具备良好的合作能力

联合国教科文组织早在 20 世纪 70 年代就提出，学生必须学会学习、学会做事、学会合作、学会生存，并认为学会合作是教育最重要的基础。这个论断是非常科学、非常有远见的。历史在不断发展，社会在不断进步，当今社会越来越重视人的团队精神与合作共事能力。毕竟单个人的智力、精力是有限的，没有哪个人是全知全能的，合作是一种能力，是一种个人发展的需要，具有良好合作共事能力，是一种不可阻挡的发展趋势。

三、成为全面发展的人

对学生的教育和培养，要符合人的成长规律和特点，采取科学、有针对性的方式，选择合理合适的内容。

（一）全方位艺术发展

教育学生既遵纪守法和珍爱生命，还要加强对孩子综合素质的培养。对学生教育在注重知识学习的同时，重视孩子人格雏形的塑造和情感教育的培养。要注重培养小学生良好的学习习惯，抓好全面发展。对学生进行全方位的教育，把学生塑造成有个性、有特长，上台就能讲、开口就能唱、抬手就能弹的人才。

义务教育阶段，要让孩子通过有针对性的、长期的培养、培训，提高其适应社会、适应竞争、适应个性发展的综合能力，促进其全面、自由发展。艺术和体育才真正能够让孩子成为完整而幸福的人。要从艺术中体验到创意和想象力，要从运动中学会包容，学会团队协作，学会责任，学会面对失败、面对挫折,学会在冲突中解决问题。

(二)善于解决各种问题

孩子们必须学会在冲突中解决问题,因为未来的社会充满冲突。在兴趣培养、特长培养、个性发展上,要有策略、有方法,要注意处理好打基础和长知识的关系,特长培养不仅不能成为学生的负担,相反要本着有利于增长学生的智慧与能力的原则量力而行。要因地制宜地开展校内外学习实践活动,促进学生全面发展。

四、适应未来社会的人

当今时代,能够适应未来社会的人,其全球竞争力和兼济天下的情怀缺一不可。想想我们面对的这些孩子,或是 20 年或是 15 年或是 10 年之后方才步入这个社会。如果我们对未来的社会缺乏基本的发展趋势判断和美好想象,那么,我们的教育工作就失去了基本的出发点和落脚点。面向未来,需要培养什么样的儿童?

(一)具备全球化发展眼光

谈起未来社会,有两个发展趋势是不可避免的。第一就是全球化。尽管全球化的趋势从哥伦布时代就已经开始,但由于经济的发展、交通的便利带来了人员在全球范围内的快速流动,再加之信息技术的普及,使得全球信息交换的成本大幅下降,效率大大提高。今天的"全球化"与历史上任何一个阶段的"全球化"都有所不同,不再是大国君王起主导作用的"全球化",也不再是跨国公司扮演独一无二角色的"全球化"。生活在今天这个"全球化"时代的每一个人都可能影响他人,影响世界。

(二)适应时代变化有情怀

智善教育背景下,保证互联网时代教育本质。正如前文所言,未来社会有很多不确定的变化,给教育带来了很多挑战,但正如顾明远先生在《未来教育的变与不变》中所言:"互联网使教育发生重大的,可以说是革命性的变革。但教育的本质不会变,教育传承文化、创造知识、培养人才的本质不会变,立德树人的根本目的不会变。"那么,教育中那些不变的、跨越时空、跨越国界的目标又是什么呢?第一,健康的体魄,这是一切教育活动得以开展的基础与保障;第二,聪明的头脑,既包括丰富的认知经验,也包括良好的学习品质,二者相互促进,缺一不可;第三,温暖的心灵,这是这三者中最为重要的一点,也是在信息技术高速发展的今天尤其重要的一点,是人区别于机器的本质所在。

(三)具备良好的综合竞争力

智善教育背景下,要培养的是能够适应未来社会的人,未来不是知识的竞争,而是创造力的竞争和想象力的竞争,是智慧和体验的竞争,是领导力、担当力、责任的竞争,是独立思考的竞争。面对未来的孩子,智商、情商以外,更需要培养爱商。只有这样,孩子才不会被机器所取代,才不会在变革中被淘汰。未来教育的使命一定不是培养多少高分的孩子,也不是培养学生为机器,也不是在流水线上机械地培养孩子,而要让孩子成为最好的自己。

智善教育背景下要培养的孩子,必须是未来的孩子。未来的孩子一定要用全球化的眼光看待问题,要用乐观的心态去面对挑战,要用丰富的想象力去创造未来。

综上所述,智善教育背景下,学生的发展方向,必须是拥有强大的自我约束能力、担当力、领导力以及独特的思考能力的人。因为只有这样,孩子才能适应未来新的社会,孩子才永远不会因为工作被机器取代而沮丧,不会在未来的变革中被残酷淘汰。也只有这样,我们国家的明天才更加辉煌灿烂。

参考文献

[1]曾业英.蔡松坡集[M].上海:上海人民出版社,1984:23.

[2]焦国成."善"语词考源[J].伦理学研究,2013(2):58.

[3]科兹,鲍斯勒.领导力[M].北京:中国轻工业出版社,2005.

[4]梁启超.南海康先生传[M]//梁启超.饮冰室合集(一)(饮冰室文集之六).北京:中华书局,1989.

[5]林崇德,申继亮,辛涛.教师素质的构成及其培养途径[J].中国教育学刊,1996(06):16-22.

[6]林枫.榕城考古略[G].福州市文物管理委员会,1980,11.

[7]上海师范大学教育系,杭州大学教育系.杜威教育论著选[M].内部资料,1977:25.

[8]十三经注疏整理委员会.毛诗正义//十三经注疏.北京:北京大学出版社,1999.

[9]司马迁.史记[M].北京:中华书局,1982:2979.

[10]素质教育[EB/OL].(2019-10-18)[2019-12-30].https://baike.so.com/doc/5381204-5617514.html.

[11]陶行知.陶行知全集:第一卷[M].长沙:湖南教育出版社.1984.

[12]陶行知.陶行知全集:卷一[M].成都:四川教育出版社,1991.

[13]王元杰.解读党教育方针 争做当代优秀校长[EB/OL].(2018-09-19)[2019-12-30].https://max.book118.com/html/2018/0919/6021031101001220.shtm.

[14]王政淇,常雪梅.新征程 代表谈[EB/OL].(2017-10-23)[2019-12-30].http://cpc.people.com.cn/19th/n1/2017/1023/c414305-29602167.html.

[15]谢梦菲.辛勤劳动、诚实劳动、创造性劳动[EB/OL].(2019-01-31)[2019-12-30].http://theory.people.com.cn/n1/2019/0131/c40531-30600

791.html.

[16]熊武一、周家法.军事大辞海:下[M].北京:长城出版社,2000.

[17]熊英.发展学生核心素养背景下的中学教师胜任力影响因素分析[J].教育理论与实践,2019,39(11):33-35.

[18]叶澜.教师角色与教师发展新探[M].北京:教育科学出版社,2001:200.

[19]尹钧.德育智育体育论[J].秦中官报,1905(5).

[20]赵卿敏.课程观与教学观的变革[J].高等工程教育研究,2003(1):40.

[21]中国科学院"科技领导力"课题组.领导力五力模型研究[J].领导科学.2006(9):20-26.

[22]中国学生发展核心素养[EB/OL].(2018-08-05)[2019-12-30].https://baike.so.com/doc/24396081-25220490.html.

[23]中国学生发展核心素养[N].人民日报,2016-09-14(2).

后　记

　　办学思想是学校之精神与灵魂,关乎学校办学目标、教育价值、教育思想的树立,凝聚着学校的办学特色,决定着学校的办学方向。现如今,我们要"培养什么人、怎样培养人、为谁培养人"又关乎国家与民族的前途和命运。如何构建符合时代特征、满足学生发展需求的办学体系,树立科学生态的办学理念,促进教育的公平均衡、可持续发展,值得每一个教育者深思。

　　知悉校史,守先待后;传扬理念,继古开今。办学者的教育理念并非单一的线性概念,而是由一系列教育哲学思考和办学观念融合碰撞的多元命题。梳理学校办学历程,是一次精神洗礼;提炼集团办学经验,亦是希冀为钱塘人以及教育同行提供教育思想上的借鉴与思考,为教育均衡发展助力。

　　《智善教育的行与思》一书几易其稿,终于交付出版社,心头释然。回想撰写此书过程,不禁感慨万千。福州市钱塘小学是一所闻名遐迩的名校。2012年,当我履新钱塘小学校长一职时,就感受到名校那份沉甸甸的责任,对于"校长"的定位有了新的思考,对办学思想的提炼有了新的方向。来到钱塘,我开始追根溯源,深入钱塘、了解钱塘、读懂钱塘,从中寻觅学校的"精气神"。在无数次的酝酿与思考中,在拜访前辈、翻遍校史、探寻校园文化的过程中,我得知钱塘牧童求学的传说,其中牧童求学之智、小吏助学之善,给予我灵感与启发。故而在秉承数百年来求智行善的钱塘精神与当今追求卓越的创新精神中,最终寻得那根承接传统文化与现代教育使命相融合的细丝——智善教育,这是传承与创新最默契的交融!

　　本书旨在回顾学校的办学历程,深挖办学文化内涵,汇聚钱塘小学创办以来的教育哲学、教育文化学、教育管理学、教育课程论、教学论等多方面的办学思考,是学校创新化办学、理念化办学的思想结晶,是钱塘小学追求卓越的文化见证。同时,对今后学校教育思想战略的宏观引领、办学模式的中观指向,以及课堂教育教学模式的微观导向奠定稳固的教育基石。

本书的顺利出版要感谢各级领导与各位同行,感谢他们一如既往地关心与支持钱塘小学的发展。

此外,要特别感谢福建教育学院党委书记郭春芳教授在百忙之中为本书欣然作序,对学校智善教育办学思想予以充分肯定、鼓励与指点。

感谢闽江师范高等专科学校陈德燊老前辈在智善教育实践中的悉心指导。

感谢郑少丹、陈雪莹、庄书睿、霍利娟、雷丽君、陈超红、张莹、彭小青、朱玉华、陈岚等同事为本书的创作提供了丰富的资料。

鉴于本人才疏学浅,书中疏漏、偏颇之处难免存在,敬请读者、专家和同仁们批评指正!

林 武

2020 年 8 月